남한산성 일기

한동연 시리즈 No. 2

남한산성 일기

이식 원저 — 이근용 역

보고사
BOGOSA

한동연 시리즈 간행사

　21세기 세계는 20세기와는 다른 형태로 움직이고 있다. 빠른 속도로 글로벌 시대가 정착되어가고 있고, 근대에서 벗어난 탈근대 사회로 나아가고 있고, 4차 산업혁명의 시대로 전환되어가고 있고, 문화의 중요성이 더욱 중시되고 있고, 제반 분야에서 혁신 창조 융합이 당연하게 받아들여지고 있다. 한편으로는 미국과 우럽의 서구중심주의에 기반한 종래의 세계에도 변화가 나타나, 비록 중국이 강대국으로 급부상하는 과정에서 미국과의 대립 양상이 심화되고 있기는 하지만, 한중일 삼국을 중심으로 하는 동아시아로 세계의 중심축이 이동하고 있음은 부인할 수 없는 흐름이 되었다. 한중일의 발전에 따라 정치 경제 사회 문화 등의 제반 분야에서 동아시아가 차지하는 위상이 이전과는 비교할 수 없을 정도로 올라가고 있다. 비록 동아시아 내부 간의 갈등이 여전히 존재하고 있고, 동아시아의 공통된 비전이 없으며, 외부 세계와의 관련 양상도 정립된 상태는 아니지만, 점점 동아시아의 위상과 역할이 커져 갈 것만은 자명한 사실이다.

　더구나 코로나 팬데믹 사태와 러시아 우크라이나 전쟁은 전환기에 처한 인류사회를 더욱 복잡한 양상으로 만들어가고 있고, 동아시아 세계에도 커다란 영향을 끼치고 있다. 이러한 시대 상황 속에서 한국

동아시아연구소(약칭 한동연)는 종래와는 다른 인식과 관점으로, 동아시아의 역사, 문화, 사회, 경제, 복지 등 인문사회 분야를 융합 연구하여, 동아시아와 세계에 공헌하고자 한다.

그러한 활동의 일환으로 한동연 시리즈를 간행하게 되었다. 한동연 시리즈 1권은 임진왜란에 대한 새로운 시각을 제시한 양성현의 『다시 보는 임진왜란』으로 많은 반향을 불러일으켰다. 그리고 이번에 간행되는 한동연시리즈 2권은 병자호란에 대한 매우 중요한 자료인 『남한산성 일기』를 번역한 것이다. 택당 이식의 『남한산성 일기』는 병자호란에 대한 그동안의 알려지지 않은 역사의 진실을 구체적으로 파악해볼 수 있는 사료적 가치가 큰 기록으로, 병자호란을 재조명하는 데 도움이 될 것이다. 택당 이식의 후손으로서 역자는 책임과 사명감을 가지고 한중일의 각종 자료를 비교해가며 꼼꼼히 번역하였고, 현재적 입장에서 본인의 역사 인식을 과감히 표출하기도 하였다. 부록으로 누르하치 및 청나라 연표를 순서대로 자세히 제시하여 우리만의 시각에서 벗어나 상대국 시각까지 포함한 다각적인 인식을 제시하고 있다. 아무쪼록 본서가 병자호란에 대한 조선 조정의 당시 상황을 정확히 이해하고 나아가 청나라의 입장까지 객관적으로 파악하는 데 기여하기를 바라마지 않는다.

또한 이러한 서적을 통하여 동아시아 교양인으로서 역사 인식의 지평이 넓혀질 것이고, 나아가 동아시아의 정신세계를 재고해보는 계기가 되리라 생각된다.

이와 같이 한동연 시리즈는 새로운 관점에서 전문 연구서뿐만이 아니라 시민사회와 소통하기 위한 다양한 형태의 서적으로 간행될 것이다. 독자제현의 관심과 성원을 바라며, 앞으로도 시대의 화두를 염두에 두고서, 한국, 동아시아, 세계를 하나의 선상에서 고민하는 연구소로서 나아갈 것이다.

2022년 늦가을
한국동아시아연구소 소장 최 관

차례

한동연 시리즈 간행사 … 5

일러두기 … 11

제1부 병자호란이란 무엇인가

고등학교 역사 교과서의 병자호란 …………………………… 15
   1. 광해군의 중립 외교와 사르후 전투에 관하여 …………… 17
   2. 정묘호란에 관하여 ……………………………………………… 18
   3. 병자호란에 관하여 ……………………………………………… 19

임진왜란부터 병자호란까지 ……………………………………… 27
   1. 조선이 겪은 6번의 전쟁(혹은 내전) ……………………… 28
      1) 임진왜란(1592~1598년) ………………………………… 29
      2) 사르후 전투(1619년) …………………………………… 31
      3) 인조반정(1623년) ………………………………………… 32
      4) 이괄의 난(1624년) ……………………………………… 33
      5) 정묘호란(1627년) ………………………………………… 33
      6) 병자호란(1636년) ………………………………………… 34

2. 병자호란 때 청나라군의 숫자 ················· 36
   3. 각국의 전투력 ······························ 38
      1) 전투력이란 무엇인가 ······················ 38
      2) 조선, 일본, 명나라, 청나라의 전투력 비교 ········ 40
      3) 조선, 일본, 명나라, 청나라의 문화 비교 ········· 41
      4) 조선군의 전투력 "조선군은 도망만 가는 군대였다." ······ 53

제2부 『남한산성 일기』 원문과 역주

1. 남한산성 일기 ································ 79
2. 병자호란의 과정 ····························· 157
3. 남한산성에서 지은 시 ························· 167
4. 주전파 윤황과 김상헌 이야기 ·················· 172
5. 비변사(備邊司) ······························· 177
6. 대장(大將) ································· 180
7. 장유(張維)의 시 ····························· 182
8. 가족을 찾으러 간 일기 ······················· 184

부록: 누르하치 및 청나라 연표 ····················· 197

참고 도서 목록 ································· 237

미주 보기 ····································· 239

일러두기

1. 원문은 '南漢圍城中日記'이나, 역자가 일반 대중에게 익숙한 용어인 '남한산성 일기'라고 하였다. '南漢圍城中日記'는 '남한산성이 포위되었을 때의 일기'라는 뜻이다.
2. 택당(李植)선생이 대제학으로 근무 중에 1936년 12월 9일부터 1937년 1월 25일까지 기록을 일기로 남겼다. 12월 28일~30일, 1월 6일~10일, 1월 15일, 1월 26일~30일은 일기가 없으나, 병자호란의 경과를 알기 위하여 남한해위록·병자록·인조실록·승정원일기·청실록 등의 자료를 발췌하여 실었다.
3. 문맥에 이상이 없는 선에서 오랑캐는 청나라로, 오랑캐군은 후금군 또는 청나라군으로, 왜군은 일본군으로 번역하였다.
4. 제목이 「先考……府君行狀」의 경우 편의상 「澤堂先生 行狀」으로 표기했고, 「右議政李公諡狀」의 경우 「李浣 諡狀」으로 표기했다. 다른 곳도 이것과 같은 방식으로 표기했다.
5. 본문에 설명할 주석의 양이 많으면 글 읽는데 번거로워 미주로 설명하였다.

6. 이 책에 사용한 주요 부호는 다음과 같다.
   1) ( ) : 부연 설명 및 같은 음의 한자 표기.
   2) [ ] : 다른 음의 한자 표기 및 교정.
   3) " " : 직접 대화 및 직접 인용.
   4) ' ' : 재인용 및 강조.
   5) 〈 〉 : 기사명.
   6) 「 」 : 시, 제문, 서간, 논문명 등.
   7) 『 』 : 단행본.

제1부

병자호란이란 무엇인가

고등학교 역사 교과서의 병자호란

　역자가 이 책을 번역하게 된 계기는 중국 심천대학교 좌강(左江) 교수와의 인연 때문이다. 2013년 무렵 우연한 기회에 13대 할아버지인 李植(이식)으로 중국 포털 사이트인 바이두(百度)에서 검색해 보니, 좌강 교수가 지은 『이식두시비해연구(李植杜詩批解研究)』라는 책이 있었다. 출판사는 중국에서 가장 유명한 중화서국(中華書局)이었다. 택당 선생이 중국에? 정말로 놀라웠다. 바로 책을 구입하여 읽고서 바이두(百度)에서 좌강 교수의 이메일을 검색하여 후손으로 감사의 인사를 드린다는 인사를 하였더니, 뜻하지 않게 답신이 와서 현재까지 서로 연락을 주고받는 사이가 되었다. 좌강 교수 왈(日) "택당(澤堂) 이식 선생은 학문의 업적도 뛰어날 뿐만 아니라 인품도 훌륭하시다."라고 하여 호기심이 생겼다. 그래서 오랫동안 책꽂이에 꽂혀 있던 『택당선생 행장』을 읽고서 매우 감동하여 번역하게 되었고, 2015년 3월에 책을 출판하여 문중 여러분께 배포하였다. 『택당선생 행장』은 전적으로 좌강 교수와의 인연에서 비롯되었던 것이다. 처음 연락한 이후 좌강 교수는 책을 출판할 때마다 역자에게 몇 권씩 보내주었고, 한국에서 필요한 일이 있으면 내가 한국의 지인에게 부탁하여 간혹 심부름을 해 주곤 하였다.

『택당선생 행장』을 출판한 후에 택당선생 관련하여 여러 가지 자료를 수집할 때, 규장각에서 출판된 『택당유고전집(澤堂遺稿全集)』[1]과 『택당유고간여(澤堂遺稿刊餘)』[2]를 입수하였다. 그리고 문중에서 내려온 책들을 말리는 포쇄(曝曬) 과정에서 『택당유고초고(澤堂遺稿草稿)』[3]의 존재를 확인하고서, 조선시대에 출판된 『택당집』은 택당선생 전체의 글 중에 대략 30% 정도밖에 되지 않는다는 사실을 확인하였다. 그 후 출판되지 않은 70%의 중에 『남한산성 일기』가 가장 중요하다고 판단되어 번역을 시작하게 되었다. 일차로 번역한 지는 오래되었지만, 더욱 정확한 번역을 위해서는 임진왜란·사르후 전투·인조반정·이괄의 난·정묘호란·병자호란도 알아야 하고, 명나라와 청나라와의 전쟁도 알아야 하기에 관련된 서적들을 읽었다. 한때는 주제넘게 『만문노당(滿文老檔)』[4]을 읽으려고 만주어와 일본어를 배우기 위해 몇 달의 시간을 소비하기도 하였지만, 나중에 다행스럽게 한국어 번역본이 나와서 중도에 포기하였다.

  병자호란 등 청나라(후금)가 일으킨 전쟁에 관해서 역자로 하여금 더욱더 관심을 가지게 만든 것은 우리나라 고등학교 역사 교과서였다. 고등학교 역사 교과서에 관한 이야기를 해보도록 하겠다. 어느 날 우연

---

[1] 『택당유고전집(澤堂遺稿全集)』: 전체 22책 중에 제1책과 제15책이 없다.
[2] 『택당유고간여(澤堂遺稿刊餘)』: 출판하고 남은 것, 즉 출판되지 않은 것을 말하는데, 일부는 후에 출판된 것들도 있다.
[3] 『택당유고초고(澤堂遺稿草稿)』: 택당선생이 저술한 『자훈(字訓)』·과시(科詩)·과표(科表)·과제(科題) 등 모든 것이 실려 있다.
[4] 『만문노당(滿文老檔)』: 중국어 번역본이 있지만, 중국어는 어법이 알타이어계가 아니라 내용을 이해하기 어려운 점이 많아서 일본의 동양문고(東洋文庫)에서 일본어로 번역한 것으로 공부하였다. 도중에 다행히 한국어 번역본이 나와서 많은 도움을 받았다. 만주어, 일본어, 한국어는 어순이 동일하여 초보자도 공부하기 쉽다.

히 아이들 방 책꽂이에서 고등학교 국사 교과서(비상교육)를 발견하고 병자호란이 기술된 부분을 읽어보고서 커다란 충격을 받았다. '역사 왜곡'하면 일본을 빼놓을 수 없지만, 우리나라 역사 교과서도 왜곡이 심각하였다. 일본은 자국이 입은 피해가 많다고 기슬하여 문제가 된다고 하지만, 우리나라는 거꾸로 그 피해를 너무 축소하여 기록하였다. 국가적 자긍심을 고취시키려는 일환으로 부정적인 면을 감추려는 것이 어느 정도 이해되지만, 그 정도가 너무 심하여 도저히 그냥 넘어갈 수 있는 수준이 아니었다. 심지어 친청파(親淸派) 또는 친일파 학자들이 우리나라 역사 교과서를 편집하였나 하는 생각이 들 정도였다. 그 후 고등학교 국사 교사로 재직 중인 지인을 통하여 나머지 교과서 6종을 구해 읽고서, 우리나라 국사 교과서가 전반적으로 문제가 심각하다는 것을 깨달았다. 고등학교 국사 교과서 '비상교육'의 기술과 역자의 기술을 비교하도록 하겠다. 1) 광해군의 중립 외교와 사르후 전투, 2) 정묘호란, 3) 병자호란으로 나누어 비교하도록 하겠다.

1. 광해군의 중립 외교와 사르후 전투에 관하여

○ 국사 교과서 '비상교육'의 기술

17세기 초 명의 국력이 쇠퇴하고 있을 때 압록강 북쪽 지역의 여진족이 후금을 건국하고 명을 공격하자 명은 조선에 지원을 요청하였다. 광해군은 왜란 때 도움을 준 명의 요청을 거절할 수도 없었지만, 강성해진 후금과 적대적인 관계를 맺을 수도 없다고 판단하였다. 이에 광해군은 군대를 출병시키되 직접적인 충돌은 피하는 중립 외교 정책을 취하였다.

○ 역자의 기술

명나라의 국력이 쇠퇴하고 있을 때 압록강 북쪽에서 누르하치가 여진족을 통일하고서, 1616년 후금을 건국하고 1618년 명나라 무순(撫順)성과 청하(淸河)성을 함락하였다. 이에 위기를 느낀 명나라가 조선에 파병을 요청하자, 후금에 위협을 느끼고 있었던 조선은 조총수 위주로 13,000명을 파병하였다. 조선군을 포함한 대략 10만 명의 조명연합군이 후금의 수도를 공격하다 대패하여 대략 절반 정도인 54,000명이 전사하였다. 후금군 기마부대의 습격으로 한순간에 조선군 좌영(左營)과 우영(右營) 8,000명이 전멸되자, 조선군 사령관 강홍립은 중영(中營) 5,000명을 거느리고 후금군에 항복하였다. 사르후 전투에서 패한 명나라는 이후에 한 번도 대규모로 군대를 동원하여 후금(청)을 정벌하지 못하고, 시종일관 수세에 몰리다 멸망하였다.

2. 정묘호란에 관하여

○ 국사 교과서 '비상교육'의 기술

당시 서인들은 광해군의 중립 외교 정책이 명에 대한 의리를 저버리는 것이라고 비판하였다. 더욱이 광해군이 영창대군을 죽이고 인목대비를 유폐시키자 결국 서인은 이를 구실 삼아 정변을 일으켜 광해군을 축출하고 인조를 왕위에 앉혔다. 인조반정으로 정권을 장악한 서인은 이후 친명 배금 정책을 추진하였다. 조선의 태도에 불만을 가진 후금은 1627년 황해도 지역까지 쳐들어왔으나 보급로가 끊어지자 화의를 맺고 돌아갔다(정묘호란).

○ 역자의 기술

광해군이 영창대군을 죽이고 인목대비를 유폐시키며 정치적으로 서인들과 대립하자, 김류·이귀·최명길·장유·이괄 등이 1,300~1,400명을 거느리고 쿠데타를 일으켜서 광해군을 축출하고 인조를 왕위에 옹립하였다(인조반정). 정권을 장악한 서인은 이후 친명 배금 성향의 정책을 추진하였다. 평안도 철산 앞바다의 가도(椵島)에 명나라군이 주둔하자, 배후에서 위협이 되었던 명나라군을 공격하고 아울러 조선을 공격하기 위하여 후금은 30,000여 명[5]을 동원하여 가도와 조선을 공격하였다. 의주성·곽산성·안주성·창성이 차례로 함락되어 대략 74,000명이 전멸되고, 평양성·황주성·평산 산성을 방어하는 군인들은 도망가서 조선군은 궤멸되었다. 배후의 명나라와 몽고에 대하여 위협을 느끼고 있던 후금은 황해도에서 전진하지 않고 조선과 조약을 맺고 돌아갔는데, 조약의 내용은 사실상 항복에 가까웠다. 조선군은 대략 총 8~9만 명이 전사하고, 25만 명이 포로로 잡혀간 것으로 추정된다.

3. 병자호란에 관하여

○ 국사 교과서 '비상교육'의 기술

국력이 더욱 강성해진 후금은 국호를 청으로 바꾸고, 조선에 군신 관계를 맺을 것을 요구하였다. 이에 조선 조정은 주화와 주전 사이에서 갈등하다가 결국 주전론을 따라 청의 요구를 거절하였다. 그러자 청은 1636년 조선을 다시 침입하였다(병자호란). 조정은 남한산성으로

---

5 30,000여 명: 조선을 침략한 후금군은 30,000여 명이 정설이다.

피신해 저항하였지만 결국 굴욕적인 강화를 맺게 되었다.

○ **역자의 기술**

　명나라와의 전쟁에서 연전연승하여 국력이 더욱 강성해진 후금은 1636년 2월에 조선에 사신을 파견하여 청태종을 황제로 추대하려고 하였으나, 최명길 등 조선 정부는 강력하게 반대하며 국서를 받지 않았다. 그러자 후금은 조선을 정벌할 것을 계획하였다. 후금은 4월에 국호를 청(淸)으로 바꾸고 12월에 120,000명[6]의 대군으로 조선을 침략하였다. 후금군 선발대는 5일 만에 한양을 무혈입성하였고, 남한산성으로 피난 간 인조는 14,000여 명의 조선군과 함께 저항하며 구원군이 오기를 기다렸다. 그러나 구원군은 용인의 험천 전투, 하남의 검단산 전투, 광주의 쌍령 전투, 황해도 토산 전투, 강원도 김화 전투, 함경도 안변 전투에서 참패하여 대략 7만 명이 전멸되었다. 강화도로 피난 갔던 왕자들마저 청나라군의 포로가 되고 식량도 부족하자, 인조는 삼전도에서 항복하였다. 청나라의 최우선 목표는 명나라 정복이었기 때문에, 군사적으로 약하여 위협이 되지 않는 조선 정부를 그대로 유지시켰다. 모든 전투에서 패한 조선군 사망자는 대략 총 8~9만 명 이상이고, 포로로 끌려간 사람은 대략 50여만 명으로 추정된다.[7]

　『손자병법』에서 "지피지기(知彼知己)면 백전불태(百戰不殆)"라고 하

6　120,000명: 조선을 침략한 청나라군은 45,000~200,000명이라는 학설이 있으나, 역자는 120,000명으로 추정하였다.

7　50여만 명으로 추정된다: 「移陳都督咨」, 『遲川集』 卷17. "포로가 된 숫자가 무려 50여만 명이다. 〔被俘人口無慮五十餘萬〕"

였다. 사실 그대로 객관적으로 서술하는 것이 역사 기술의 출발점이다. 유성룡도 그런 차원에서 『징비록(懲毖錄)』을 남겨 후세들에게 경각심을 갖도록 하여 다시는 이러한 일이 반복되지 않도록 하였다. 그런데 오늘날 우리는 어떠한가? 병자호란은 우리 민족에게 있어서 가장 치욕적인 역사이지만 우리들은 이 전쟁을 잘 모른다. 더 정확히 말하자면 너무 치욕적이라 감추고 싶었고, 그래서 역사를 왜곡하고 있는 것이다. "정묘호란 때 후금군은 보급로가 끊어지자 화의를 맺고 돌아갔다."[8] "병자호란 때 조선이 굴욕적인 강화조약을 맺었다."[9]라고 역사를 왜곡을 할 수 있지만, 사실 병자호란 때 '조선은 지구상에서 없어질 뻔한 위기에 처했다.'[10] 우리가 더욱더 경각심을 갖지 않을 수 없는 이유이다. 병자호란의 전쟁터인 남한산성은 어떠한가? 역자가 남한산성 답사를 몇 번 갔는데 그곳은 이미 막걸리를 마시거나 등산하는 관광지로 변질되어 있었다. 남한산성이 세계문화유산에 등재되어 규정상 병자호란 관련된 책을 판매할 수도 없고 박물관을 만들 수 없는지 모르겠지만, 병자호란과 관련된 것은 거의 전무하다. 우리는

---

8 정묘호란……돌아갔다: 후금군의 보급로가 끊어졌다는 것은 역사적 사실에 전혀 부합되지 않는 허구이다. '화의(和議)'라는 단어의 뜻은 대등한 국가가 맺는 평화조약을 의미하는데, 조약 내용을 보면 항복에 가까웠다.
9 병자호란……맺었다: '강화'와 '화의'와 의미가 비슷하다. '항복하였다'가 역사적 사실에 부합된다.
10 조선은……처했다: 청나라에서 명나라를 공격하기 위해 조선에 파병을 요청하였는데, 조선군이 도착한 날짜가 늦어지자 청나라에서 조선군을 다시 조선으로 돌려보낸 적이 있었다. 최명길이 이 일을 사죄하려고 청태종을 만나러 갔는데, 1638년(인조16) 10월 8일* 청태종이 최명길에게 위협하며 "병자호란 때 왕을 살려준 것은 전례가 없었는데, 조선에서 은혜를 저버리고 군대가 늦게 도착하였으니, 다른 왕으로 바꾸거나 벌을 내리도록 하겠다."라고 하였다.
* 부록의 연표, 1638년 10월 8일의 각주 56)에 자세한 내용이 실려 있다.

조상들이 남겨준 문화유산도 제대로 활용하지 못하고 있다. 남한산성에서 무료로 나누어 주는 〈남한산성 지도〉에서 '침괘정(枕戈亭)'[11]을 설명하기를, "침괘정은 정확하게 지어진 시기나 용도를 알 수 없으나, 1751년에 새롭게 고쳐 짓고 '침괘정'이라고 이름을 붙였다. 기록에 따르면 백제 온조왕이 사용하던 공간이라고 하기도 하고, 화약을 찧었던 돌절구들을 쉽게 찾아 볼 수 있는 것으로 보아 무기제작소의 사무를 관장하던 곳으로 추정된다."라고 하였다. '침괘정'[12]은 택당선생의 증손자인 이기진(李箕鎭)이 광주 유수 겸 남한산성 수어사로 근무할

---

11 침괘정(枕戈亭): 침과정이나, 관례상 침괘정으로 읽는다.
12 『중정남한지(重訂南漢志)』 국역본, 73쪽과 414쪽에 관련된 글이 있다. 김희순(金羲淳, 1757~1821)의 「침괘정중수기(枕戈亭重修記)」에 다음과 같이 되어 있다.
"나라의 근심은 준비가 없는 곳에 있고, 준비의 유무(有無)는 또 사람에게 달려있다. 병자호란의 교훈이 어찌 멀리 있는가? 그때 청나라 기병이 압록강을 건넌 지 3일 만에 천 리를 달려와 곧장 우리 남한산성 아래에 도착하였지만, 아무도 감히 막지 못하였던 것은 나라에서는 준비가 없었고 장수는 대책이 없었으며, 지키려 해도 평소 준비된 성이 없었고 싸우려 해도 훈련된 군대가 없어서 하루의 변란을 막는 것도 역부족이었기 때문이다. 맹자가 말하지 않았던가? '적국(敵國)과 외환(外患)이 없는 나라는 항상 망한다.'고 하였는데, 적국과 외환이 반드시 나라를 망하게 하는 것이 아니라, 적국과 외환이 있은 후에 경계심이 생기고 경계심이 생기면 나라가 보존된다. 사람은 질병을 겪어야 살고 안일하면 죽는다는 것이 바로 이것이니, 안일함을 즐길 만하고 질병을 걱정할 만하나, 걱정하면 살고 안일하면 죽는 것은 이치이다. 병자호란 이전에는 즐길 줄만 알고 걱정할 줄 몰라서 적국과 외환이 없다고 믿었다가 적국과 외환이 찾아왔다.〔國之患, 在於無備, 備之有無, 又在於人。丙丁之鑑, 豈遠乎哉? 當其時也, 胡騎涉吾境三日, 越千里而直薄我城下, 人莫敢格者, 蓋以國無備而將無策, 守無素備[戒]*之城, 伐不宿鍊之兵, 不足以禦一日之變也。孟子不云乎? 無敵國外患者, 國恒亡。夫敵國外患, 未必亡人國, 而有敵國外患, 然後戒心生, 戒心生則國乃存。人之生於疢疾, 死於燕安是已, 燕安可樂, 疢疾可憂, 憂則生, 樂則死, 理也。丙丁以前, 知其樂而不知其憂, 故恃其無敵國外患, 而敵國外患至。〕"
* 備[戒]: 『중정남한지』에는 '戒'이지만, 김희순의 문집 『산목헌집(山木軒集)』의 '備'를 따라 번역하였다.

때 지은 이름이다. 침괘정은 '침괘대단(枕戈待旦)', 즉 "무기를 베고 자며 새벽을 기다리는 것인데, 복수하기 위해 잠을 잘 때도 항상 경계하고 싸울 준비를 하여 어느 때라도 적을 무찌를 준비를 한다."는 고사성어에서 유래한 것이다. 남한산성문화관광사업단에서 침괘(枕戈)라는 고사성어의 뜻을 몰라서 그렇다면 이해가 가지만, 혹시 중국인 관람객들의 눈치를 보거나 외교적으로 문제가 될 것 같아서 그렇게 한 것이 아닐까 곰곰이 생각해 보았다.

"역사를 잊은 민족에게는 미래가 없다."는 말을 모르는 사람은 없을 것이다. 택당선생이 일기를 남긴 가장 큰 이유는 아마도 유성룡이 『징비록』을 남긴 것과 같은 의도일 것이다. 후손들이 무사안일하여 역사적인 비극을 쉽게 잊을까 염려하여, 몸소 겪었던 일을 기록으로 남겨서 후세들에게 경각심을 주려고 하였던 것이다. 중국은 청일전쟁에서 일본에 패한 치욕을 잊지 않기 위하여 '중국갑오전쟁박물관(中國甲午戰爭博物館)'을 만들었지만, 우리는 '병자호란 기념관'은 물론이고 한반도에서 일어난 전쟁 중에 가장 큰 전쟁인 '6·25전쟁 기념관'[13]조차도 없다. 용산의 '전쟁기념관'이 그 역할을 대신하고 있다고 하지만, 역자의 주위에 여기를 가본 사람들은 한 사람도 없다. 택당선생의 가르침에 숙연해진다.

---

13 주위 사람들에게 전쟁기념관에 가 본 사람이 있는지 문의해보니 가본 사람이 한 사람도 없으나, 독립기념관을 방문한 사람은 여러 명 있었다. 역자는 대학교 1학년에 남산에 올라갔다가 내려오면서 우연히 한 번 들른 적이 있다. 일제 식민지 시대와 6·25전쟁 둘 중에 어느 것이 우리에게 큰 피해를 주었는지 논란이 있을 수 있다. 그러나 6·25전쟁으로 분단이 고착화되고 북한의 침략 위협은 오늘까지도 이어지고 있다. 과거가 중요한지 현재가 중요한지는 우리가 선택할 문제이다.

병자호란의 일기를 남긴 사람들이 많지만, 고위직으로는 김상헌과 택당선생이 있다. 김상헌의 『남한기략(南漢紀略)』은 12월 12일부터 12월 21일까지는 날짜별로 기록하였으나, 그 뒤부터는 날짜가 제대로 기록되지 않고 전후가 바뀐 서술도 있다. 대체로 산성 내에서 일어난 중요 사실은 거의 수록되어 있으나, 사실의 서술이 매우 간략하고 그 대신 자신의 행적과 발언은 상세히 기록하여 사료로서의 가치가 비교적 떨어진다. 반면에 택당선생은 총 14일(12월 28~30일, 1월 6~10일, 1월 15일, 1월 26~30일)을 제외하고 비교적 자세하게 기술하였고, 끝부분에서는 병자호란의 원인과 과정을 비교적 자세히 기술하여 병자호란을 이해하는 데 도움이 된다. 이 책을 읽으며 가장 아쉬운 대목은 1637년 1월 16일 택당선생과 최명길의 논쟁이다. 만약 택당선생의 주장대로 1636년 2월 최명길이 협조하여 후금의 사신을 후대하고 청태종을 황제로 추대하자는 국서를 받고 후금에 답신을 보냈다면, 어떻게 됐을까 하는 것이다. 만약 조선에서 청태종을 황제로 인정하였다면, 병자호란을 막을 수 있었을까? 안타깝지만 역사는 가정이 없다.

아래의 글로 마무리하도록 하겠다. 병자호란 발발 2개월 전인 1636년 10월에 명나라 병부 감군 황손무(兵部監軍黃孫茂)가 인조에게 자문(咨文; 외교 문서의 일종)을 보내서, 청나라와 조선의 군사력을 평가하고 외교적으로 해결할 것[14]을 조언하였다.

---

[14] 외교적으로 해결할 것: 인용문의 기미(羈縻)를 말한다. '기'는 말의 굴레라는 뜻이고 '미'는 소의 코뚜레라는 뜻으로 얽어맨다는 의미다. '기미'의 뜻은 적과 외교 관계를 맺어 조약을 맺거나 조공을 바쳐서 전쟁을 방지하거나 휴전 협정을 맺는 것을 가리킨다.

흠명태자소부(欽命太子少傅) 병부 감군 황손무(兵部監軍黃孫茂)는 자문(咨文)을 보냅니다. 지금 가도 도독 심세괴(椵島都督沈世魁)의 주문(奏聞)에서 귀국에 관한 일을 들었고, 또 귀국이 가도에 보낸 자문(咨文)을 보았는데, 귀국이 청나라와 10년 기미(羈縻)했으나, 청나라[15]가 황제를 참칭(僭稱)하여 지금 청나라를 배척하고 단교하여 오랜 치욕을 씻으려 하니 실로 당연한 대의(大義)입니다. 그러나 청나라는 역사상 지금이 가장 강성하니, 지금 소국(小國)인 조선은 그들의 만분의 일도 감당할 수 없고, 반드시 천하의 대국(大國; 명나라)이라야 진압할 수 있습니다. 그들의 정예병이 돌격하면 일당백(一當百)일 뿐만이 아니라, 태조황제(주원장)가 갑옷을 입고 사방의 오랑캐를 평정하실 때, 그들이 선전(善戰; 용감하게 싸움)하는 방법을 보고 말하기를, "여진의 정예병이 1만 명이 되면 천하(天下; 명나라)가 막을 수 없을 것이다."라고 하였습니다. 하물며 최근에 여진 정예병의 숫자가 1~2만 명뿐만이 아니니 무슨 말할 필요가 있겠습니까? 몇 년 전[16]에 귀국의 기미책(羈縻策)이 성공한 계책이라고 할 수 있습니다. 지금 비록 황제로 참칭하지만, 그 나라에서만 자칭하고 예(禮)가 아닌 일로 귀국을 직접 협박하지 않는다면, 굳이 예부터 사용하던 계책인 기미책을 중단할 필요가 없습니다. 이것이 귀국에 좋은 계책인데, 어찌 조그만 의리(義理)에 얽매여 일시로 듣는 것에 기분 좋게 하려고 나라가 망하는 커다란 화를 자초합니까? 만약 청나라가 조선을 침략한다면, 귀국의 인심과 무기로는 결코 이 강

---

15 청나라: 원문은 '逆奴'로 '반역자 오랑캐'의 뜻이나, 청나라로 번역하였다. 아래도 같다.
16 몇 년 전: 정묘호란을 가리킨다.

적을 막을 수 없으니, 만약 숙이고 들어가지 않으면 결코 나라를 보존하기 어려울 것입니다. 이 상황을 우리 병부(兵部)만 걱정할 뿐만 아니라, 명나라의 공론도 모두 이와 같습니다. 오늘 귀국이 이 기미를 실패하여 만약 전쟁을 당한다면, 비단 귀국의 불행일 뿐만 아니라 명나라도 동쪽 울타리인 조선이 은근히 성원해주는 세력을 잃어버릴 것입니다. 이렇든 저렇든 기미책을 중단하지 말고, 현재의 위급한 화에서 모면하는 것이 실로 귀국에 좋은 계책 같습니다. 그러므로 가도에 돌아가는 사신에게 삼가 1통의 자문을 보냅니다. 속마음을 토로합니다. 이리하여 자문을 보내드리오니, 밝게 헤아려 실행하십시오.[17]

---

17 "欽命太子少傅兵部監軍黃爲移咨事。今聞椵島提督沈奏聞中貴國之事，又見貴國移椵島之咨，則貴國與眞㺚，十年羈縻之餘，因逆奴之僭號，今方斥絶，欲雪宿恥，是誠大義之當然。而逆㺚之强盛。前古所無者，以海東之小，應不敢當其萬一，必以天下之大，庶可鎭壓。而方其精銳之突擊也，不啻一以[當]百，(古)故太祖高皇帝，一戎衣，定四夷之時，見其善戰之法，有聖敎曰: 女眞之精兵，若滿萬，則天下莫能當。況近年以來，女眞之精兵，不特一二萬乎？ 年前，貴國之羈縻，可謂得計。今雖僭號，只自稱號於渠國，不以非禮之事，直脅貴國，則不必絶其羈縻之舊計者。此是謀國之良策，寧以區區之義理，快一時之聽聞，以速亡國之[大]禍乎？ 逆㺚若東搶，則貴國之人心器械，決難當彼强寇，如不切入，必難保存[存國]。此勢，則非但弊部之所慮，中朝公論，皆如是矣。今者貴國，失此羈縻，若被兵禍，不獨貴國之不幸，中朝亦失東藩隱然聲援之勢。於此於彼，勿絶羈縻之計，圖免目下之急禍，似爲貴國之得計。故因椵島回使謹付一咨。敢吐肝膽。爲此合行移咨，照察施行。"
「黃監軍移書」，『遲川集遺集』卷1과「與趙浦渚飛卿翼書」，『遲川集續集』卷1에 실려 있고, 『尊周彙編』 10월 기사에도 일부가 실려 있다.

임진왜란부터 병자호란까지

　남한산성과 병자호란이라는 단어가 최근에 세계문화유산 등재와 영화를 계기로 매우 익숙해졌지만, 우리는 병자호란에 관해서 잘 모른다. 병자호란에 대해서 이해하려면 조선군과 청나라군의 전투력을 알아야 하기에, 전투력을 설명하도록 하겠다. 역자가 처음 병자호란에 관심을 가지기 시작할 무렵 여러 가지 의문이 떠올랐다. 임진왜란 때 의병들이 봉기(蜂起)하여 일본군을 물리쳤다고 하는데, 병자호란 때는 왜 의병이 없었을까? 임진왜란 때 조선 관군이 잘 싸웠는데, 병자호란 때는 왜 청나라군에게 항복하였을까? 정묘호란[18] 때는 후금군을 잘 물리친 것 같은데, 병자호란 때는 왜 쉽게 항복하였을까? 조선군·일본군·명나라군·청나라군의 전투력은 어느 정도 수준일까? 조선이 겪은 6번의 전쟁(혹은 내전)을 통하여 의문이 풀린 것이다.

---

18 정묘호란: 정묘호란과 병자호란의 조선군 사망자와 포로의 규모로 보았을 때, 그 피해 규모는 그리 차이가 나지 않았다. 그러나 역사에서 정묘호란은 소외되고 병자호란만 다루었던 주된 이유는 왕권이 가장 중요했던 전제군주제 시기에 왕이 남한산성에서 포위당하고 왕이 삼전도에서 항복하여 왕이 위험에 빠졌기 때문이라고 생각된다.

1. 조선이 겪은 6번의 전쟁(혹은 내전)

한 나라의 전투력 수준은 단기간 내에 변하지 않고 오랜 시간 동안 변하는 유기체와 같은 특성이 있다. 이런 특성을 통하여 조선군 전투력의 실체를 파악할 수 있다. 1392년 이성계가 조선을 개국하고 1592년 임진왜란이 일어날 때까지 200년 동안 조선은 별다른 외침이 없는 평화로운 시대, 즉 태평성대였지만, ① 임진왜란 → ② 사르후 전투 → ③ 인조반정 → ④ 이괄의 난 → ⑤ 정묘호란 → ⑥ 병자호란까지 44년 동안 6번의 전쟁(혹은 내전)에서 조선군(혹은 관군)은 심각한 허점을 드러내서 연전연패(連戰連敗)하였다고 해도 과언이 아니다. 조선군(관군)의 전투력은 그야말로 너무나 허약하였다. 6번의 전쟁(혹은 내전)을 간단히 서술하도록 하겠다.

1) 임진왜란(1592~1598년) 때 조선 8도는 쑥대밭이 되었다.
2) 21년 후 사르후 전투(1619년) 때 조선군 13,000명 중에 좌영(左營)과 우영(右營) 8,000명은 전멸되고, 중영(中營) 5,000명은 후금군에 항복하였다.
3) 4년 후 인조반정(1623년) 때 반란군 1,300~1,400명이 쿠데타에 성공하고 인조가 왕에 즉위하였다.
4) 1년 후 이괄의 난(1624년) 때 반란군 13,200명이 한양에 무혈입성하고 임금은 피난 갔다.
5) 3년 후 정묘호란(1627년) 때 여러 성이 함락되어 조선군 전사자는 대략 총 8~9만 명이고, 잡혀간 포로는 25만 명 정도로 추정된다.

6) 9년 후 병자호란(1636년) 때 조선군이 연전연패하고 조선이 항복하였다. 조선군 전사자는 대략 총 8~9만 명이고, 잡혀간 포로는 50여만 명 정도로 추정된다.

1) 임진왜란(1592~1598년)

조선은 1392년 개국한 후 1592년 임진왜란이 일어날 때까지 200년 동안, 북쪽에서는 여진족이 가끔 소란을 피우고 남쪽에서는 일본이 삼포왜란을 일으키고 왜구가 출몰하여 약탈을 하였지만, 전쟁 없이 평화롭게 지냈다. 조선은 200년 동안 평화 속에서 학문이 발전하였으나, 당쟁이 심해지고 군역제가 모순이 발생하며 조세제도가 부패해지는 등 정치·군사·경제 전반에 걸쳐 여러 가지 폐단이 발생하였다. 일본은 120년 동안 '전쟁이 그칠 날이 없는' 전국시대(戰國時代)였으나, 1587년 도요토미 히데요시가 30만 대군으로 일본을 통일하고 1592년 조선을 침략하였다. 조선군은 직업이 농사꾼으로 오늘날 예비군과 같은 비정규군이고, 규모는 대략 10만 명 정도였다. 일본군은 직업이 무사(武士, 사무라이)로 전장에서 잔뼈가 굵어 실전 경험이 풍부한 백전노장이었다. 조선에서도 일본의 침략 계획을 미리 간파하고 나름대로 전쟁을 준비하였으나, 실전 경험이 풍부한 일본군을 막지 못해 연전연패하였다. 일본군은 파죽지세로 20일 만에 한양에 무혈입성하고 평안도와 함경도까지 전진하여 조선의 대부분을 점령하였다. 그러나 전국에서 의병이 일어나고 이순신의 수군은 바다에서 연전전승하며 제해권을 장악하였다. 이로 인하여 일본군의 보급이 원활하지 못하고, 일본군은 조선의 추운 겨울에 적응하지 못하였다. 명나라 장수 이여송이 명나라군 43,000명을 거느리고 참전하여 서양식 화포 등 신무기로 평양성을 공격하고 조선군 11,000명[19]도 합세하자, 일본군은 작전상 후퇴하여 조명 연합군은 평양성을 탈환하였다. 그 후 일본군은 한양을 거쳐서 남해안으로 후퇴하여 왜성을 쌓고 장기전에 대비하였다. 일본과 명나라가 3년 동안 휴전 협상을 하였으나, 끝내 결렬되어 1597년 정유재란이 일어났다. 일본군의 작전 목표는 조선 정벌이 아니고 수많은 포로를 잡고 약탈하는 것이라, 경기도 안성까지 진격하여 재물을 약탈하고 수많은 포로를 잡은 후에 다시 남해안으로 철수하였다. 1597년 12월 조명 연합군 47,500명이 울산성을 공격한 전투에서 패하였고, 1598년 10월 조명 연합군 110,000여 명은 울산성·사천성·순천성을 공격하였으나 또다시 대패하였다. 일본은 1598년 8월 18일에 도요토미 히데요시가 사망하자 10월 15일에 철군을 지시하여 전쟁은 끝나게 된다. 우리나라 역사는 수군과 의병 및 조선군이 잘 싸워 승리한 것으로 기술되어 있지만, 조선군은 규율도 엄격하지 않고 훈련도 제대로 되어 있지 않았으며 실전 경험도 없어 전투력이 매우 떨어졌다. 그래서 대규모 전투에서 일본군과 주도적으로 싸운 것은 명나라군이었고 조선군은 보조적인 역할을 수행하였다.[20] 명나라는 종전 무렵에는 11만 정도가 조선에 머

---

19 조선군 8,000명과 승병 3,000명이다.
20 조선군은……수행하였다: 조명 연합군이 일본군과 벌인 대규모 전투는 세 가지로 꼽을 수 있다.
    ① 1593년 1월 평양성 전투, "명나라군 79.63% 조선군 20.37%"
       일본군은 15,000명, 명나라군 43,000명, 조선군 11,000명이 참전하였다.
    ② 1598년 1월 1차 울산성 전투, "명나라군 76% 조선군 24%"
       일본군은 16,000명, 명나라군 36,000명, 조선군 11,500명이 참전하였다.
    ③ 1598년 10월에 울산·사천·순천 총공격, "명나라군 81.44% 조선군 18.56%"
       정유재란 말기인 1598년 일본군이 철수하려고 할 때 조명 연합군은 가용 인원을 총동원하여 일본군을 총공격하였는데, 명나라군이 92,100명으로 81.44% 조선

물며 일본군과 전투하였다. 전쟁은 수비만 해서도 안 되고 반드시 공격해서 승리해야 이길 수 있다. 전투력이 약한 조선군은 비록 성에서 일본군을 방어할 수는 있었지만, 조선군은 독자적으로 일본군을 상대로 공성전(攻城戰)과 야전(野戰)에서 승리할 능력이 없었다. 조선군은 절름발이 군대였던 것이다. 조선군은 성을 지키는 수성전(守城戰) 능력도 떨어져서 많은 성이 함락되었다.

2) 사르후 전투(1619년)

한반도의 북쪽에 위치한 여진족들도 일본의 전국시대처럼 서로 싸우며 혼란해졌다. 17세기 초 명나라가 대외적으로는 임진왜란 때 대규모로 군대와 물자를 동원하여 조선을 지원하고 대내적으로는 부정부패로 인하여 명나라의 국력이 쇠퇴하자, 누르하치가 혜성처럼 나타나서 여진족을 차례로 점령하여 통일하였다. 누르하치는 1616년 1월 후금을 건국하고 1618년 4월에 무순(撫順)성, 7월에 청하(清河)성을 함락하였다. 후금에 위협을 느낀 명나라는 1년 동안 대대적으로 후금을 정벌할 준비를 하고, 다른 한편으로 1618년 4월 조선에 파병을 요청하였다. 후금은 조선에 국서를 보내 명나라에 지원군을 파병하면 조선을 침략하겠다고 협박하였고, 조선 조정에서는 명나라군이 후금군을 무찌를 수 있는지를 갑론을박하며 의견이 대립되었다. 그러나 6월에 명나라군이 승리할 것이라고 국론이 모여져서 파병을 결정하였다. 그 이유는 명나라군이 승리하고 조선에서 파병하지 않을 경우 명나라의 보복을 감당할 수 없고, 후금군이 명나라군에 패배한 후 조선으로 몰려와 침입

군이 20,985명으로 18.56%이다.

할 것을 대비해야 하였기 때문이었다. 그래서 조선과 명나라 사령관 양호(楊鎬)는 조선에서 정예군 1만 명을 동원하여 의주에 대기하고 사태를 관망하는 것으로 합의하였으나, 그 후에 다시 파병하는 것으로 바뀌어 1619년 2월에 조선은 조총수 위주로 13,000명을 명나라에 파병하였다. 명나라군의 무기는 조총과 화포가 위주였고, 조선군은 조총이 위주였다. 조명 연합군 대략 10만(북로군, 서로군, 동로군, 남로군)이 후금의 수도 허투알라(赫圖阿拉) 근처 사르후(薩爾滸) 주위에서 후금군 약 6만과 전투를 벌였으나, 실전 경험이 풍부하고 강력한 후금 기마병에게 각개격파 당해 대략 절반 정도인 54,000명이 전멸하였다. 조선군은 식량 보급도 제대로 되지 않아서 3일 동안 행군하다가 굶고 지친 상태에서 후금군 기마부대의 습격으로 한순간에 좌영과 우영 8,000명이 전멸되자, 조선군 사령관 강홍립은 중영 5,000명을 거느리고 후금군에 항복하였다. 명나라는 이후에 단 한 번도 대규모 군대를 동원하여 후금(청)을 공격하지 못하고, 시종일관 방어만 하다가 멸망하였다.

3) 인조반정(1623년)

광해군이 8세의 영창대군을 살해하고 영창대군의 외할아버지 김제남을 쿠데타로 누명을 씌워 살해하였으며, 인목대비를 살해하려다 폐위시키고 정치적으로 서인들과 대립하자, 문신 김류·이귀·최명길·장유 등과 무신 이서·이괄·신경진·구굉·구인후 등이 비밀리에 모의하여 1,300~1,400명의 군사로 쿠데타에 성공하여 서인이 정권을 잡고 인조를 왕에 옹립하였다. 왕을 호위하는 조선 최고의 군대가 소규모 쿠데타군에게 패하고, 광해군은 폐위되어 제주도로 유배되었다.

4) 이괄의 난(1624년)

　무신 이괄은 인조반정에 핵심적인 역할을 해서 인조반정 후에 이귀(李貴)에 의해 병조 판서에 추천되기도 하였다. 그러나 권력 싸움에서 밀린 이괄은 그해 6월에 부원수 겸 평안도 병사 및 영변 부사에 임명되었다. 1624년 1월에 문회(文晦) 등이 이괄과 이괄의 아들 등이 쿠데타를 꾸민다고 허위로 제보하자, 조정에서는 의금부 도사를 파견하여 이괄의 아들과 한명련 등을 잡아 오도록 하였다. 의금부 도사가 영변성 안으로 들어가자 이괄은 이들의 목을 베고 쿠데타를 일으켰다. 이괄과 한명련은 쿠데타군 13,200명을 거느리고 파죽지세로 전진하여 17일 만에 한양에 무혈입성하였으나, 무악재의 전투에서 관군 4,000명에게 패하여 쿠데타에 실패하였다. 조선의 최정예군이었던 이괄의 군대 13,200명과 관군 13,000명 중에 상당수가 전사하여, 조선은 심각한 전력의 공백을 초래하였다. 또한 제2의 쿠데타의 발발을 엄하게 감시하는 와중에서, 조선군은 훈련을 제대로 받지 못한 상태에서 정묘호란을 맞이하였다.

5) 정묘호란(1627년)

　명나라와의 전투에서 연전연승하였던 후금군은 영원(寧遠)성 전투에서 패하였고(1626년 1월), 잠시 후에 누르하치가 병사하였다(같은 해 8월). 누르하치의 여덟째 아들로 새로 즉위한 황태극(黃太極)은 명나라를 쉽게 정벌할 수 없자 전략을 바꾸어 배후의 위협을 제거하기 위하여, 평안북도에 주둔한 명나라 모문룡의 군대를 제거하고 한양을 점령하려고 30,000여 명의 군대로 조선을 침략하였다. 1월 14일 의주성이 함락되어 30,000명, 1월 18일 곽산성이 함락되어 20,000명, 1월 21일 안주성이 함락되어 20,000명, 2월 11일 창성이 함락되어 4,000명, 철산에서 수천 명이 전사하였다. 평양성·황주성·평산 산성을 방어하는 조선군은 싸우지도 않고 도망갔다. 황해도 평산에 주둔하던 후금군은 한양으로 진격할 수도 있었으나, 명나라와 몽고가 배후에서 공격할 것을 염려하여 조선과 조약을 체결하고(3월 3일) 후퇴하였다(3월 4일). 그러나 후금군은 평양으로 후퇴하면서 조약을 위반하여 3일간 대규모로 포로를 잡고 약탈하였다. 3월 17일에 평안도 의주·창성·곽산에 주둔하던 소수의 후금군이 의병장 정봉수(鄭鳳壽)가 4,000명으로 지키는 능한산성과 용천의 이립(李立)을 각각 공격하였다. 그러자 2명의 의병장이 방어하며 각각 후금군 수백 명을 죽였는데, 이것이 정묘호란에서 거둔 조선의 유일한 승리였다. 3월 18일에 평양에서 다시 조약이 다시 체결되었고, 후금은 의주에 후금군 3,000명을 주둔시키고 철수하였다. 조선군 전사자는 대략 총 8~9만 명이고, 후금에 잡혀간 포로는 25만 명 정도로 추정된다. 후금과 체결한 조약은 사실상 항복에 가까웠다.

6) 병자호란(1636년)

명나라와의 전쟁에서 연전연승하여 국력이 더욱 강성해진 후금은 1636년 2월 조선에 사신을 파견하였다. 청나라 사신은 황태극을 황제로 추대하자는 국서를 조선에 전달하려고 하였으나, 최명길 등이 강력하게 반대하자 조선 정부는 국서를 받지 않았다. 이에 분개한 청나라 사신은 일정을 취소하고 그대로 귀국하였다. 청나라 사신은 귀국하던 도중에 인조가 평안도 관찰사에게 전쟁 준비를 하라고 보낸 훈시문을 빼앗아 귀국하여 황태극에게 보고하였다. 그러자 황태극은 조선의 본심을 알아차리고 전쟁을 계획하였다. 그 후 후금은 4월 11일에 국호를 청(淸)으로 바꾸었다. 조선 조정에서는 사태를 수습하기 위해 나덕헌 등의 사신을 파견하였지만, 조선 사신이 황태극의 황제 즉위식에 참가하는 것을 거부하자, 분노한 청태종은 조선 사신에게 정식으로 선전포고하였다(4월 15일). 전쟁을 직감한 조선은 임진왜란 전에도 그랬듯이 나름대로 청나라의 침략에 대비하였지만, 청태종은 12만 명을 거느리고 조선을 침략하였다. 후금군 선발대 1진 300명은 5일 만에 한양에 무혈입성하였고, 청나라군 본대는 조선의 성을 공격하지 않고 곧바로 남쪽으로 향하였다. 남한산성으로 피난 간 인조는 14,000여 명의 조선군으로 저항하며 구원군이 오기를 기다렸으나, 12월 19일 영변 전투 5,000명이 전멸되었고, 12월 27일 충청도군 9,000명이 용인 험천 전투에서 전멸되었고, 12월 29일에는 남한산성 북문으로 내려간 300명이 전멸되었고, 12월 26일~30일 원주 영장 1,000명이 하남의 검단산 전투에서 청나라군과 대치하며 전투하다가 후퇴하였고, 1월 3일 경상도와 충청도 군사 4만 명이 쌍령 전투에서 패하여 전멸되었고, 1월 5일 황해도 군사 10,000명이 토산 전투에서 전멸되었고, 1월 28일 평안도 관찰사가 거느린 군대 3,000명이 김화 전투에서 전멸되었고, 2월 15일에 함경도 군사 10,000명이 안변 전투에서 전사하여 대략 총 77,000명이 전사하였다. 구원군이 오지 않는 상황에서, 청나라군이 서양식 대포인 홍이포[21]를 내세워 남한산성을 공격하여 더 이상 방어하기가 어려웠고 식량이 부족하였으며 강화산성이 함락되어 세자 등이 포로로 잡히자, 조선은 결국 청나라에 항복하였다. 청나라는 조선을 멸망시킬 수도

---

21 홍이포(紅夷砲): 명나라 때 네덜란드인을 붉은 머리의 오랑캐 즉, 홍모이(紅毛夷)라 불렀는데, 네덜란드가 명과의 전쟁에서 사용한 대포를 '홍이포'라 불렀다. 홍이포가 조선에 처음 등장한 것은 병자호란 때 청나라가 사용하면서이다.

있었다. 그러나 청나라의 최우선 목표는 명나라 정복이고, 조선의 군사력이 약하여 청나라에 위협이 되지 않는다고 판단하여 청태종은 조선정부를 그대로 유지시켰다. 모든 전투에서 패한 조선군은 전사자는 대략 총 8~9만 명이고, 청나라에 잡혀간 포로는 대략 50여만 명으로 추정된다.

위의 여섯 번의 전쟁(또는 내전)을 통해서 조선군(관군)의 전투력이 어느 정도 수준이고, 정묘호란과 병자호란 두 전쟁을 통해서 청나라(후금)의 전투력이 어느 정도인지 짐작할 수 있을 것이다.

2. 병자호란 때 청나라군의 숫자

병자호란 9년 전에 있었던 정묘호란 때 후금군의 숫자는 30,000여 명[22]이 확실한 것 같다. 임진왜란 때 조선을 침략한 일본군이 158,700명[23]임을 감안하면 30,000여 명이라는 숫자가 적다고 놀라겠지만, 후금군 30,000여 명의 공격에 조선군 최정예가 지키는 의주성·곽산성·안주성·창성이 함락되어 성을 지키던 조선군이 전멸되어 조선군 대략 총 8~9만 명이 전사하고, 평양성·황주성·평산 산성을 지키던 조선군은 도망갔다. 이 정도라면 비전문가라도 후금군과 조선군의 전투력 차

---

22 30,000여 명: 아래의 자료를 취합하면, 이 숫자가 거의 확실하다.
『승정원일기』, 〈인조 5년 1월 17일〉에 3~4만 명.
『조야기문(朝野記聞)』, 〈인조 5년 1월 21일〉에 36,000명.
『인조실록』, 〈5년 4월 1日〉; 『존주휘편(尊周彙編)』, 〈인조 5년〉; 『허담파적록(荷潭破寂錄)』에 30,000여 명.
23 158,700명: 구태훈 역주, 『징비록』, 51쪽.

이를 짐작할 수 있을 것이다. 병자호란 때 청나라군의 규모에 관한 주장은 45,000명부터 200,000명[24]까지 여러 가지 주장이 있다. 정묘호란 때 후금군은 30,000여 명으로 조선의 절반을 황해도까지 침략하였으나 조선은 속수무책으로 당하기만 하고 방어하지 못하였다. 병자호란 때도 청나라군이 같은 병력인 30,000여 명으로 조선을 쑥대밭으로 만들었다고 하더라도 전혀 이상하지 않다. 기존의 학설은 대부분 120,000명으로 추정했지만, 45,000명이라는 학설도 배제할 수 없다. 참고로 정묘호란과 정묘호란 때 조선군의 규모는 각각 대략 10만여 명으로 추정된다. 물론 전쟁이 일어나면 조선 백성도 조선군과 합세하여 싸웠을 것이다. 남한산성에 있던 조선군은 14,000여 명이고, 보관된 식량은 2월 15일 정도까지 버틸 수 있었다. 조선이 항복한 결정적인 원인 중의 하나도 식량이 부족했기 때문이었다.

---

[24] 45,000명부터 200,000명: 45,000명부터 120,000명 사이로 추정된다. 가장 최근인 2019년에 출판된 구범진, 『병자호란, 홍타이지의 전쟁』, "조선에 출정한 청군의 총 인원은 정규 병력 34,000명과 쿠툴러(하인) 약 11,000명을 합한 약 45,000명 정도로 잡을 수 있다. 다른 누락이나 오차를 추가로 반영하더라도 청군 진영의 총수는 5만 명을 넘지 못했을 것이다."라고 하였다. 남급(南礏)의 『남한일기』, 〈인조 15년 2월 3일〉에는 청나라군 7만, 몽고군 3만, 한군(漢軍)* 2만, 총 12만이라고 하였고, 『병자록』** 〈인조 15년 2월 8일〉에 140,000명이라고 하였다. 다만, 「숭정황제주문(崇禎皇帝奏文)」, 『지천집유집』 권1에서 보이는바, 최명길은 "명나라에서 200,000명"이라고 하였으나, 가능성이 적은 것으로 판단된다.

 * 한군(漢軍): 명나라 출신으로 청나라군에 소속된 군인을 가리킨다.
 ** 『병자록』에서 청나라에 남아있는 군대는 6~7만이라고 하였다.

3. 각국의 전투력

1) 전투력이란 무엇인가

전쟁이 벌어지면 네가 죽든지 내가 죽든지 둘 중에 하나는 죽는다. 후퇴하면 100% 죽지만, 죽을 각오로 싸워서 승리하면 모든 것을 얻을 수 있다. 전쟁은 딱 한 번의 결판으로 승부가 결정된다. 권투 경기에서 지면, 다음에 피나는 노력으로 실력을 연마하여 재도전하여 다시 승부를 겨룰 수 있지만, 전쟁은 이번에 지면 끝이고 다음은 없다. 전쟁에서 승부를 결정짓는 힘, 즉 전투력에는 무기, 인원, 기강, 전투 경험 등이 있는데, 산성이나 들판과 산에서 창·칼·활 등의 무기로 싸워서 승부를 겨루던 옛날에는 전투 경험과 기강이 가장 중요한 요소였다.

"고기도 먹어본 놈이 잘 먹는다." "도둑질도 해본 놈이 한다."는 속담은 경험이 중요하다는 것을 말한다. 먹는 것과 도둑질뿐만 아니라, 전쟁도 마찬가지다. 전쟁 경험이 많은 나라가 잘한다. 수많은 실전 경험을 통하여 군사들의 심리적 불안감이 해소되어 이길 수 있다는 용기가 생기고 무기의 사용 능력도 뛰어나서 개인의 전투 능력이 향상되며, 일사불란하게 작전대로 움직이고 후퇴하면 뒤에서 베는 엄격한 군율이 확립되어 부대의 전투 능력이 향상된다. 사람뿐만 아니라 무기도 수많은 실전 경험을 통하여 계속 진화, 발전하기 마련이다. 1631년(인조9, 청태종 5년)에 청나라가 홍이포를 자체적으로 제작한 것만 보아도 알 수 있다. 실전 경험은 조총·칼·활로 싸우던 조선시대뿐만 아니라 현대전에서도 매우 중요하다. 오늘날 전략가들이 미군을 세계 최강으로 꼽는 이유는 첫째는 첨단 무기이고, 둘째는 풍부한 실전 경험에 의한 전술 운용 능력이다. 이스라엘이 아랍 국가들과 수많은 실전 경험으로 중동의 군사 강국으로 거듭났고, 1979년 중월전쟁에서 베트남이 서방 국가와의 수많은 실전 경험을 토대로 중국과의 전투에 전혀 밀리지 않은 것도 같은 경우이다. 일본과 청나라 모두 수백 년 동안 전쟁이 그칠 날이 없던 전국시대를 거치며 직업 군인 제도가 자리 잡았고, 군사들은 수백 번의 전투 경험이 있는 백전노장의 천하무적이었다. 반면에 조선군은 훈련도 제대로 받지 않은 농사꾼들로 실전 경험이 전혀 없어서 그야말로 오합지졸이었다.

전쟁에서 승리하기 위해서 가장 중요한 것은 엄격한 군대의 기강이다. 『조총과 장부』[25]에서 "군사학자 제프리 파커(Geoffrey Parker)가 '전쟁의 승리는 여러 가지 요인에 달려있지만, 가장 중요한 것은 엄격한 군대의 기강이다. 기타 다른 요소들도 모두 상응하는 작용을 하지만, 서방에서는 줄곧 군대의 기강은 분산된 개체를 통일된 작전 전체 중의 일부분으로 전환하는 가장 중요한 수단으로 여겨왔다'고 지적하였다."[26] 과거에 창칼로 싸우던 전쟁에도 임전무퇴의 기강은 승리를 결정짓는 가장 중요한 요소이었을 뿐만 아니라, 현대전도 똑같이 적용된다. 2014년에 IS(이슬람국가)가 이라크를 침공하자 최신의 무기로

---

25 『조총과 장부』: 원제목은 『火銃與賬簿』이다. 『조총과 장부』라는 제목으로 한국어로 번역되어, 모든 곳에서 『조총과 장부』로 표기하였다. 이백중(李伯重) 저, 이화승 역으로 2018년 글항아리에서 출판하였다.
26 전쟁의 …… 지적하였다: 『조총과 장부』, 323쪽. "帕克(Geoffrey Parker)指出*: 戰爭的勝利取決於多種因素, 最重要的是嚴格的軍事紀律。盡管其他因素也都起着相應的作用, 但長期以來, 西方一直把軍事紀律視爲將分散的個體轉化爲統一的作戰整體中的組成部分所仰賴的首要手段."
 * Geoffrey Parker 자료의 원문을 찾지 못하여, 중국어 원문을 인용하였다.

무장한 이라크군이 오합지졸처럼 도망가기 바빴고, 2021년 아프가니스탄 정부군이 탈레반의 공격에 한순간에 무너졌다는 것은 모두 익히 들어서 알고 있는 사실이다. 전쟁은 개인 간의 싸움이 아니라 부대 간의 싸움인데, 적이 공격해 올 때 아군 몇 명이 살려고 도망가면 전제 대형이 깨져 더 이상 전투를 할 수가 없어서 급기야 모두 도망가게 된다. 그래서 예나 지금이나 모든 나라에서 전투 중에 지휘관의 후퇴 명령 없이 후퇴하면 즉결 처분된다. 임전무퇴는 전투할 때 승리하기 위해서는 반드시 지켜져야 하는 규율로, 실전 경험을 통하여 더욱 완벽하게 거듭난다.

2) 조선, 일본, 명나라, 청나라의 전투력 비교

여기서는 간단히 조선·일본·명나라·청나라 각국의 전투력을 간단히 설명하도록 하겠다. 조선 개국 이후에 조선군의 전투력은 시간이 갈수록 약해져서, 정묘호란과 병자호란 때는 전투다운 전투를 한 번도 제대로 해보지 못하고 참패하였다. 조선은 개국부터 임진왜란이 일어날 때까지 200년 동안 전쟁 없이 평화롭게 세월을 지내며 문(文)을 숭상하여 문약(文弱)한 유교 국가가 되었고, 군사제도는 상비군이 아닌 오늘날 예비군과 같은 비정규군 제도를 운용하였다.

일본은 120년 전쟁이 그칠 날이 없는 전국시대를 거치면서 사무라이들은 직업 군인으로 수많은 실전 경험이 있었고, 도요토미 히데요시에 통일된 일본은 동아시아 최강의 군대를 보유하였고, 심지어 명나라를 점령할 수 있을 정도로 군사력이 강력하였다.

명나라는 임진왜란 때 수많은 군대와 물자를 동원하며 국력이 쇠퇴하였고, 후기에 접어들면서 부정부패와 군사제도의 모순이 날로 심해졌다. 명나라도 조선과 같이 기본적으로 비정규군 제도를 채택하여 전투력이 매우 떨어졌다.

명나라의 동북쪽에 위치한 여진족도 전쟁이 그칠 날이 없는 전국시대였는데, 누르하치가 혜성처럼 나타나서 분열된 여진족을 점령해가며 세력을 확장하였다. 임진왜란 동안 명나라의 국력이 약해진 틈을 타서 누르하치의 군대는 여진족을 통일하며 더욱 강해졌고, 누르하치는 1592년 9월과 1597년 2월 두 차례에 걸쳐서 명나라를 통하여 조선에 파병을 제안하기도 하였다. 누르하치의 군대는 일본처럼 직업 군인제도를 채택하였고, 수많은 실전 경험을 통해서 백전백승의 천하무적이 되었다. 게다가 청나라의 팔기군은 기마병을 위주로 편성되어 기동력을 갖추어 일본군보다 강력하였다고 평가된다.[27] 조선군은 이처럼 강력한 청나라군에게 적수가 되지 못하였다.

3) 조선, 일본, 명나라, 청나라의 문화 비교

모든 나라의 문화적 특성이 다르고 그것에 따라 국가의 전투력이 현저하게 다르다. 문화가 나라의 전투력을 좌지우지한다는 말이다. 조선·일본·명나라·청나라 문화의 비교를 통해서 전투력을 설명하도록 하겠다.

---

27 청나라의 …… 평가된다:『조총과 장부』, 348쪽. "1592년(만력20), 누르하치는 강력한 군대를 보유하고 있었다. 임진왜란 전에 기병 3~4만과 보병 4~5만을 보유한 이 군대는 보편적으로 작전 능력이 일본군보다 뛰어나다는 평가를 받는다.〔早在萬曆二十年(1592), 努爾哈赤已建立了一支强大的軍隊。在中日朝鮮戰爭前夕, 這支軍隊已有騎兵3萬~4萬人, 步兵4萬~5萬人, 普遍認爲其作戰能力甚至勝過日本軍隊。〕"

① 조선: 유교문화 – 오직 유교만을 숭상하였다.

임진왜란 때까지 200년을 오직 문(文)을 숭상하여 유교(儒敎)가 통치이념인 유교 국가가 됐고, 무(武)를 소홀히 해서 문약(文弱)한 국가가 되었다.

1622년 명나라에서 감군 양지원(監軍梁之垣)을 조선에 사신으로 파견하여 명나라가 후금을 공격할 때 조선에서 군대를 파병할 것을 요청하였는데, 양지원이 귀국하여 명나라 황제에게 다음과 같이 보고하였다.

> 이훈(李琿; 광해군의 이름)이 황제의 은혜에 감사하여 의로운 모습이 얼굴색에 나타났습니다. 비록 국력이 허약하였지만, 총동원하여 장정 2만 명을 징발하여 명나라를 도와 출정할 것을 기다리겠다고 합니다. 그러나 이 나라는 풍속이 문약(文弱)하여 자기 나라도 지키기 어려울 것입니다.[28]

1636년 4월 택당선생은 "조선은 문(文)만 숭상해서 나약하다."라고 하였다.

> 우리나라가 그동안 문(文)만 숭상하여 나약해져서 강한 청나라의 통제를 받아왔으니, 참으로 (금나라에 항복하였던) 북송(北宋)의 말년과 같습니다.[29]

---

28 『明熹宗實錄』, 〈天啓 2年 10月 4日〉. "李琿感恩, 義形於色。雖處積弱, 猶圖斂括, 遺丁二萬, 以候助征。但該國文弱成風, 且難自保。"

29 「丙子備局堂上辭免疏」, 『澤堂集』 卷8. "我國靡文積弱, 受制強虜, 誠有如汴宋之季者矣。"

정약용은 「우리나라 풍속은 유순하고 근신하여 무예를 즐기지 않고 오직 활쏘기만 익히는데 요즈음은 이것마저 익히지 않으니, 무예를 권장하는 것은 오늘날의 급선무이다.」[30]를 제목으로 글을 썼다.

② 일본: 전쟁 문화, 사무라이 문화, 약탈 문화

임진왜란 전까지 120년 이상 전쟁을 한 무(武)를 숭상하는 전쟁 문화이고, 명나라와 조선을 침략하여 약탈을 일삼는 약탈 문화였다. 『일본의 무사도』라는 책에서 사무라이를 다음과 같이 설명하였다.

> 그들은 특권계급으로 본래는 전투가 직업인, 성격이 거친 자들이었다. 이 계급은 오랜 기간 전투가 되풀이되는 와중에 가장 용감무쌍한 자들 가운데 선출되었다. 그 과정에서 약한 자, 비겁자, 겁쟁이는 자연히 도태되었다. …… 일본의 봉건제도 하에서의 군사 계급은 약 200만의 무사들로 한정되어 있었다. …… 무사 아래로는 평민계급인 농(農), 공(工), 상(商)이 있었는데 이들은 오직 평화로운 일에만 종사하였다.[31]

『일본의 무사도』 책의 뒤에 창원대 철학과 이수정 교수가 '한국인의 관점에서 바라본 무사도'라고 해설하였는데, 일본 무(武)의 전통을 이해하는 데 적합하기에 소개하도록 하겠다.

---

30 『牧民心書』 卷8. "兵典六條 勸武 東俗柔謹, 不喜武技, 所習惟射. 今亦不習, 勸武者, 今日之急務也."
31 니토베 이나조 저, 양경미 역, 『일본의 무사도』, 생각의나무, 2006, 33·167쪽.

이른바 헤이안(平安) 귀족 시대를 지나고 헤이시(平氏)와 겐지(源氏)의 두 무인 세력이 부상해 겐지가 승리하면서 12세기 말 이른바 카마쿠라 시대가 열린다. 공식적인 군사정권의 시작이었다. 14세기에는 호조씨가 계승한 카마쿠라 막부를 아시카가 타카우지가 격파하고 무로마치 막부를 건설하였다. 역시 군사정권이었다. 16세기 말 무로마치 막부가 무너지고 약 100년간의 이른바 피비린내 나는 '전국시대'가 펼쳐진다. 우리에게도 잘 알려진 타케다 신겐, 오다 노부나가, 도요토미 히데요시, 도쿠가와 이에야스 등이 모두 이 시대의 영웅들이었다. 당연히 모두 무인들이었다. 오다가 승기를 잡고 도요토미가 승리를 이루고 도쿠가와가 그 결실을 거두었다. 천하통일을 이룩한 도요토미의 후계 세력을 완전히 제거하고 도쿠가와가 이른바 에도 막부를 건설한 것도 역시 무력이었다. 그것이 1603년이었다. 이후 1867년의 이른바 다이세이호칸(太政奉還)으로 천황제 메이지 국가가 건설될 때까지 '무사'가 지배하는 도쿠가와의 군사정권은 지속되었다. 그러나 메이지는 무의 종말이 아니었다. 우리가 잘 아는 대로 메이지 제국주의가 내건 기치는 부국강병, 오히려 한술 더 뜨는 무의 연속이었다. 그 이후 태평양 전쟁의 역사는 우리가 너무나도 잘 아는 그대로이다. 그렇다면 지금은 어떤가? 군대가 없는 일본에서 무의 시대는 마침내 종언을 고한 것인가? 천만의 말씀이다. 무의 흐름은 지금도 일본열도에 도도히 흐르고 있다. 다만 정신 속의 지하수로 흐르고 있어 잘 보이지 않을 따름이다.

일본의 무(武)의 전통이 오늘날까지 이어져 오고 있다는 것을 잘 설명하였다. 몇 년 전 어느 야구대회에서 일본이 결승전에서 다른 나라를 이기자, 아나운서가 "사무라이들이 해냈다."라고 말하였을 때, 야구와 사무라이가 무슨 상관이 있기에 왜 사무라이가 나오는지 도대체 이해가 되지 않았는데, 이 책을 읽고서 비로소 이해되었다.

1711년 일본에 통신사 부사(副使)로 파견된 임수간(任守幹)이 쓴 기행문에 일본의 전쟁 문화가 잘 나타나 있다.

"사람들은 다 용감하게 죽는 것을 영광으로 생각하고 비겁하게 죽는 것을 수치로 여긴다. 이 때문에 칼이나 창에 찔린 흉터가 얼굴에 있으면 용감한 사나이로 지목되어 많은 녹(祿)을 받고, 그 흉터가 머리 뒤에 있으면 잘 달아나는 자라 하여 남에게 배척당하니, 천성이 뱀의 독기를 가지고 태어났을 뿐 아니라 그들의 풍속이 이와 같기 때문이다."[32]

임진왜란이 침략이었다면, 정유재란 때 일본군은 수많은 재물을 약탈하고 수많은 조선인을 포로로 잡아갔다. 최관 교수는 『민족을 넘은 삶』, 「임란 피로인 김여철」에서 다음과 같이 기술하였다.

"임란 피로인 규모에 대해서 한일 연구자에 따라 큰 차이를 보여서 2~3만 명에서부터 수십만 명이라는 설 등이 분분하다. 적어도 수만 명 이상이라 추측할 뿐, 얼마나 많은 조선인들이 끌려갔는지 정확히 알 수 없다. …… 한편 필자는 조선인 임란 피로인에 대해

---

32 『東槎日記』. "人皆以勇死爲榮, 㥘死爲恥。刀槍之痕, 在面前, 則指爲勇夫, 而得重祿, 在腦後, 則指爲善走, 而見擯斥, 不惟蛇虺之毒, 得之天性, 蓋其習俗如此。"

기본적으로 다음의 세 가지 유형으로 구분하고 있다. 첫째 일본에 갔다가 조선으로 돌아온 경우, 둘째 일본에서 다시 타국으로 간 경우, 셋째 일본에서 생을 마친 경우이다.

첫째 일본으로 끌려갔다가 여러 경로로 조선으로 돌아온 경우를 보면, 쇄환사를 따라 귀국한 사람이 약 7천 명으로 가장 많다.……

둘째는 일본에서 다시 노예로 팔려서 타국에서 일생을 마친 경우이다. 해방 후 일본 입국자 수용소로 한국인의 귀에 익은 규슈 나가사키(長崎)의 오무라(大村)와 히라도(平戶)에는 임진왜란 시기에 노예시장이 형성되어 있었다. 이곳에서는 해외의 노예 상인들에게 공공연히 조선인을 노예로 거래하는 매매가 이루어지고 있었다. 재일 동포에게 악명 높은 오무라 수용소가 있었던 오무라는 이미 수백 년 전부터 조선인에게는 혹독한 곳이었다. 당시 규슈에서 선교 활동을 하던 예수회 신부들이 영주에게 조선인의 노예 매매 금지를 호소하였고, 1596년에는 노예무역에 관계한 기독교인은 파면한다는 통보를 하였다는 자료가 남아있는 것을 보아도 알 수 있듯이, 수많은 조선인이 노예시장에서 팔려서 세계 각지로 퍼져나갔었다. 당시 마카오나 인도 고아의 노예시장에 조선인이 많았다는 사실만 전해질 뿐이다.……

셋째는 일본에 끌려와 일본 안에서 생을 마친 경우이다. 대다수의 임란 포로가 여기에 해당된다."

③ **명나라: 조선처럼 문약한 국가였다.**

명나라에서는 조선을 문약(文弱)하다고 하였지만, 후금은 명나라의 무(武)가 약(弱)하다고 하였다.

1628년 어느 사람이 황태극에게 올린 위 상소에서 명나라가 문(文)을 숭상하고 무(武)를 소홀히 하였다고 하였다.

> "남조(南朝; 명나라)는 역대 260~270년 동안 무(武)가 약(弱)하고 문(文)이 강(强)하며, 법이 제정된 기간이 오래되어 폐단이 생기고 위아래가 서로 기만하며 뇌물이 공공연히 행해졌다. 만력(萬曆 1573~1620) 말년에 이르러 기강이 크게 무너졌다."[33]

④ 청나라: 전쟁 문화, 어려서부터 말 타고 사냥하고 전투에 참여하였다.

청나라의 문화는 이른바 약탈 문화로 전쟁터로 가며 기뻐서 날뛰었다. 청나라는 수백 년 이상 무(武)를 숭상하여 군사력이 동아시아에서 최강이었다. 다음의 자료에서 청나라의 전쟁 문화와 약탈 문화에 대해 몇 가지 예를 통해 살펴보도록 하겠다.

청나라 사람들은 어려서부터 무예를 익혔으니,

> "인조가 묻기를, '저들은 군사가 강하고 싸움을 잘 하지만 특별히 무예를 연마하는 일이 없는 것은 왜 그런 것인가?'라고 묻자, 최명길이 대답하기를, '청나라 사람은 10세부터 활쏘기와 말타기를 익혀 날마다 말을 타고 달리며 사냥하니, 이것이 바로 무예를 익히는 것입니다.'라고 하였다."[34]

---

33 "南朝(即指明)歷代二百六七十年, 武弱文强, 法久弊生, 上下欺罔, 賄賂公行, 至萬歷末年而紀綱大壞矣."
『明清戰爭史略』, 199쪽에서 인용한 『明清史料』, 甲篇, 『天聰明二年奏本』.

1619년 3월 사르후 전투에서 후금에 항복하고, 18개월간 포로 생활을 한 후 귀환한 이민환(李民寏)은 다음과 같이 설명하였다.

"여자가 채찍을 들고 말 타고 달리는 것이 남자와 다르지 않고, 10여 살의 아이도 활과 화살을 차고 말을 달린다. 조금 한가하면 처와 첩을 데리고 사냥하는 것이 직업인데, 그들의 풍속이 그렇기 때문이다. 모든 전투에는 군량미와 무기를 운송하는 사람이 없이 모든 군사가 스스로 준비하여 가져간다. 출전할 때는 모두 뛰며 기뻐하였고, 처자식도 모두 좋아해서 오직 재물을 많이 노획하기만을 바랐다. 군사의 집에 있는 4~5명의 노비도 모두 앞다투어 함께 갔는데, 전적으로 재물을 약탈할 수 있기 때문이다. …… 다만 용감하게 진격하는 것을 공(功)으로 여기고, 후퇴하는 것을 죄(罪)로 여긴다. (원문주: 얼굴에 창상(槍傷; 창칼에 찔린 상처)이 있으면 최고의 전공(戰功)으로 여긴다. 높고 낮은 후금군이 모이기만 하면 얼굴과 목에 상처가 있는 사람이 매우 많았는데, 수없이 전투를 경험하였다는 것을 알 수 있다.) 공(功)이 있으면, 군사 또는 노비·우마(牛馬)·재물을 상으로 준다. 죄가 있으면 죽이거나 가두거나, 군사를 빼앗거나 처첩·노비·재산을 빼앗거나 귀를 꿰거나 화살로 옆구리 아래를 쏜다. 이 때문에 전투에 임해서 전진만 있고 후퇴는 없다고 한다. …… 듣건대, '후금의 옷이 매우 귀해서 마을의 남녀들이 거의 몸을 가리지 못하였으나, 근래에 연달아 약탈해 입어서 매우 아름다워졌다.'고 한다. 전쟁터에서 시체는 모두 발가벗겨졌으니, 그들이 의복을 귀하게 여긴

---

34 『仁祖實錄』, 〈16年 2月 10日〉. "上曰: 彼兵强善戰, 而別無講武之事何也? 對曰: 胡人自十歲習弓馬, 日事馳逐田獵, 此便是講武也."

다는 것을 알 수 있다."³⁵

『청태종전전(淸太宗全傳)』에서는,

"건주여진(建州女眞)의 노예제는 누르하치 시기에도 보편적으로 존재하였을 뿐만 아니라, 전쟁을 시작한 후에도 크게 발전하였다. 그 자신과 그를 수행하여 전쟁터를 뛰어다녔던 크고 작은 두목들도 모두 차등적으로 노예를 소유하였다. '누르하치와 자식들부터 아래로 군사들에 이르기까지 모두 노예(원문주: 서로 매매 가능)와 농장(원문주: 장수는 많은 경우 50여 곳에 이른다.)이 있는데 노예가 농사를 지어 주인에게 보냈다.'³⁶ 동일한 시대에 해서여진의 노예제도도 발전하였다. 15세기 중엽에 명나라 관원이 해서여진에 갔을 때, 그곳의 여진족 집에서 많은 명나라인을 노예로 삼아 농사를 짓는 것을 직접 목격하였다. 이 노예들 중 어떤 자는 포로로 잡혀오고, 어떤 자는 명나라의 부역을 피해 도망가거나 죄를 짓고 도망

---

35 「建洲見聞錄」, 『紫巖集』 卷3. "女人之執鞭馳馬, 不異於男, 十餘歲兒童, 亦能佩弓箭馳逐。少有暇日, 則至率妻妾畋獵爲事, 蓋其習俗然也。凡有戰鬪之行, 絶無糧餉軍器之運轉, 軍卒皆能自備而行。出兵之時, 無不歡躍, 其妻子, 亦皆喜樂, 惟以多得財物爲願。如軍卒家, 有奴四五人, 皆爭偕赴, 專爲搶掠財物故也。只以敢進者爲功, 退縮者爲罪。(面帶槍傷者爲上功, 凡大小胡人之所聚, 面頭瘢者甚多, 其屢經戰陣可知。) 有功, 則賞之以軍兵, 或奴婢牛馬財物。有罪, 則或殺或囚, 或奪其軍兵, 或奪其妻妾奴婢家財, 或貫耳, 或射其脅下。是以, 臨陣, 有進無退云。…… 聞胡中衣服極貴, 部落男女, 殆無以掩體, 近日則連有搶掠, 是以服著, 頗得鮮好云。戰場僵屍, 無不赤脫, 其貴衣服可知。"

36 누르하치와……보냈다: 이 글은 이민환의 「건주견문록」을 인용한 것이다. 참고로 『누르하치평전』·『명청전쟁사략』·『청태종전전』의 책에서 「건주견문록」을 특히 많이 인용하여 중요한 자료로 취급하였다. 서해문고에서 출판한 『책중일록』에 「건주견문록」이 부록으로 실려 있다.

간 자도 있었다."[37]

청나라 사람들은 사냥과 전쟁을 즐겼다.

"청태종이 고산패자(固山貝子)[38]에게 말하기를, 옛날 태조 때에는 내일 아침에 몰이사냥을 한다고 하면, 오늘은 매로 사냥을 하고 공을 찼다. 몰이사냥에 데려가지 않으면 울면서 명을 따랐다. …… 옛날에 대신(大臣)과 백성은 가난하고 괴로울 때 사냥과 전쟁이라고 하면 즐거워하였다."[39]

정묘호란 때 후금군이 능한산성을 함락 후 조선 군민 2만 명을 모두 학살하고 옷을 벗겨 갔다.

"평안도 관찰사 윤훤(尹暄)의 장계에서, '능한산성에서 …… 부윤(府尹)이 군병을 거느리고 서로 전투를 벌여 해가 뜰 때까지 포와 화살을 쏘았으나 대적할 수가 없었습니다. 부윤과 판관은 모두 화살에 맞아 죽었고 성안의 남녀는 성밖으로 끌려 나가 모두 살해됐

---

37 『淸太宗全傳』. "建州女眞的奴隸制在努爾哈赤時不僅普遍存在, 而且在起兵後又有很大發展. 他自己及隨從他馳騁沙場的大小頭目, 都占有了多少不等的奴隸. 自奴酋及諸子, 下至卒胡, 皆有奴婢(互相買賣)·農莊(將胡則多至五十余所), 奴婢耕作, 以輸其主. 與此同時, 海西女眞的奴隸制也發展起來. 早在15世紀中葉, 明朝官員到海西, 就親眼看見那裏的女眞人家裏, 奴役很多漢人, 驅使耕作. 這些奴隸有的是被搶掠去的, 有的是逃避明朝的徭役或因犯罪而跑去的."
38 고산패자(固山貝子): 청나라 작위로 제4등급이다.
39 『滿文老檔』,〈崇德 元年 10月 25日〉.

고, 그들이 입었던 옷은 적들이 모두 벗겨서 성안으로 싣고 갔습니다.'라고 하였다."[40]

『청태종전전』에서는 1621년 3월 심양과 요양을 공격할 때부터 전쟁의 목적은 명나라 땅을 빼앗고 재물을 약탈하는 것이라고 밝히고 있다.[41]

그리고 심양성을 함락하고서 "심양의 포로들을 5일 동안 숙박하며 나누었다."[42]라는 대목이 확인된다.

이서(李曙)는 후금(청)군은 전진만 있고 후퇴는 없다고 하였다.

"이서(李曙)가 아뢰기를, '적과 야전(野戰)하면 안 된다고 합니다. 적은 야전할 때 철기(鐵騎)로 앞에서 돌격하고 도끼로 뒤에서 독전(督戰)하여, 그 예봉(銳鋒; 강력한 기세)을 당할 수가 없습니다. 적의 전법은 전진만 있을 뿐 후퇴는 없다고 합니다.'라고 하였다. 임금이 말하기를, '지금 서쪽(평안도)을 침범할 계획은 없다고 하던가?' 하자, 이서가 아뢰기를, '누르하치가 군대를 동원하여 (공격할) 곳은 방향이 정하지 않았습니다.'라고 하였다."[43]

---

40 『承政院日記』,〈仁祖 5年 1月 22日〉. "平安監司尹暄狀啓, '凌漢山城 …… 府尹率兵相戰, 或放或射, 至于日出時, 不能抵當, 府尹·判官皆中箭而死, 城中男女, 驅出城外, 盡爲斬殺, 所着衣服, 亦盡脫輸入城中'事."

41 『淸太宗全傳』. "이때(1621년 3월 심양과 요양을 공격할 때)부터 후금의 전쟁은 주로 성과 땅을 빼앗고 명나라 통치구역 내의 재물을 약탈하는 것으로 목적이 바뀌어서, 명나라와 대치하며 지역을 나누어 다스렸다.〔從此後金的戰爭轉向了基本以爭城奪地和掠奪明朝統治區內的財物爲目的, 與明朝對峙, 分地而治。〕

42 『만문노당』,〈천명 6년 3월〉.

43 『承政院日記』,〈仁祖 3年 11月 10日〉. "曙曰: 不可與野戰云。此賊, 野戰之時, 鐵騎以驅

1636년 병자호란 때 끌려간 조선인 포로가 약 50만 명으로 추정된다. 청태종은 군사들이 재물과 포로 획득에 여념이 없다고 비판하였다.

"작년에 조선을 정벌할 때, 군중(軍中)에 전혀 규율이 없어서 국법을 잊고 눈앞의 이익만 좇았다. 짐이 그대들에게 누차 훈시한 것은 내가 차지하려는 것이 아니다. 지금 하늘의 보살핌을 받아서 재물과 가축 등의 모든 물건이 다 있어서 쓰고도 남는데, 어찌 만족할 줄 모르는가?"[44]

처음 「건주견문록」에서 "출전할 때 모두 뛰며 기뻐하였고, 처자식도 모두 좋아해서 오직 재물을 많이 노획하기만을 바랐다."[45]라고 하는 것을 읽고, 속된 말로 '뼝이 무척 세다'고 느꼈다. 그러나 그것은 엄연한 사실이었고, 연전연승의 원동력이었다. 후금(청)군에게 전쟁은 재물을 약탈하고 포로를 잡아서 생계를 유지하고 재산을 증식하는 수단이다. 더욱이 전투에서 죽지 않고 연전연승하여 재산과 노예가 늘어나니, 출전한다고 하면 환호하면서 기뻐하였던 것이다. 동시에 후금(청)군은 거의 모든 전투에서 연전연승하는 무적의 군대가 되었다. 그야말로 일석이조(一石二鳥)였다. 후금(청)군에게 전쟁은 기피의

前, 斧鉞以督後, 其鋒不可當也。其法, 有進無退云矣。上曰: 今無西犯之計云耶? 曙曰: 奴酋行軍, 不定所向。"

44 『淸太宗實錄』,〈崇德 2年 6月 17日〉. "頃者, 朝鮮之役, 軍中甚無紀律, 見利當前, 竟忘國憲。朕向爾等屢行申飭者, 非欲自取之也。今蒙上天眷佑, 凡財幣牲畜, 諸物咸備, 不可勝用, 胡可不知止足耶?"

45 「建洲見聞錄」, 『紫巖集』 卷3. "出兵之時, 無不歡躍, 其妻子, 亦皆喜樂, 惟以多得財物爲願。"

대상이 아니라 부를 축적할 수 있는 호기였던 것이다. 역자가 확인한 후금(청)의 전쟁 기록에서 패배한 것은 세 번이다. 첫 번째는 1626년 1월에 있었던 영원성 전투로 후금군이 공성전(攻城戰)을 벌이며 후금군 1~2천 명이 사망하였고, 두 번째는 1627년 5월에 있었던 영원성, 금주성 전투로 후금군이 공성전을 벌이며 후금군 2~3천 명이 사망하였고, 세 번째는 1631년 6월에 있었던 가도해전(椵島海戰)으로 후금군 6~7백 명이 사망하였다. 후금(청)군은 야전에서는 패한 적이 없는 그야말로 천하무적의 군대였던 것이다.

4) 조선군의 전투력 "조선군은 도망만 가는 군대였다."

조선군의 전투력은 어떠하였을까? 조선군(관군)은 1592년 임진왜란, 1619년 사르후 전투, 1623년 인조반정, 1624년 이괄의 난, 1627년 정묘호란, 1636년 병자호란으로 이어지면서 조선군의 전투력은 향상되지 않았지만, 청나라군은 시간이 갈수록 실전 경험이 풍부해져서 더욱더 강력해졌다. 6번의 전쟁(혹은 내전) 별로 예문을 통하여 조선군의 군사력을 살펴보도록 하겠다.

① 1592년 임진왜란 "조선군은 도망만 가는 군대였다."
선조와 순변사 이시언(巡邊使李時言)의 대화에,

"선조가 묻기를, '일본군이 조총 사격을 잘 못하는데도 우리나라 사람들이 감히 대적하지 못하는 것은 무슨 이유인가?'라고 하자, 이시언이 대답하기를, '우리나라 사람은 적을 보기만 하면 먼저 무너져 달아나는 것을 능사(能事; 잘하는 일)로 여깁니다. 장수는 비록 충성스럽지 않더라도 군율을 두려워하여 감히 먼저 도망가지 못합니다. 그러나 도망가는 군사는 모두 다 죽일 수 없는데, 군사를 모두 다 죽일 수 없기 때문에 도망치는 것입니다. 일본군이 조총을 잘 쏘지 못하지만, 우리나라 사람이 활 두 발을 쏘는 사이에 (일본군이) 별안간 앞에 다가오면, 우리나라 사람이 비록 활을 잘 쏜다고는 하더라도, 멀면 맞추지 못하고 가까우면 일본군의 칼을 두려워합니다. 활을 쏘고 난 후에 (일본군이) 단병(短兵; 칼과 창 등의 짧은 무기)으로 공격하러 오는 것을 두려워하여 화살을 쏘지도 못하니, 활 쏘는 것도 믿을 수 없습니다. 일본군이 칼을 잘 사용하더라도 우리나라 사람이 칼을 잡고 전진하면 대적할 수 있습니다. 그런데 우리나라 사람은 이렇게 하지 못하고 모두 도망치는 것을 상책(上策)으로 여기고 있는데, 미처 도망가지도 못하면 일본군에게 살해됩니다. 일본군은 우리나라 사람이 도망치거나 죽는 모습을 보고 나서 싸우러 나가는 것을 좋아하기 때문에, 일본군의 사기는 더욱 높아지지만 우리의 사기는 저하됩니다.'라고 하였다."[46]

선조와 체찰사 한효순(體察使韓孝純)의 대화에서는,

"임금이 말하기를, '여진족의 방어에 관한 일은 얼마나 되었는

---

46 『宣祖實錄』, 〈38年 6月 7日〉. "上曰: 倭賊不能射, 而人莫敢敵, 何? 時言曰: 我國人見賊, 則先潰以走爲能事. 將則雖不忠, 畏有軍律, 不敢先走. 軍之走者, 不可勝誅, 惟其不可勝誅, 是以走耳. 倭賊雖不能射, 兩矢之間, 忽焉到前, 我國之人雖曰善射, 遠則不中, 近則倭劍可畏. 發矢之後, 恐其短兵來接, 未得發矢, 射亦不足恃矣. 倭雖善用劍, 我國人若持劍而進, 則可以敵矣. 我國人則不能如此, 皆以走爲善策, 走且不及, 則爲賊所殺. 賊見我國之人, 或走或死, 樂爲之赴戰. 是以, 倭之氣增長; 我之氣沮喪矣."

가? 반드시 얼음이 얼기 전에 속히 해야 할 것이다. 얼음이 얼게 되면 일이 매우 어려울 것이다.' …… 한효순이 아뢰기를, '……임진년에 일본군이 대거 침입할 때 그 기세가 하늘에 가득 차서 (조선군은) 한 번도 교전하지 않고 군사가 모두 대궤하여 도망갔습니다. 당시 이들을 죽였다면 모두 다 죽일 수 없어서 인심을 안정시키는데 힘쓰고 군율을 적용하지 않았습니다. 그 후에는 전례가 되어 징집해도 오지 않는 자, 도망간 자, 패하여 도망간 자를 모두 처벌하지 않아서, 이것이 점차 나태한 관습이 되어 끝내는 한 차례의 전공도 세우지 못하였습니다. 비록 군사를 제대로 훈련하지 못하고 훌륭한 장수를 얻지 못하였지만, 어찌 한 번도 싸울 수 없었겠습니까? 오직 군율이 해이하여 사람들이 결사적으로 싸우려는 마음이 없었기 때문에 싸우기도 전에 먼저 무너졌습니다. 대개 근본은 명령과 기강에 있으나, 지금은 기율이 매우 해이해졌으니, 혹 위급한 사태라도 발생하면 지난날과 같을 것은 의심의 여지가 없습니다. 군사가 많고 병기가 완비되었다 하더라도 기율이 없으면 반드시 패하는 법입니다.'라고 하였다."[47]

임진왜란 때 조선군이 연전연패하자, 선조는 항왜(降倭)[48]들이 결사

---

47 『宣祖實錄』,〈38年 9月 28日〉. "上曰: 防禦之事, 措置幾何? 須趁於未合氷前, 急速爲之, 而若至氷合, 則事必甚難矣. …… 孝純曰: …… 壬辰年大賊出來, 其勢滔天. 一未交鋒, 軍皆潰散, 其時以爲誅之, 則不可勝誅, 務欲鎭定人心, 不用軍律. 其後仍爲前規, 徵而不至者無罰・逃走者無罰・潰散者無罰, 漸成偸惰之習, 終無一戰之功. 雖兵不得敎・將不得人, 豈不能一戰哉? 只以軍律解弛, 人無敢死之心, 故未戰而先潰也. 大槪根本, 在號令・紀綱, 而今之軍律, 解弛已甚, 倘有緩急, 則必如曩日無疑矣. 士卒雖衆・器仗雖備, 無紀律則必敗之道也."
48 항왜(降倭): 조선에 항복한 일본인 포로들로 조선으로 전향한 사람들을 말한다. 이

적으로 일본군과 싸우는 것에 감동하여 이들을 애국자라고 추켜세워 승진시키고 포상할 것을 지시하였다.

"지금 항왜들은 먼저 성 위로 올라가 결사적으로 싸워 일본군을 많이 죽이고 심지어는 자신이 부상당해도 아랑곳하지 않고 있으니, 이것은 항왜들만 충성하는 것이다. 과연 조정에서의 말처럼 왜적과 내통하여 적을 끌어들였는가? 왜적을 죽였거나 결사적으로 싸운 항왜들을 모두 당상(堂上)으로 승직시키고 공이 그다음인 항왜는 은(銀)으로 시상하는 일을 시급히 마련하여 시행하라."[49]

② 1619년 사르후 전투 "조선군, 공격 명령을 해도 따르지 않았다."

1619년 3월 4일 동로군(東路軍) 사령관 유정(劉綎)은 명나라군 10,000명과 조선군 13,000명을 거느리고 전진하였다. 조선군의 앞에서 전진하던 명나라군이 전멸되고, 이 소식이 조선군에 전달되었다. 전투 경험이 전혀 없었던 조선군은 겁에 질려서 극도로 심한 공포감 속에 후금 기마부대의 기습 공격을 당하였다. 좌영(左營)과 우영(右營) 8,000명이 후금군의 기습 공격을 당하였을 때 조선군의 장수 신충업(申忠業)은 후금군 기마병이 조선군 진영에 도착하기도 전에 먼저 도망갔다. 조선군 좌영과 우영 8,000명이 전멸되자, 이 광경을 목격한 중영(中營)의 5,000

들은 임진왜란 때 조총을 만들거나 일본과의 전투에서 직접 참전하여 혁혁한 공을 세웠다. 가토 기요마사(加藤淸正)의 우선봉장이었던 사야가(김충선)는 대표적인 항왜이다.

49 『宣祖實錄』, 〈30年 8月 17日〉. "到今降倭等, 皆先登力戰, 多數斬賊, 至於其身, 被傷而不顧, 是降倭獨能效忠也. 果如廟堂之說, 內應乎? 引賊乎? 斬賊及力戰降倭, 皆陞堂上, 其次賞銀事, 急急磨鍊施行."

명은 공포에 질려 벌벌 떨었다. 군인은 예나 지금이나 명령에 살고 명령에 죽는다고 했다. 하물며 이들은 조선에서 차출하여 보낸 최정예 군사였음에도 불구하고 공격에 대한 명령에 한 명도 따르지 않았다.

"조총을 한 발 발사하고 미처 재장전하기도 전에 후금 기병이 이미 진중에 쳐들어왔고, 잠시 후에 2영(營)이 모두 전멸되었다. 천총(千摠; 정3품 무관) 신충업은 적이 미처 아군 진영에 도착하기도 전에 먼저 도망갔다. …… 중영에서 두 영(營)까지의 거리가 불과 1,000보(步)여서 유린(蹂躪; 짓밟힘)되는 것을 목격하고서 넋을 잃지 않은 사람이 없었다. …… 내가 장수들과 진(陣)을 순시하며 군사를 격려하여 "결사적으로 싸워야 죽음 속에서 살아날 수 있는 길이 있다."라고 하였지만, 100명 중에 1명도 응하는 자가 없었다. 외떨어진 언덕 좁은 산골짜기에 사람과 말이 뒤엉켰다. 며칠 동안 굶주린 군사들이 목까지 마른 상황에서, 도망가려 해도 퇴로가 끊겼고 싸우려 해도 군사들이 모두 다리를 부들부들 떨었고, 심지어 무기를 버리고 앉아서 움직이지 않은 자들이 있었다."[50]

③ 1623년 인조반정 "1,300~1,400명의 쿠데타를 막지 못하였다."

"장작더미에 불을 질러 불길이 궁궐에까지 미치니, 광해가 놀라 도망가고 호위하던 군사들도 모두 흩어졌다."[51]

---

50 「自建州還後陳情疏」, 『紫巖集』 卷2. "一砲之後, 未及再藏, 而虜騎已入陣中, 俄頃間兩營皆覆。千摠申忠業, 則賊未及陣而先遁。……自中營去兩營, 不過千步, 目覩蹂躪, 無不喪魄。……臣與諸將巡督陣上, 激勵士卒, 諭以決一血戰, 幸有死中求生之道, 則百無一應者。孤阜狹隘, 人馬僵側。屢日飢卒, 兼之焦渴, 欲走則歸路已斷, 欲戰則士皆股慄, 至有抛棄器械, 坐而不動者。"

쿠데타군 1,300~1,400명이 쿠데타에 성공하였다고 하면 쉽게 믿어지지 않을 것이다. 광해군을 호위하고 궁궐을 지키는 군대가 최소 몇천 명은 됐을 것이고 이들은 정예군일 텐데, '충(忠)'을 강조하는 조선 사회에서 고작 1,300~1,400여 명의 쿠데타군에게 패하였다니, 조선군이 아무리 당나라 군대라고 하더라도 정말로 이해가 되지 않는다. 조선군의 수준이 이러하기에 전쟁(혹은 내전)에서 연전연패한 것일까?

④ 1624년 이괄의 난 "관군이 도망갔다."

"잠시 후 반란군이 벌써 하류의 서쪽 길에 나타나자, 이식(李植)[52]이 진영의 뒤에서 군인들에게 말하기를, '반란군이 저쪽에 도착했으니, 그대들은 빨리 여울 입구로 진격하라. 지금이 힘을 쓸 좋은 기회이다.'라고 하였다. 어느 군관이 맨 뒤에서 천천히 걸어가자, 이식이 즉시 칼을 빼 들고 목을 베려고 하였다. 그 군관이 말하기를, '나는 어영사(御營使; 이귀)의 군관이니, 보좌관님은 상관하지 마시오.'라고 하였다. 이식이 꾸짖는 사이에, 어영사가 갑자기 깃발을 뒤로 돌리더니 산 위로 도망갔다. 이식은 급히 군관을 파견하여, '어영사는 동요하지 말고, 나의 말을 듣고 행동하십시오.'라고 요청하게 하고, 이식도 뒤쫓아 갔으나, 길이 군인들로 꽉 막혀 말을 타고 갈 수 없어 언덕을 따라 걸어서 쫓아갔다. 군관과 이식 모두 어영사를 따라가지 못했고, 어영사는 이미 벌써 멀리 떠나갔다. 이식은 뒤쳐졌다가, 말을 갈림길에 세워두고 있는 서산 군수

---

51 「續雜錄[二]」 癸亥,『大東野乘』. "爇火木積延及宮舍, 光海驚遁, 衛士駭散."
52 이식(李植): 원문은 '府君'으로, 돌아간 자기 아비나 가까운 조상에 대한 높임말이다. 여기서는 문맥상 府君을 이식이라고 번역하였다. 아래도 같다.

박유명(朴惟明)을 만났다. 이식이 묻기를, '그대도 도망치려 하십니까?'라고 하자, 박유명이 눈물을 흘리며 대답하기를, '어영사가 갑자기 저러니, 나 혼자 어떻게 하겠소이까?'라고 하였다. 이식이 말하기를, '그대가 군대를 이끌고 임금님을 구원하는 일은 이번 행동에 달려있으니, 그대도 함께 도망쳐서 파주 목사 박효립(朴孝立)의 군대로 하여금 동요하게 하여 전투에서 패하게 하면 안 됩니다.'라고 하자, 박유명이 말하기를 '그렇다면 보좌관이 산봉우리에 올라가서 깃발을 잡고 지휘하면, 내가 즉시 박효립의 부대 안으로 들어가서 반란군을 막겠소이다.'라고 하였다. 이식이 그의 말대로 하였고 박유명이 말을 달려 내려갔으나, 박효립 군대의 절반이 이미 도망쳤다. 잠시 후에 보니, 박효립의 부대는 모두 흩어져서 도망갔고 반란군은 이미 여울에 들어와 있었다. 이식은 어떻게 할 수가 없어서, 곧바로 고양(경기)을 통하여 급히 돌아왔는데, '어영사는 벌써 멀리 도망갔고, 부장 한교(副將韓嶠)도 교하(交河; 경기도 파주)를 통해서 도망갔다.'라고 하였다."[53]

관군의 마지노선인 임진강 방어선이 아무런 저항 없자, 쿠데타군은

---

53 「澤堂先生 行狀」, 『畏齋集』 卷9. "俄見賊兵已到下灘西路, 府君, 在陣後, 謂士卒曰: 賊到彼邊, 汝等可速進灘口. 正好奮力也. 有軍官, 最後緩行, 卽拔劍欲斬之. 軍官, 言: 我是使相軍官, 從事非干我也. 正詰責間, 使相忽回旗上山走. 府君, 急使軍官請使相毋動, 且聽吾言行止, 府君亦趕去, 軍人塞路, 馬不得行, 緣崖步趨. 皆未及達, 使相已遠去. 府君, 落後, 遇朴惟明駐馬岐路. 府君, 謂曰: 君亦走乎. 惟明, 垂涕曰: 使相忽如彼, 吾獨奈何? 府君曰: 君領兵勤王, 屬於此行, 不當並走, 使朴孝立軍心撓敗. 惟明 曰: 然則從事, 且上峯頭用旗, 則吾卽入朴孝立陣中, 以當敵也. 府君, 如其言, 惟明馳下, 則朴軍已逸其半矣. 俄見孝立陣盡散, 賊兵已入灘矣. 府君, 無奈何, 卽取高陽路急還, 使相去已遠, 而韓嶠則從交河逃去云."

유유히 강을 건너서 한양으로 향하였다.[54] 최현(崔晛)은 이괄의 쿠데타를 진압하는 데 동원된 장수들에 대한 공과(功過)를 기술한 것[55]이 있는데, 여기에 이중로·이성부·신경진·이완·이확·박효립 등 여러 사람들이 겁먹고 싸우지 않고 도망가며 무능력한 것을 성토하였다. 쿠데타군 13,200명은 영변을 출발한 지 17일 만에 한양에 무혈입성하였다. 3년 후에 일어나는 정묘호란 때 후금군 30,000여 명이 평안도와 황해도를 점령한 후에, 과연 한양을 점령할 능력이 있었을까?

⑤ 1627년 정묘호란 "조선군 전멸되거나 도망갔다."

조선은 후금군의 침략을 예상하여 매년 겨울이 오기 전에 남쪽의 군사들을 징집하여 평안도의 성을 지키도록 하였다. 그러나 조선의 최정예군이 지키고 있던 의주성, 능한산성, 안주성은 제대로 저항도 하지 못하고 함락되어 성을 지키던 조선군은 전멸당하였다. 이 소식이 평양성, 황주성, 평산산성에 전달되자, 성을 지키는 조선군은 모두 도망갔다.

후금에 항복했던 강홍립이 정묘호란 때 후금군의 선봉으로 와서, 1627년 2월 10일에 인조를 만나 화친조약을 체결하기를 권유할 때, 인조가 후금군의 전력을 묻자 강홍립은 다음과 같이 조선군의 상황을 묘사한다.

---

54 관군의 …… 향하였다: 이괄의 난 때 조선군의 임진강 방어선은 교전도 못 하고 무너졌고, 홍문관에서 이귀·한교·박효립을 처벌할 것을 주장하였다. 『인조실록』, 〈2년 2월 16일〉.
55 「西征將士勤慢功罪實蹟」, 『인재집(訒齋集)』 권10.

"지금 후금군의 군사력이 강해서 선봉 부대 5,000명[56]이 의주로 진격하여 함락시켰는데, 후금군의 사상자는 겨우 5~6명이었습니다. 능한산성(凌漢山城; 평안북도 곽산군)에서는 후금군 1명이 깃발을 들고 성을 올라가자 조선군은 싸워보지도 않고 스스로 무너졌으며, 안주(安州; 평안남도)에서는 교전하자마자 즉시 패하여 도망갔습니다. 후금군 가는 곳마다 대적하는 자가 없으니, 결코 막아낼 수 없습니다."[57]

병조판서로 도체찰사(총사령관)를 겸직한 「장만(張晚) 행장」에서는 조선군이 싸우지도 않고 무너져 도망갔다고 하였다.

"후금군이 의주・정주[58]・안주를 함락하고 승승장구하여 남쪽으로 내려오자 평양과 황주 등의 여러 성도 싸워보지도 않고 스스로 무너져서 감히 후금군의 예봉(銳鋒)에 맞서는 자가 없었다."[59]

---

56 5,000명:「모공편(謀攻篇)」,『손자병법』에서 "적을 포위하여 공격하려면 10배의 군대를 동원해야 한다〔十則圍之〕"라고 하였다. 그런데 위의 대화 내용에 의하면, 후금군은 6배가 적은 5,000명으로 조선군 30,000명이 지키는 의주성을 함락하고 조선군을 전멸시켰다. 후금군의 사상자는 5~6명이다. 6배가 많은 조선군이 성에서 방어하지 못하였다는 것이 상식적으로 이해되지 않지만, 강홍립이 거짓말을 했을 리 없기에 사실일 개연성은 충분히 있다고 판단된다.

57 「江都日錄」,『晚悟集』卷7. "今賊勢方張, 先鋒五千, 進陷義州, 而彼兵死傷僅五六名。凌漢則一胡持旗而登, 不戰自潰, 安州則纔接刃隨卽潰散。所向無前, 決不可抵當矣。"

58 정주: 능한산성을 가리킨다. 정주 목사 김진, 곽산 군수 박유건, 선천 부사 기협이 지켰다.

59 「張晩 行狀」,『遲川集』卷19. "賊已陷義, 定, 安三城。長驅而東。平壤, 黃州諸城。不戰自潰。無敢嬰其鋒者。"

의주성, 능한산성, 안주성이 함락되어 조선군이 전멸되고, 평양성·황주성·평산 산성에서 조선군이 도망갔다. 예시문을 통하여 살펴보도록 하겠다.

㉠ 의주성이 함락되어 조선군 3만 명이 전멸되었다.
"(의주성이) 함락되어 패한 이유를 물으니, '…… 적이 이미 남문 안에 가득 찼습니다. 그러나 우리 군대가 앞으로 진격하자 후금군이 수십 보 후퇴하여 거의 몰아낼 수 있는 상황이었는데, 전투를 독려하는 사람이 없어 군사들이 머뭇거리자 판관(判官)이 칼을 뽑아 이완의 군관을 베려고 했습니다. 잠시 후에 이완이 화살에 맞아 민가로 달아나고 아군이 마침내 패하여 도망가자, 적군이 사방을 포위하고 모두 죽여서 토착병과 남군(南軍; 남부 지역에서 올라온 군사) 3만여 명이 죽었고 산 사람은 1,000명도 되지 않았습니다.'라고 하였습니다. ……'신(臣)이 처음 용강(龍岡)·삼화(三和)·함종(咸從) 등의 지역에 가서 들으니, 지난해 세 현(縣)에서 의주(義州)에 성을 지키러 간 군사가 매우 많았는데, 100명 중에 1명도 돌아오지 못해서 고아와 과부가 곳곳에서 슬프게 울부짖는다고 하였습니다."[60]

이 글은 병자호란 1년 반 정도 후에 윤황이 평안도에 암행어사로 다녀온 후에 올린 보고서이다. 이 글을 통하여 전쟁이 일어나기 전에

---

60 「暗行平安道復命書啓」, 『八松封事』, "問其陷敗之由, …… 賊已瀰滿於南門之內矣。然我軍進薄, 則賊兵退却數十步, 庶有驅出之勢, 而無人督戰, 軍士逗留, 判官拔劍, 欲斬李莞之軍官。俄而李莞中箭, 走入民家, 我軍遂潰, 賊兵四圍住, 無遺厮殺, 土兵及南軍死者, 三萬餘人, 生者不滿千餘。云…… 臣初到龍岡三和咸從等地, 聞'上年三縣之軍入戍於義州者, 甚多, 百不一還, 孤兒寡妻, 處處哀呼'。"

경상도·전라도·충청도 등 남부 지역에서 동원된 남군 3만 여명 이외에, 평안도 각지에서 동원된 장정들도 의주성을 지키러 들어간 것을 알 수 있다. 평안도에서 동원된 군사들 중에 100명 중에 1명도 돌아오지 못한 것을 보면, 항복하지 않으면 전멸시키는 후금(청)군의 전투 방법을 알 수 있다.

ⓒ 능한산성이 함락되어 조선군 2만 명이 전멸되었다.

"신(臣)이 곽산에 도착하였습니다. …… 능한산성에 오르니, 성 안에 작은 절이 있었습니다. 절 안의 늙은 중이 화주승(化主僧)[61]이 되어 백골을 수습하고 있었습니다. 한 면(面)을 수습하였는데 이미 4,000여 급이 넘었으니, 다 수습하면 반드시 수만 급은 넘을 것이라고 하였습니다. …… 곽산군의 사람이 또 말하기를, '…… 후금군이 사방으로 에워싸서 주둔하고, 강홍립은 동쪽 봉우리에서 포진하여 군대를 독려하면서 진격하였습니다. 당시 정주의 병사들이 동쪽 성을 나누어 지키고 있었는데, 화살 한 발을 쏴보지 못하고 잠깐 사이에 함락되어 성안의 2만여 병사가 모두 살해되었습니다.'라고 하였습니다."[62]

이 글도 윤황이 평안도에 암행어사로 다녀온 후에 올린 보고서이

---

61 화주승(化主僧): 집집마다 다니면서 부처님의 말씀을 전하고 시주를 얻어 절의 양식을 대는 중.

62 「暗行平安道復命書啓」, 『八松封事』. "臣到郭山。…… 登凌漢城, 城中有小寺。寺中老僧, 爲化主, 收拾白骨。一面所拾已過四千餘頭, 畢收則必逾數萬頭云。…… 郡人又言: …… 虜兵, 四面圍住, 姜弘立, 布陣於東嶺, 督軍進攻。當時, 定州之兵, 分守東城, 而不放一矢, 頃刻見陷, 城中二萬餘兵, 盡被厮殺云。"

다. 의주성에서처럼 조선군 2만 명이 순식간에 전멸되었다.

ⓒ 안주산성이 함락되어 조선군 2만 명이 전멸되었다.

"신(臣)이 안주에 이르니 …… 신이 작년에 패전한 이유를 묻자, '하루 전에 박난영과 한윤 등이 포로가 된 사람들을 거느리고 성을 돌며 회유하기를, 후금군이 온 것은 백성을 구하려고 하는 것이다. 도원수 강홍립이 이제 막 대장이 되었으니, 일이 마무리된 뒤에는 백성의 부역을 없애고 매 1명당 3말의 쌀만을 내게 하겠다고 하였습니다. 또 말하기를, 성을 지키는 병사들은 모두 호패에 민정(民丁)으로 기록되어 있으니, 무슨 죄가 있는가? 후금군은 양반을 죽이려고 할 뿐이라고 하니, 우리 군사들이 그 말을 듣고 모두 반란하려는 마음이 생겨 싸우려는 뜻이 다 사라졌습니다. 그러므로 후금군이 성에 다다랐을 때 일시에 무너지고 도망갔습니다.'라고 하였습니다. 어떤 사람은 말하기를, '후금군이 허수아비를 만들고 깃발을 묶은 긴 장대를 등에 짊어지고 몰래 성 아래에 이르러서 갑자기 그 장대를 세웠습니다. 그런데 우리 병사들이 그 허수아비를 보고 후금군이 성에 올라왔다고 여기고 드디어 놀라 도망갔으니, 능한산성이 패한 것은 이 때문입니다.'라고 하였습니다. 두 성[63]이 패하여 죽은 아군이 모두 수만이 넘는다고 하니, 통곡할 만합니다."[64]

---

63 두 성: 능한산성과 안주성을 가리킨다.
64 「暗行平安道復命書啓」, 『八松封事』. "臣到安州, …… 臣問上年陷敗之由, 則前一日, 朴蘭英·韓潤等, 率被擄人, 巡城開諭曰: 金兵之來, 欲救民生. 姜元帥, 方爲大將, 事定之後, 掃除民役, 每一名, 只捧三斗之米. 云. 且言: 守城之卒, 皆號牌民丁, 有何罪焉? 金兵, 只欲殺兩班耳. 我軍聞之, 皆生反心, 少無鬪志. 及賊兵薄城, 一時潰散. 或言: 虜人造假像, 負旗束之長竿, 潛到城下, 忽然堅其竿. 我兵見其假像, 以爲眞獹登城, 遂致驚潰, 凌漢

이 글도 윤황이 평안도에 암행어사로 다녀온 후에 올린 보고서이다. 당시 안주성을 방어하던 조선군 2만 명[65]이 전멸되었다. 위의 글의 내용이 조금 비합리적인 면이 있으나, 윤황이 암행어사를 다녀와서 임금에서 올린 보고서이니 사실에 가까울 것이다. 안주성의 전투에서 조선군은 후금군과 제대로 싸우지도 못하고 도망가다가 전멸되었다.

㉣ 평양성·황주성·평산 산성을 지키던 조선군은 도망갔다.

유사시에 평양성을 지킬 조선군은 대략 20,000만 정도로 추정된다. 1월 17일 평안도 관찰사 윤훤(尹暄)은 다음과 같이 보고하였다.

"관찰사 윤훤이 급히 장계를 올리기를 '…… 평양은 아병(牙兵)[66] 2,800명 및 삼수병(三手兵)[67]과 정예군 3,000여 명이 있어 이들로 군대를 나누어 성첩을 수비하도록 했고, 주변 고을의 수령들로 하여금 각각 민병(民兵)을 거느리고 성에 들어오도록 했습니다.'라고 하였다."[68]

의주성·능한산성·안주성이 차례로 함락되자, 평양성에 있던 군사

之敗, 亦以此。云。兩城之敗, 我兵死者, 俱不下數萬云, 可爲慟哭矣。"
65 『清太宗實錄』, 〈天聰 元年 3月 14日〉. "방어하는 군대가 2만 명이다. 〔其守兵二萬。〕"
66 아병(牙兵): 평안도 감영에 소속된 군인이다.
67 삼수병(三手兵): 훈련도감의 조총수·궁수·살수(殺手)로 조선의 정예군이다. 아병과 삼수병은 조선의 정예군인데 이들조차도 전투를 하지 않고 도망갔다. 평안도 관찰사 윤훤은 평양성을 버리고 무단으로 도망간 죄로 2월 15일에 처형되었다. 『인조실록』, 〈5년 2월 15일〉.
68 『仁祖實錄』, 〈仁祖 5年 1月 17日〉. "平安監司尹暄馳啓曰: …… 平壤則有牙兵二千八百及三手·精抄三千餘名, 以此分軍守堞, 且令傍邑守令, 各率民兵入城。云。"

들도 도망하고 평양성으로 들어와야 할 군사들은 성으로 들어오지 않고 도망가서 후금근은 평양성에 무혈입성하였다. 황주의 정방산성을 지키던 조선군도 도망가서 후금군이 무혈입성하였다.

"평양과 황주는 안주성이 함락되었다는 소식을 듣고 스스로 무너져서, 평안도 순찰사 윤훤과 황해도 병사 정호서(丁好恕)가 모두 성을 버리고 도망갔다."[69]

평안도 관찰사 윤훤은 다음과 같이 보고하였다. 후금군과 싸우려는 조선군은 어디에도 없었다.

"평양은 대진(大鎭)으로서 성을 지키는 무기를 잘 갖추었는데도 안주가 도륙당한 뒤로 군민(軍民)들이 넋이 나가서 줄을 타고 성을 넘어 도망치자, 도순찰사 윤훤이 금지시키지 못하고 그도 역시 도망쳤으므로 본성(本城)에 여러 해 동안 모아 놓았던 저축이 죄다 없어졌다. 중화(中和) 동쪽의 황주의 대진(大鎭) 및 봉산(鳳山)·서흥(瑞興)·평산(平山) 등 고을의 군민들은 새와 물고기 떼가 놀라 흩어지듯이 소문만 듣고도 먼저 무너졌다."[70]

---

69 『尊周彙篇』卷2, 121쪽. "平壤·黃州, 聞安州失守, 望風而潰, 巡察使尹暄·黃海道節度使丁好恕, 並棄城遁."

70 『仁祖實錄』,〈5年 4月 1日〉. "平壤大鎭, 守城軍械, 始甚嚴備, 而自見安州屠戮, 軍民褫魄, 縋城逃潰, 都巡察使尹暄不能禁制, 亦自遁避, 本城積年蓄聚, 蕩然都盡. 中和以東黃州大鎭及鳳山·瑞興·平山等邑軍民, 鳥驚魚駭, 望風先潰."

위의 예시문을 통하여 정묘호란 때 성을 지키던 조선군이 전멸되거나 도망갔다는 것을 알 수 있다. 후금금 30,000여 명은 황해도 평산에서 주둔하며 한양으로 진격하지 않았다. 만약 작전 회의에서 본국으로 철수하지 않고 한양으로 진격하였다면 어떠했을까? 후금군이 한양에 무혈입성할 수 있었을까?

⑤ **1636년 병자호란, "조선군 전멸되었다."**

정묘호란 때 참패한 후 9년 동안 조선은 치욕을 설욕하려고 나름대로 많은 준비를 하였지만, 병자호란 때도 조선은 전혀 달라진 게 없었다. 전투력은 단기간에 없는 법이다. 반면에 후금(청)군은 시간이 가면 갈수록 더욱 강력해져서 1629년 1차, 1634년 2차, 1636년 3차로 9~10만 대군을 동원하여 수개월 동안 명나라 내륙으로 깊숙이 침입하여 공격하며 약탈하여 명나라에 경제적으로 군사적으로 심각한 타격을 가해도, 명나라군은 방어하지 못하고 속수무책으로 당할 수밖에 없었다.[71] 명나라가 청나라군을 막지 못했는데, 명나라보다 전투력이 약한 조선이 과연 청나라군을 막아낼 수 있을까? 병자호란 때 있었던 주요 전투를 정리하였다.

---

71 1629년 …… 없었다: 정묘호란과 병자호란을 바라보면서 역자는 수많은 의혹이 생겼지만, 임진왜란과 명청전쟁을 통해서 시야를 넓힐 수 있었다. 1629년 1차, 1634년 2차, 1636년 3차, 1638년 4차, 1642년 5차로 9~10만의 청나라군이 수개월 동안 명나라 깊숙이 침입하여 공격하며 약탈해도 명나라는 막지 못하고 속수무책으로 당하기만 하였다. 청나라군의 전투력이 얼마나 강력했는지와 정묘호란과 병자호란 때 조선군이 왜 적수가 되지 못했는지를 이해할 수 있다.

㉠ 12월 14일 창릉 전투에서 "훈련도감 군대 80여 명이 전멸되었다." 홍제원에서 "금군(禁軍) 20명이 모두 도망갔다."

마부대가 거느리는 청나라군 제1 선발대 300명이 한양에 도착하자, 훈련도감 장수 이흥락(李興樂)이 80여 명을 거느리고 창릉(昌陵)에서 전멸되었다.

"훈련도감 장수 이흥락(李興樂)[72]이 기병 80여 명을 거느리고 적을 막으로 가서…… 창릉 건너편에 가서 전멸되었다."[73]

또한 청나라군 선발대 300명이 한양의 관문인 홍제원(弘濟院)에 도착하자, 최명길은 인조가 남한산성으로 피신할 시간을 벌기 위하여 마부대를 만나러 갔다. 이때 인조가 최명길을 호위하려고 궁궐을 지키는 금군(禁軍) 20명을 보냈으나, 모두 도망갔다.

"(최명길이 마부대를 만나러) 이경직과 함께 갔다. 임금이 금군 20명에게 호위하고 가도록 명령했으나, 문을 나서자마자 모두 도망갔다. 오직 최명길의 부장(副將) 지득룡(池得龍)만 따라갔다. 최명길이 적진 앞에 가서 공이 시간을 끌며 말을 해서, 해가 저물었을 때 임금이 남한산성에 들어갈 수 있었다."[74]

---

72 이흥락(李興樂): 이흥업(李興業)이라고 되어 있는 본이 있다.
73 『丙子錄』, 〈仁祖 14年 12月 14日〉. "都監將官李興樂領馬隊八十餘騎禦賊 …… 至昌陵越邊, 盡沒."
74 「遲川公遺事」, 『昆侖集』 卷20. "仍與李公景稷偕行。上命禁軍二十護行, 出門皆散走。獨公褊裨池得龍, 從焉。至陣前, 故拖引言語, 至日昃, 大駕, 得入南漢."

ⓛ 12월 19일 영변 전투 "5,000명이 전멸되고 부원수 신경원은 포로가 되었다."

부원수 신경원은 영변의 철옹성의 인원이 적어서 방어할 수 없다고 판단하고 5,000명[75]을 거느리고 성을 나와서 남쪽으로 향하는데, "청나라군이 조선군의 중간을 옆으로 끊고 군대를 나누어 대군을 우회하여 조선군을 협공하자, 조선군이 갑자기 놀라고 동요되어 서로 짓밟아서 화살을 한 발도 쏘지 못하였다. 게다가 얼음이 얼어 도망갈 길이 없자 조선군은 속수무책으로 죽어서 탈출한 자가 적었다. 신경원이 자살했으나 죽지 않아서 청나라군의 포로가 되었다."[76] 청나라군은 기병의 장점인 속도와 조선군을 둘로 나누는 노련한 전술을 활용하여 조선군을 전멸시켰다.

ⓒ 12월 20일 황해도 동선령 전투 "매복하여 청나라군 수십 명을 죽였다."

도원수 김자점이 황해도 황주 정방산성에서 동선령 고개에 "조총수 500명을 고개 좌우에 매복하여 …… (청나라군 본대의 선발대) 300~400명이 먼저 오자 …… 복병이 일제히 발사하여 공격하여 청나라군이 크게 패하였다. 계곡에 들어왔다가 탈출한 자는 적었다."[77] 이날 청나라

---

75 「寧邊邑誌」, 『關西邑誌』. "기병과 보병 5,000명을 거느리고 철옹성에 주둔하였다. 〔率馬步軍五千。駐札鐵甕。〕"

76 「記寧邊戰敗事」, 『東溪集』卷6. "虜騎橫截兩軍間, 又分兵遶出大軍後夾攻之, 我軍倉卒驚擾, 自相踐踏, 不能發一砲矢。而谷路左右皆峭壁, 且氷凍無走避之路, 軍皆束手就死, 尠有得脫者。景瑗, 自刺不殊, 遂被擒。"

77 「李浣 諡狀」, 『畏齋集』卷10. "使砲手五百, 左右埋伏, …… 賊三四百騎先至, …… 伏兵齊發, 賊大衄, 入谷者無得脫者。"

군 수십 명이 죽었다.[78] 다음날에 청나라 대군이 수색을 하며 고개를 넘어오자 조선군은 후퇴하여 토산으로 갔다.

ⓔ 12월 27일 용인 험천 전투 "조선군 9,000명이 전멸되었다."

충청도 관찰사 정세규(鄭世規)가 거느리는 조선군 9,000명이 용인 험천에 주둔하였다. 청나라 기병 수천 명이 조선군의 배후로 돌아가서 목책을 넘어뜨리고 조선군을 전멸시켰다. 조선군은 전멸되었고, 정세규는 부상당했으나 구조되어 살아남았다.

"공(公; 정세규)이 좌영(左營)과 우영(右營) 9천 명을 거느렸다. …… 처음 적 기병 수백 명이 공의 진영 가까이 와서 전진하기도 하고 후퇴하기도 하였다. 밤에 가고 새벽에 돌아왔는데 기병이 다시 수천 명이었다. 정오가 지나서 적이 군대를 나누어 산 뒤에서 달려서 내려와서 목책을 넘어뜨리고 들어왔다. 아군이 훈련받지 않아서 연약하고 겁먹어서 지탱하지 못하였다."[79]

청나라군은 기병의 장점인 속도와 조선군의 배후를 습격하는 노련한 전술을 활용하여 조선군을 전멸시켰다.

ⓕ 12월 29일 남한산성 북성 전투 "전진 명령을 해도 전진하지 않

---

78 청나라군 수십 명이 죽었다: 병자호란 때 조선군이 승리한 유일한 전투이다.
79 「鄭世規 行狀」, 『松坡集』卷17. "公勒左右二營兵九千人. …… 始賊騎數百, 來薄公陣, 或進或退, 夜去曉來則騎又數千矣. 過午, 賊分兵自山後馳下, 拔柵而入. 我軍不習擊, 脆怯不能支."

앗다."

영의정 김류와 인조가 장수들의 의견을 무시하고 북문 아래로 조선군 300명을 내려보냈다고 청나라군의 기습 공격으로 전멸되었다.

"날씨가 조금 따뜻해졌다. 이에 별초무사(別抄武士) 중에 날래고 과감한 자 100여 명과 포수 중에 명사수 1,000여 명을 선발하여 성을 나갔다. 체찰사(體察使; 영의정 김류) 이하 높고 낮은 장교들은 모두 성 위에서 깃발로 독려하여 전진하게 하였지만, 군사들은 모두 험한 곳에 의지하고 내려가지 않았다. 체찰부(體察府)에서 사람을 시켜 산을 내려가라고 외쳤으나 군사들은 오히려 뒷걸음질 쳤다. 목책과 성의 거리는 겨우 3~4리로, 하루 종일 다그쳐 독촉했으나 수십 보를 벗어나지 못하였다. 체찰사가 크게 노하여 군관 유호(柳瑚)를 파견하여 영전(令箭; 명령을 전달하는 화살)을 가지고 가서 말하기를, '참퇴장 신성립(斬退將申誠立)의 머리를 가지러 왔다.'라고 하였다. 명령을 하자, 신성립이 깜짝 놀라 칼등으로 뒤처진 군사들을 마구 치며 산을 내려가도록 하였다. …… 이날 우리 군사 중에 성문을 나선 자는 거의 수백에서 천 명이었으나, 패하여 남은 자들은 100여 명도 되지 않았다."[80] [81]

---

80 패하여 …… 않았다: 이날 조선 정예군이 300명이 남한산성을 내려가서 청나라군을 공격하러 갔다가 전멸됐고, 청나라군은 2명이 죽었다는 것이 정설이다.
81 『南漢解圍錄』,〈仁祖 14年 12月 29日〉. "日氣稍暖。簡別抄武士驍果者百餘, 及砲手命中者千餘出城。體府以下大小將校, 並在城上使旗督前, 士卒, 皆據險不下。體府使人叫下山, 士卒猶且却步。松寨距城, 甫三四里, 竟日催督, 未離數十步。體府大怒, 遣軍官柳瑚, 持令箭出曰: 取斬退將申誠立頭來。令出, 誠立驚, 以釖脊亂打後者, 駈迫下山。…… 當日我兵出門者, 幾千數百矣, 敗衄餘遺者, 不能百餘人。"

청나라군은 기병의 장점인 속도와 매복하였다가 조선군을 습격하는 노련한 전술을 활용하여 조선군을 전멸시켰다.

ⓑ 12월 26일~30일 하남의 검단산 전투 "강원도 군대가 후퇴하였다."
원주 영장 권정길(原州營將權井吉)이 거느린 "원주·횡성·인제·홍천 등의 군사 1,000여 명"[82]이 26일부터 30일까지 검단산에서 청나라군과 대치하며 전투 벌였고, 횃불로 남한산성과 신호를 주고받았다. 조선군이 조총으로 공격하여 청나라군 사상자[83]가 발생했으나, 중과부적으로 후퇴하였다.

ⓢ 1월 3일 경기도 광주 쌍령 전투 "조선군 4만이 전멸되었다."

"삼도(三道)의 군대가 모두 40,000명으로 3곳으로 나누어 진을 쳤는데, 청나라군 장수 악탁(岳託)이 높은 곳에서 올라가서 아래로 공격하여 허완의 군대가 먼저 전멸되고 허완은 자결하였다. 민영이 진을 정비하고 조총을 발사하여 적이 거의 지탱하지 못했는데, 마침 진영 안에서 (화약이 폭발하여)[84] 불이 일어나 (수십~수백 명이

---

82 「記黔丹戰事」, 『東溪集』 卷6. "原橫獜洪等邑兵, 合千餘人。"
83 청나라군 사상자: 『승정원일기』, 〈인조 15년 3월 25일〉*에서 죽인 청나라군의 숫자가 4명이라고 하였다.
   * 「영조(英祖)」, 『통색촬요(通塞撮要)』 권2에서 "병자년(1636) 남한산성이 위급하던 때 고립된 군사를 거느리고 성 아래에 나아가 싸운 자는 오로지 권정길 한 사람뿐이었다.〔丙子南漢危急之日, 領孤軍進戰於城下者, 獨權井吉一人。〕"라고 하였다.
84 (화약이 폭발하여): 「閔林 諡狀」, 『太常諡狀錄』 卷3. "어느 군사가 화승(火繩; 불붙은 화약 심지)을 잘못하여 화약에 떨어트려 (화약이 폭발하여) 장수와 군사들 중에 불에 타서 죽은 자가 많았다.〔有軍人, 誤墜火繩於火藥, 將士燒死者衆。〕"

죽고)⁸⁵ 전군이 크게 동요하여 청나라군이 이 틈을 타고 (공격해와서) 마침내 민영의 군사가 패하자, 이의배(李義培)의 군사도 혼란해 졌다. 민영과 이의배가 사력을 다해 싸우다가 죽었고, 안동 영장 선세강(安東營將宣世綱), 상주 영장 윤여임(尙州營將尹汝任), 김해 영장 백선남(金海營將白善南) 등이 모두 전사하였다."⁸⁶

인조를 구원하러 온 충청도 병사 이의배(李義培), 경상도 좌병사 허완(許完), 경상도 우병사 민영(閔栐)이 40,000명의 군대를 거느리고 남한산성으로 들어가려도 광주 쌍령에서 청나라군의 기습 공격을 받고 전멸하였다. 청나라군은 기마병의 장점인 속도와 조선군의 정면과 뒷산의 높은 곳에서 아래로 뒤에서 협공하는 노련한 전술을 활용하여 조선군을 전멸시켰다.

◎ 1월 5일 황해도 토산(兎山) 전투에서 "조선군 1만여 명이 전멸되었다."

동산령 전투에서 승리한 후 도원수 김자점은 황해도 관찰사 이배원(李培元)에게 정방산성을 지키게 하고, 황해도 병사 이석달(李碩達)과 함께 10,000여 명을 거느리고 남한산성으로 출발해서 1월 4일에 토산에 도착하였다.⁸⁷ 조선군의 뒤를 쫓아오던 청나라 동로군(東路軍) 사령

---

85 (수십~수백 명이 죽고): 「李義培 諡狀」, 『明谷集』 권30. "수십~백 명이 일시에 불타 죽었고 3진(陣)의 군대가 모두 놀라고 동요되어 무너져서 도망갔다.〔數十百人, 一時 燒死。三陣皆驚擾潰散。〕"
86 『尊周彙篇』 卷4, 〈仁祖 15年〉. "三路兵, 合四萬, 分陳三處, 虜將岳託, 升高下擊, 完兵先 覆, 完自刎死. 柇整陳發礟, 敵幾不支, 會營中火起, 一軍大憂, 虜乘之, 遂敗, 義培軍, 亦亂。 柇義培, 力戰死, 安東營將, 宣世綱, 尙州營將, 尹汝任, 金海營將, 白善南等, 俱死."

관 도르곤의 군대를 함경도 남병사 서우신의 군대가 온 것으로 오인하여 경계를 소홀히 하였는데, 도르곤의 군대가 밤낮을 달려서 새벽에 기습 공격하여 김자점의 숙소까지 공격하자, 조선군은 거의 전멸되었고 김자점은 가까스로 탈출하였다. 청나라군은 기병의 장점인 속도를 이용하여 조선군을 전멸시켰다.

㉛ 1월 6일 용인 광교산 전투[88] "조선군이 후퇴하였다."

전라도 병사 김준룡(金俊龍)이 거느리는 10,000여 명의 전라도 군대가 광교산 위에 진을 쳤다. 청나라군이 새벽에 산을 돌아가서 산봉우리를 점령하고 조선군을 공격하자, 조선군이 상봉우리를 다시 점령하였고 일진일퇴를 거듭하며 평명(平明; 새벽에 하늘이 밝아질 때)부터 2경(저녁 9~11시)까지 싸웠다. 전사자는 조선군이 수백 명이고, 청나라군은 비슷하거나 두 배 정도로 추정된다. 전투가 끝난 후에 조선군은 식량과 화살이 다 후퇴하다가 대부분 도망가자 김준용은 수백 명만 거느리고 수원으로 갔다. 이 전투에서 누르하치의 사위 양고리(楊古利)가 조선군 박의(朴義)의 조총에 맞아 전사하였다.

청나라군은 기병의 장점인 속도와 배후의 높은 곳에서 낮은 곳에 위치한 조선군을 공격하는 노련한 전술을 활용하였다. 또한 청나라군

---

87 『청태종실록』, 숭덕 2년 1월 10일자 기사에서 조선군이 15,000명이라고 하였다.
88 광교산 전투: 병자호란에 조선군이 청나라군과 대규모로 교전한 곳은 1월 6일 광교산 전투와 1월 28일 김화 전투라고 하였다.* 나머지 전투에서는 전멸당했거나 무기력했다는 말일 것이다.
  * 『承政院日記』, 〈仁祖 15年 3月 26日〉. "이번 우리나라의 교전 가운데 큰 것은 전라도 군병의 광교산 전투와 평안도 군병의 김화 전투 두 곳뿐입니다.〔今番我國交戰之大者, 全羅軍兵光敎之戰, 平安軍兵金化之戰兩處而已。〕"

은 조선군 조총의 탄환과 화살을 소모시켜서 더 이상 전투를 못하고 후퇴하게 하는 전술을 사용하였다.

㈜ 1월 28일 강원도 김화 전투 "조선군 3,000명이 전멸되었다."

1월 26일 평안도 관찰사 홍명구(洪命耉)는 3,000명을, 평안도 병사 유림(柳琳)은 5,000명을 거느리고 남한산성으로 향하다가 강원도 김화군 읍내리에 주둔하였다. 유림의 군대는 산 위에 홍명구의 군대는 벌판에 진을 쳐서 2진영의 사이가 떨어져 있었다. 1월 28일 여명이 틀 때 몽고 기병 3,700명이 20여 명, 30여 명, 100여 명으로 전진과 후퇴를 반복하더니,[89] 뒤에서 대군이 기습 공격하여 홍명구의 군대를 포위하여 전멸시켰고 홍명구도 전사하였다. 몽고군이 다시 산 위의 유림 군대를 공격하려 했으나 잣나무 숲이 빽빽하여 기병이 돌격할 수 없었고, 화살도 대부분 잣나무에 맞았다. 유림의 군대는 산 위에서 아래로 조총과 화살을 발사하여 몽고군과 교전했는데, 유림은 적이 사정거리에 왔을 때 조총과 화살을 쏴서 절약하도록 하였다. 유림의 군대는 아침부터 날이 어두워질 때까지 몽고군의 공격을 막았다. 그러나 유림은 총알과 화살이 다 떨어져서 더이상 고전하기 어렵게 되자 밤중에 군대를 후퇴하여 남한산성으로 향하였다.

청나라군의 전술적을 분석하자면, 청나라군은 기병의 장점을 활용하여 배후에서 홍명구의 군대를 기습 공격하여 3,000명을 전멸시켰

---

[89] 「洪命耉 神道碑銘」, 『淸陰集』 卷25. "賊縱二十騎來嘗, 我使精砲齊發盡斃之, 又縱三十餘騎, 又如之。 死者半, 走者半, 賊不敢直犯, 使百餘騎在前, 示挑戰狀。"

다. 또한 청나라군은 소규모 인원으로 잣나무 속에 숨은 유림의 조선군을 공격하는 것처럼 하다 후퇴하는 것을 반복하여 유림 군대의 조총의 탄환과 화살을 소모시켜서, 더 이상 전투를 못하고 후퇴하게 만들었다.

㉠ 2월 15일 함경남도 안변 전투 "조선군 1만이 전사하였다."
조선이 항복하자 몽고군은 함경도를 통하여 귀국하면서 약탈하였다. 남병사 서우신(徐佑申)과 북병사 이항(李沆)이 거느리던 함경도 군대 17,000~20,000명이 미원(양평군)에 주둔하다가 남한산성에서 항복한 후에 함경도로 복귀하다가 몽고군의 만행을 보고 몽고군을 공격했으나, 몽고군의 매복 공격으로 조선군 10,000명이 전사하고 덕원부사 배명순(德源府使裴命純), 남우후 한진영(南虞候韓震英), 홍원 현감 송심(洪源縣監宋諶)이 전사하였다.
청나라군은 본대를 매복시키고 소수의 군대로 조선군을 유인하여 섬멸하는 작전을 사용하였다.

병자호란에 대한 이해를 돕기 위하여 여러 예시문을 통해서 설명하였는데, 조선군과 청나라군 전투력의 차이를 실감할 수 있을 것이다. "역사를 잊은 민족에게는 미래가 없다."라고 했는데, 미래에 어떻게 대처해야 할지는 우리들의 몫이다. 대한민국의 주위에는 모두 군사 강국들이다. 우리가 어떻게 하느냐에 따라 연전연패의 과거의 전철을 밟을 수도, 만주 벌판을 호령하던 고구려의 후예가 될 수도 있다. 무사안일해서 병자호란이 일어났다고 하는 택당선생의 가르침이 소중하게 들려온다.

제2부

『남한산성 일기』 원문과 역주

1

남한산성 일기(南漢山城日記)

병자년(丙子年; 1636년) 12월 9일
청나라 군대가 압록강을 건넜다.[1]
丙子十二月初九日。獹兵渡江。

12월 10일
봉화(烽火)[2]로 신호를 보냈다.
初十日。報烽。

---

1 압록강을 건넜다: 12월 8일 상인으로 위장한 청나라군 선발대 1진 300명이 압록강을 건넜는데, 발견되지 않았다. 선발대 2진 1,000명이 12월 9일 새벽 압록강을 건너다 조선군에 발견되어, 임경업(林慶業)은 봉화를 올리고 조정에 장계를 올려 보고하였다. 구범진, 『병자호란, 홍타이지의 전쟁』, 까치, 2019, 95~96쪽.
2 봉화(烽火): 당시 봉화가 평양(平壤)을 거쳐서 김자점(金自點)이 지키던 황해도 정방산성(正方山城)까지 도착했으나, 한양까지 도착하지 않았다. 미주1) 참조.

12월 11일

장계가 들어왔다. 이날 중시(重試)³가 있어 시관(試官)⁴으로 전(殿)에 올라갔고, 저녁에 합격자를 발표하였다. 비변사의 업무회의가 열리지 않았다.

十一日。狀啓來。是日重試, 試官上殿, 夕出榜。備局不坐。

12월 12일

비변사의 업무 회의에 참석하였다.⁵

十二日。坐備局。

12월 13일⁶

서쪽(평안도와 황해도)에서 보고가 연달아 도착하였는데, "청나라군이 이미 안주(安州; 평안남도 고을)를 지났고, 마부대⁷와 (1619년 조선군

---

3 중시(重試): '병년중시(丙年重試)'라고도 한다. 10년마다 병(丙)으로 시작하는 해에 문무(文武) 당하관(堂下官)에게 보게 했던 특별 승진시험으로, 합격자를 정3품 당상관(堂上官)으로 승진시켰다.

4 시관(試官): 「澤堂先生 行狀」, 『畏齋集』 卷9. "택당선생은 12월 2일에 시험관에 임명되었다.〔十二月初二日。以殿試試官命招, 始拜新命。〕"

5 『承政院日記』, 〈仁祖 14年 12月 12日〉. "조선 조정에 청나라군의 침입이 처음으로 보고되었다. 의주 부윤 임경업의 장계는 이달 9일 인시(寅時; 새벽 3~5시)에 작성된 것입니다.〔義州府尹林慶業狀啓, 本月初九日寅時成帖。〕"

6 12월 13일: 이날 청나라군의 침입 소식이 한양에 퍼져서 백성들의 피난 행렬로 길이 막혔다. 김광욱은 다음과 같이 설명하였다. "의주 부윤과 평안도 병사의 장계가 연일 들어와 청나라군이 침입하였다고 하자, 비변사의 논의에서 이미 피난 가기로 결정하니, 한양의 사람들이 매우 놀라 남녀의 피난 행렬로 길이 막혔다〔灣尹·平兵狀啓, 連日入來云, 淸兵已到安州, 廟議已以去邠爲定, 都城震駭, 士女避難之行塞路。〕" (「經亂錄」, 『竹所集』 卷5, 〈仁祖 14年 12月 13日〉).

7 마부대: 만주어는 mafuta(마푸타)이고 한문은 마부대(馬夫大)이다. 마부대와 용골

으로 사르후 전투에 참전하였다가 후금에) 항복했던 정명수(鄭命壽)[8]가 화친(和親)을 명분으로 사람을 죽이거나 약탈하지 않았으며, 조선의 여러 성(城)들이 성문을 닫고 공격하러 나가지 않았다."라고 하였다. 이날 저녁에 (임금이) 비변사 신하들을 불러서 접견하고, 내일 우선 종묘와 사직의 위패(位牌)를 강화도로 운송할 것을 명령하였다. 비로소 지방의 정예병을 소집하기 시작했으나, 승지(承旨; 오늘날 청와대 수석)가 글을 잘못 써서, 다시 선전관(宣傳官)[9]을 파견하여 군대를 소집하는 것을 재촉하였다.

十三日。西報連至, 虜兵已過安州, 馬夫大及降人鄭命壽以和爲名, 不殺掠, 諸城閉不出擊。是夕[10], 引見備臣, 命於明日先送廟社主于江都, 始

대는 이전 사극에서 많이 등장해서 우리들에게 익숙한 호칭이다. 마부대와 용골대는 조선에 사신으로 자주 왕래한 청나라 장수이다. 마부대는 선발대 1진 300명을 상인으로 위장하여 한양으로 진격하였다.

8 정명수(鄭命壽): 평안남도 은산(殷山)의 관노 출신으로, 1619년 강홍립(姜弘立)이 13,000명의 조선군을 이끌고 조명연합군으로 참전하여 후금과 싸운 사르후 전투에서 좌영(左營)과 우영(右營) 8,000명이 한순간에 전멸하자, 강홍립은 중군(中軍) 3,000명을 거느리고 후금에 항복해서 포로가 되었다. 이때 같이 포로가 되었던 정명수(鄭命壽)는 후금에 귀화했고, 정묘호란과 병자호란 때 후금(청)의 통역관으로 참전하여 조선을 침략하는 데 길잡이 역할을 하였다. 영화 '남한산성'에서 청나라 측 통역관으로 등장하는 사람이 정명수*이다. 구한말 이완용에 비견되는 매국노로 온갖 만행을 저지르다 1653년(효종4)에 심양(瀋陽)에서 경상도 성주(星州) 출신의 조총수 이사용(李士用)에게 살해되었다.
* 중국 학자 양해영(楊海英)은 논문「조선 통역관 굴마훈(gūlmahūn)에 대한 고찰〔朝鮮通事古爾馬渾(鄭命壽)考〕」에서 조선을 배신한 정명수를 중국의 영웅으로 미화하였다. 굴마훈(gūlmahūn)은 정명수의 만주어 이름이고, 중국어는 '古爾馬渾'이다.
9 선전관(宣傳官): 선전관청(宣傳官廳: 임금의 의장대·호위·전령·군대동원 등의 업무를 맡은 특수관청)의 선전관(宣傳官; 정3품~종9품, 무관)을 말한다.
10 夕:『택당유고초고』에는 '日'로 되어 있고 '夕' 자로 의심된다는 주(註)가 있으며, 『택당유고전집』에는 '日'로 되어 있고, 『택당유고간여』에는 '夕'으로 되어 있다. 『택당유고간여』 등에 근거하여 '夕'으로 수정하였다.

召外方精抄兵, 承旨誤書, 再送宣傳官促召。

12월 14일

백관(百官; 모든 벼슬아치)이 융복(戎服; 군복)을 입고 대궐에 도착했다. 그러나 나는 병들어서 비변사의 외부 막사에 있다가 아침 늦게 대궐에 도착하였는데, 어가(御駕)[11]가 이미 경계하며 피난 갈 준비를 하였다. 나는 하인 1명을 (거처하던) 숙소로 보내 식량을 가져오게 하였는데, 미처 돌아오기도 전에 어가가 출발하게 되어 하인과 말을 잃어버렸다. (그래서) 걸어서 남대문에 도착하여 우연히 신출신(新出身; 문과(文科)·무과(武科)·잡과(雜科) 등의 과거시험에 새로 합격한 사람) 유동발(柳東發)[12]의 말을 빌려 탔다.

十四日。百官戎服詣闕。余以病在備局外幕, 晩朝詣闕, 駕已戒, 備出矣。余有一奴, 送歸寓舍, 取糧米, 未及歸而駕出, 遂與奴馬相失。步至南大門, 偶得新出身柳東發馬借騎。

○ 어가(御駕)가 남대문에 도착하니, 파발(擺撥)꾼이 '청나라 기병이 이미 창릉(昌陵)[13]을 지났다.'라고 보고하여 임금이 성문의 누각에 올라가자, 영의정이 빨리 출발할 것을 요청하였다. 동양위(東陽尉) 신익성(申翊聖)[14]과 전(前) 대사헌(大司憲) 이경석(李景奭)이 어의(御衣)를 잡아당

---

11 어가(御駕): 본래의 의미는 임금이 타는 수레를 가리키지만, 여기서는 임금을 가리킨다.
12 유동발(柳東發): 1636년(인조14) 별시(別試) 합격자 명단인 『병자별시문무과방목(丙子別試文武科榜目)』에서 "문화 유씨. 1609년 출생으로, 당시 28세이다. 무과 504명 선발에 398등으로 합격하였다."라고 하였다.
13 창릉(昌陵): 경기도 고양시에 있는 조선 제8대 왕 예종의 왕릉이다.

기며 동쪽으로 출발하여 남한산성으로 가서 머물 것을 급히 요청하였다. 임금은 남한산성의 방어 준비가 완벽하지 않았기 때문에 가려고 하지 않았으나, 두 사람이 그곳으로 가야만 한다고 극언(極言; 강력하게 주장)하자, 따랐다. 위병(衛兵; 대궐 또는 관청을 지키는 호위병) 1,000명을 파견하여 사현(沙峴)[15]을 방어하고, 서쪽과 남쪽의 3문(門)을 닫게 하였다.[16] 임금이 길을 재촉하여 수구문(水口門)[17]을 벗어나서 신시(申時; 오후 3시~5시)가 지나 남한산성(광희문에서 대략 28km)에 들어갔다. 문무(文武) 백관(百官)으로 수행하는 자들이 500여 명이고, 호위병이 2,000명이었다.

○ 上駕南門, 撥報胡騎, 已過昌陵, 上止御門樓, 領相請促行。東陽尉申翊聖·前大憲李景奭牽御衣, 急請東出, 駐南漢城。上以南漢守備未完, 不欲往, 二人極言 惟此可往, 從之。遣衛兵千人遮截沙峴, 閉西南三門。上促鞭出水口門, 哺後入南漢城。文武百官扈從者, 五百餘人, 衛兵二千餘人。

---

14 신익성(申翊聖): 선조의 사위이다.
15 사현(沙峴): 무악재로 서대문구 현저동과 홍제동 사이의 고개이다.
16 서쪽과 …… 하였다: 당시 43세로 호조 좌랑이었던 이회보(李回寶)는 일기에서 성문이 닫혀 도성 안의 사람들이 절반 이상이나 피난 가지 못하였다고 하였다.「丙子南漢日記」,『石屛集』卷5,〈仁祖 14年 12月 14日〉. "남대문·서소문·신문이 이미 닫혔다. 유도대장 심기원의 군관이 성문을 여닫는 것을 담당하였는데, 성안의 사람이 과반이 나오지 못하자 우는 소리가 하늘을 진동하며 척화인(斥和人)을 원망하였다.〔南大門·西小門·新門, 已閉。而留都大將沈器遠軍官, 掌其開閉, 城口之人, 過半不得出, 哭聲震天, 怨望斥和之人。〕"
* 6·25전쟁 때 북한군이 서울에 진입한 지 2시간 만에 이승만 정권은 6월 28일 새벽 2시 40분경 한강 인도교를 폭파하였다. 그래서 1,000명 이상의 사람이 그 자리서 폭사하고, 180만 서울 인구의 대부분이 피난 가지 못하고 공산 치하에서 부역하거나, 인민군에 징집되거나, 나중에 북한에 끌려가기도 하였다. 전쟁의 속성은 임진왜란이나 병자호란이나 6·25전쟁이나 똑같은 것 같다.
17 수구문(水口門): 중구 광희동에 있는 광희문(光熙門)을 가리킨다.

○ 하루 전에 이미 박난영(朴蘭英)[18]을 (청나라군 진영에) 파견하여 출병(出兵)한 이유를 묻게 했었는데, 청나라 기병이 이미 가까이에 있다는 소식을 듣고서 이조 판서 최명길(崔鳴吉)이 자청하여 말을 달려 청나라 장수를 만났다. 홍제원(弘濟院)[19]에 도착하여 과거에 (조선에) 사신으로 왔던 청나라 마부대와 정명수(鄭命壽)를 만나 길에 앉아서 대화하였다. 마부대가 말하기를, "본래 화친조약을 맺으러 왔는데, 서로(西路; 평안도와 황해도)에서 응대하지 않았기 때문에 여기까지 왔으나, 전쟁을 하려고 하는 것이 아니다."라고 하였다. (청나라군이) 홍제(弘濟)의 교외에서 머물렀는데, 군사는 500~600명[20]이었다. 임금이 이어서 이경직(李景稷)을 파견하여 마부대 등을 위문[21]하게 하였다.

---

[18] 박난영(朴蘭英): 1619년(광해군11) 평안북도 창성 부사(昌城府使)로 근무 중에 강홍립을 따라 사르후 전투에 참전하여 평양의 조총수 200명을 지휘하였다. 강홍립과 함께 후금에 항복하여 8년여 동안 포로 생활했고, 정묘호란 때 후금군의 일원으로 참전하여 강홍립과 함께 강화도에 가서 화친조약을 맺는 데 역할을 하였다. 그 후 후금이 철수할 때 강홍립과 박난영을 조선에 송환하였다. 박난영은 후금의 사정을 잘 알아서 여러 차례 후금에 사신으로 다녀왔다. 1636년 12월 15일에 청나라에서 왕의 동생을 인질로 요구하자, 최명길의 건의로 인조의 먼 친척인 이칭(李偁)을 왕의 동생이라고 속여서 청나라 진영에 보냈다가 거짓이 탄로 났다. 청나라 장수의 추궁에도 박난영은 끝까지 숨기고 밝히지 않다가, 분노한 청나라 장수에게 살해되었다.

[19] 홍제원(弘濟院): 조선시대 국영 여관으로 공무 여행자의 편의를 위해 설치하였다. 원래의 이름은 홍제원(洪濟院)이고, 지금의 서대문구 홍제동에 있었다. 이 여관은 주로 중국의 사신들이 서울 성안에 들어오기 전에 임시로 묵는 용도로 사용, 1895년(고종32)까지 건물이 남아 있었다고 한다.

[20] 500~600명:『청태종실록』, 숭덕 2년 12월 3일에서 청나라군 선발대 1진 300명, 2진 1,000명이라고 하였다. 이것을 감안하면 실제 1진은 300명이나 500~600명으로 숫자를 잘못 파악했을 수도 있고, 청나라군이 조선인은 포로로 잡아서 숫자가 늘어났을 수도 있다.

[21] 위문: 청나라 진영에 술과 고기 등을 보내는 것으로 형식적으로 수고하였다고 위문하는 것이나, 실제는 청나라 진영을 정탐하기 위한 목적이었다.

처음에 종묘와 사직의 위패 및 세자빈(世子嬪)·원손(元孫)·두 대군(大君; 봉림대군과 인평대군)이 먼저 강화도로 출발하였기 때문에 강화도에 (무사히) 도착하였다.

○ 前一日, 已遣朴蘭英, 往問發兵狀, 及聞胡騎已逼, 吏判崔鳴吉, 自請馳見胡將。至弘濟院, 遇前日胡差馬夫大·鄭命壽, 班荊坐話。馬胡, 言本爲約和來, 緣西路不接應, 故輾轉到此, 非欲相戰, 止留弘濟郊。兵可五六百人。上續遣李景稷, 勞問馬胡等。始廟社主及世子嬪·元孫·二大君先發, 故得達江都。

전(前) 대신(大臣)[22] 윤방(尹昉)[23]과 김상용(金尙容)[24] 및 도검사(都檢使) 김경징(金慶徵)[25] 등도 따라갔다. 임금과 세자만 홀로 남한산성으로 갔

---

22 전(前) 대신(大臣): 원문에는 '大臣'이나 전(前) 대신(大臣)이라고 번역하였다. 원문 '大臣'은 현재의 영의정, 좌의정, 우의정뿐만 아니라 과거에 이 벼슬을 한 사람도 포함된다.

23 윤방(尹昉): 1563년(명종18)~1640년(인조18). 당시 74세. 옂의정을 한 윤두수의 아들로, 병자호란이 일어나기 6개월 전인 1636년 6월까지 영의정을 하였다. 2월 26일에 청나라 사신이 와서 '청태종에게 황제로 추대하자'라는 국서를 가져왔으나, 조선에서 반대하며 국서를 받지 않자, 2월 26일에 청나라 사신은 반발하여 조선에 통보도 하지 않고 되돌아갔다. 2월 29일 당시 영의정 윤방은 '수도를 강화도로 옮기고 단교할 것'을 요청하자 윤방에 대한 척화파들의 공격이 빗발쳤고, 6월 13일에 윤방이 사직한다. 병자호란이 일어나자 강화도로 피난 갔다가 포로가 되었다. 윤방은 후임 영의정 김류(金瑬)와 달리 비교적 현실적이었던 것으로 판단된다.

24 김상용(金尙容): 1561년(명종16)~1637년(인조15). 당시 76세. 김상헌의 형으로 우의정을 하였다. 병자호란 때 강화도로 피난 갔다가, 성이 함락되자 화약에 불을 질러 자살하였다.

25 김경징(金慶徵): 1589년(선조22)~1637년(인조15). 당시 48세. 영의정 김류의 아들로 한성부 판윤(判尹; 서울시장)을 하였다. 병자호란 때 강화도 검찰사(檢察使; 방어사령관)로 임명되었지만 강화가 함락된 뒤에 방어에 실패하였다고 탄핵받아 사사(賜死; 임금이 내린 독약을 먹고 죽음)되었다.

는데, 옷과 이불 및 사용하던 물건을 미처 모두 가져가지 못하였다. 성안에 소금과 곡식은 예부터 쌓아놓은 것이 조금 있었지만 온갖 도구는 모두 부족하여 지킬 수 있는 상황이 아니어서 임금이 매우 걱정하였다. 영의정은 마부대가 지체하는 틈을 타 말을 타고 강화도로 속히 들어갈 것을 요청했으나, 내가[26] 입대(入對; 궁궐에 들어가 임금의 자문에 응함)하여 아뢰기를, "남대문에서 이미 강화도로 곧장 들어갈 수 없었습니다. 이곳(남한산성)에서 강화도는 3일 거리이고 한양을 돌아가야 하니, 어떻게 청나라 기병에게 추격당하지 않겠습니까? 청컨대 충청도 내포(內浦)[27]로 향하다가 적이 가까이 오면 바다로 들어가서 강화도로 곧바로 가거나 관동(關東)[28]으로 향하고 정예병으로 청나라의 후방을 차단하게 한다면, 비록 추격당하더라도 산과 계곡이 험준하여 벗어날 수 있습니다. 이것 이외에 다른 대책은 없습니다."(미주2 참조)라고 하였다.

大臣尹昉金尙容都檢金慶徵[29], 亦隨往。上與世子, 獨入南漢, 衣衾服

---

26 내가: 『택당유고초고』와 『택당유고전집』에는 '아무개[某]'로 되어 있고 『택당유고간여』에는 '이식[植]'으로 되어 있다. 이런 경우가 많아 이하의 원고에서는 다시 밝히지 않고 택당선생이 자신을 지칭하는 말로 번역하였다.

27 내포(內浦): '바닷물이 육지 깊숙이까지 들어와서 이 수로를 따라 포구가 발달된 지역'을 뜻하는데, 산이 별로 없이 구릉이 많고, 들이 넓게 펼쳐져 있는 지리적 특성이 있다. 국역본 『운양속집(雲養續集)』 권4, 「書分贈土地券示兒曹」의 주석에서 "이중환(李重煥)의 『택리지(擇里志)』에 따르면 현재 충청남도의 홍성, 태안, 서산, 당진, 보령, 아산의 일부 지역이 여기에 속한다."라고 하였다.

28 관동(關東): 『택당유고초고』와 『택당유고전집』에는 '江東'으로 되어 있고, 『택당유고간여』에는 '關東'으로 되어 있다. 뒤의 「병자호란의 과정 요약」에 '관동(關東)'이라고 하여 관동으로 번역하였다.

29 尹昉金尙容都檢金慶徵: 『택당유고초고』에는 '尹昉'으로 되어 있고 두주(頭註)에 '一本尹昉下有金尙容都檢金慶徵八字'라고 하였으며, 『택당유고간여』에는 '尹昉金尙容都檢金慶徵'으로 되어 있고, 『택당유고전집』에는 '尹昉'으로 되어 있다. 『택당유고간여』 등에 근거하여 '尹昉' 뒤에 '金尙容都檢金慶徵'을 보충하였다.

用,皆不及致。城中鹽穀,稍有舊儲,而百具皆乏,無可守之形,上憂甚。領相請因馬胡止留之頃,急馳入江都,臣某入對曰 自南大門,已不能直入江都。此去江都,已三日程,又繞過京城,豈不爲胡騎追躡?請向湖西內浦,寇逼則入海,控引江都,或向江東,精兵斷後,雖遇追躡,山峽險阻,可以脫免,此外無他策。

    영의정이 크게 꾸짖으며 아뢰기를, "이식(李植)이 어찌 대사(大事)를 알겠습니까? 신(臣)이 기필코 임금님을 모시고 강화도에 들어가겠습니다."라고 하자, 임금이 말하기를, "나도 강화도에 도착하지 못할까 근심스러우니, 이식도 망언(妄言)을 한 것이 아니라 단지 걱정이 심한 나머지 이렇게 말했을 뿐이다."라고 하였다. 승지(承旨) 이경증(李景曾)이 아뢰기를, "반드시 강화도에 들어가려 한다면 평민의 복장으로 위장해야 도착할 수 있을 것입니다."라고 하자, 임금이 말하기를, "그렇게 하는 것이 좋을 것 같다."라고 하였다. 영의정이 아뢰기를, "신(臣)이 당연히 모시고 갈 것인데, 기병 수십 명만 있으면 됩니다."라고 하자, 임금이 말하기를, "이 일이 누설될까 걱정되니 경(卿)들만 알고 있고, 즉시 밥을 지어 먹고 출발하라."[30]라고 하였다. 신(臣)들이 인사를 하고 나왔다. (원문주: 영의정·병조 판서·승지·이식(李植)) 영의정의 본래 의도는 평소대로 행동하려 했으나, 이 말이 누설되어 백관(百官)과 군인들이 모두 출발할 준비를 하고 있었다.

---

30 누설될까······출발하라:『丙子錄』,〈仁祖 14年 12月 14日〉. "이식이 인천으로 가서 배로 강화도에 들어갈 것을 요청하였다. 비변사의 논의가 은밀히 정해졌지만 산성에 들어온 사람들은 모르는 자가 없었다.〔李植請往仁川, 浮海入江都。廟議密定, 入城之人, 無不知之。〕"

領相大叱曰: 李某安知大事! 臣當期必陪入江都。上曰: 吾亦憂其不得達, 李某亦非妄言, 特因憫慮之深, 而有此言耳。承旨李景曾, 曰: 必往江都者, 當微行, 或可達。上曰: 如是似好。領相曰: 臣當陪往, 只數十騎可也。上曰: 此事恐洩, 只卿輩知之, 卽可炊飯戒行。臣等辭出。(領相·兵判·承旨, 及某。) 領相本意, 欲平常作行, 遂泄其語, 百官軍人, 皆戒備。

12월 15일

새벽에 남문을 나왔는데, 날씨가 춥고 큰 눈이 내렸다. 임금이 걸어서 비탈길을 내려가는데 심기(心氣)가 갑자기 불편하여[31] 남한산성으로 돌아가 머무를 것을 곧바로 명령하였다. 일행의 인마(人馬; 사람과 말)도 피로하고 백관(百官)과 삼군(三軍)의 행군도 빨리 달려가기가 어려운 상황이라, 결코 강화도에 도착할 수가 없는 상황이었다.

○ (최명길이 마부대를 만나러 갔는데)[32] 마부대가 요청하기를, "왕자와 대신(大臣)[33] 및 척화신(斥和臣)을 내보내고[34] 다시 강화조약을 체결한

---

31 심기(心氣)가 갑자기 불편하여:『仁祖實錄』,〈14年 12月 16日〉. "이때 눈보라가 심하게 몰아쳐 산길이 얼어 미끄러워서 말이 발을 디디지 못하였으므로 임금이 말에서 내려 걸었다. 그러나 끝내 도착할 수 없을 것을 헤아리고서 마침내 남한산성으로 되돌아왔다.〔時, 雪風甚緊, 山路氷滑, 馬不得着足, 上舍馬步行, 度其終不得達, 遂還入城。〕"

32 (최명길이……갔는데): 최명길이 인조의 피난 갈 시간을 벌기 위해 마부대를 만나러 가자, 인조는 금군(禁軍) 20명으로 하여금 최명길을 수행하게 하였는데 19명이 도망갔다. 금군은 최정예 군인이었는데……. 최창대의 문집에 다음과 같은 글이 있다.「遲川公遺事」,『昆侖集』卷20. "(최명길이 마부대를 만나러) 이경직과 함께 갔다. 임금이 금군 20명에게 호위하고 가도록 명령하였는데, 문을 나서자마자 모두 도망가고, 오직 최명길의 편비 지득룡만 따라갔다. 최명길이 적진에 가서 일부러 시간을 끌며 말하였으므로 해가 저물 때 임금이 남한산성에 들어갈 수 있었다.〔仍與李公景稷偕行。上命禁軍二十護行, 出門, 皆散走, 獨公褊裨池得龍從焉。至陣前, 故拖引言語, 至日昃, 大駕得入南漢。〕"

다면 군대를 즉시 후퇴하겠다. 만약 조금이라도 지체하여 10왕(王)[35]이 군대를 거느리고 도착하면 반드시 난처한 일이 있을 것이니, 속히 요청을 따르라."라고 하였다.

十五日。曉出南門, 天寒大雪。上步下層崖, 氣忽不平, 卽命還住。然一行人馬憊乏, 百官三軍之行, 勢難疾驅, 其勢必不能達矣。○ 馬胡請: 遣王子·大臣及斥和之臣, 再申約束, 則兵當卽罷。若小遲, 而十王子, 領兵而至, 則事必有難處者, 宜速從請。

12월 16일

마부대 등이 통보하기를, '(조선의) 화친에 대한 회답이 지체되어 마포나루까지 전진하였고, 10왕의 군대가 뒤에 있다.'라고 하였다. 이 날 영의정이 임금을 모시고 강화도로 들어가려고 하였으나, 청나라군이 길을 막았다는 소식을 듣고 실행하지 못하였다. 좌참찬(左參贊) 한여직(韓汝稷)과 사예(司藝) 허계(許啓)를 파견하여 마부대를 위문하고, 왕자와 대신을 내보내는 것을 허락하였으나 척화신을 내보내는 것은 허락하지 않았다. 마부대도 다시 거론하지 않고 단지 말하기를, '왕자와 대신(大臣)을 급히 보내야지, 만약 10왕이 군대를 거느리고 온다면 일이 매우 곤란해질 것이다.'라고 하였다. 한여직이 돌아와서 말하기

---

33 대신(大臣): 영의정 김류(金瑬)를 가리킨다.
34 내보내고: 청나라에 볼모로 보내는 것을 의미한다. 아래도 같다.
35 왕(王): 원문은 '王子'이나 '왕'*으로 번역하였다. 아래도 같다. 택당선생은 청태종을 황제가 아닌 왕으로 여기고 그의 아들을 왕자로 여겨서 이렇게 표현한 것으로 생각된다.
  * 왕의 만주어는 beile(버이러)이고, 음역한 한문은 패륵(貝勒)이다. 누르하치의 아들과 조카 등에 이 관직을 내렸고 대대로 세습되었다.

를, '마부대가 본래 화친을 요청하기 위해 온 것이 매우 간절하니, 결코 속이지 않았습니다.'라고 했으나, 임금은 믿지 않았다.

十六日。馬胡等以報和遲滯, 進至麻津, 十王子軍已在後。是日, 領相猶欲奉上入江都, 聞胡兵已攔路, 不果行。遣左參贊韓汝稷·司藝許棨[36], 勞問馬胡, 許送王子大臣, 而不許送斥和之臣。馬胡亦不再言, 但言王子大臣, 須急送, 若十王子以兵至, 則事大難矣。韓汝稷來言馬胡本爲請和來, 極有誠懇, 必無所欺。上不信之。

여러 관청의 낭관(郞官)[37]들을 (한양으로) 돌려보내서 경각사(京各司 한양에 있는 관청의 총칭)를 지키게 하였다.[38] 그리고 능봉수(綾峯守) 이칭(李偁)[39]을 (품계를 높여서) 능봉군(綾峯君)에 봉(封)하여 왕제(王弟; 왕의 동생)라고 칭(稱)하고, 형조 판서 심집(沈諿)[40]을 대신(大臣)이라고 칭하고서 (청나라 진영에) 보냈다. 또 선전관(宣傳官)을 파견하여 도원수에게 '화의(和議; 평화협정)가 이미 결정되었다.'라고 유시(諭示; 훈시)하였다. 심집이 행장을 꾸리고서 수영(帥營; 도체찰사의 진영)에서 미리 준비

---

36 棨: 『택당유고초고』, 『택당유고전집』, 『택당유고간여』에는 모두 '棨'로 되어 있고, 『승정원일기』, 〈인조 14년 12월 20일〉 등에는 '啓'로 되어 있다.

37 여러 관청의 낭관(郞官): 육조 등의 정5품 정랑(正郞)과 정6품 좌랑(佐郞) 등의 벼슬아치들이다.

38 경각사(京各司)를 지키게 하였다: 남급, 『南漢日記』, 〈仁祖 14년 12월 16일〉. "이들은 곧바로 청나라 군인들에게 포로가 되거나 처형된 듯하다. 오후부터 사람과 재물을 약탈하였다. 각 관청의 관원으로 한양에 들어간 자와 호부에서 화물을 실어 오던 사람들이 모두 적에게 죽었다.〔自午後掠取人物。各司員入京者, 戶部物貨載來人等, 皆爲所陷。〕"

39 이칭(李偁): 중종의 4대손으로 인조의 먼 친척이다.

40 심집(沈諿): 1569년(선조2)~1644년(인조22). 당시 68세. 1636년 8월 14일에 형조 판서가 되었다.

하고 기다렸다. 심집은 본래 어리석은 사람이나, 은화하고 중후했기 때문에 임금이 장자(長者)[41]라고 칭하고 특별히 선발하였다.

還遣諸曹郞屬, 守各司。以綾峯守某封君, 稱爲王弟, 刑判沈誢, 稱爲大臣而送之。又遣宣傳官諭都元帥言和議已決。沈誢行具, 自帥營豫備以待。沈誢本謬迷人, 以其和厚, 故上稱爲長者, 而特簡焉。

이날 심집이 출발하여 (청나라 진영에) 가니, 청나라 장수와 10왕의 군대가 이미 도착해 있었다. 심집에게 진짜 왕제(王弟)인지 아닌지 묻자, 심집이 대답하기를, "이것은 거짓 칭호이니, 진짜 왕제가 아닙니다. 내가 사실대로 알려주는 것은 그대들을 속이고 싶지 않기 때문입니다."[42]라고 하였다. 청나라 장수가 크게 화를 내며 무시와 모욕을 당하였다고 여기고 받아들이지 않았다. 내가 비변사에 가서 묻자, '임금이 이미 친아들인 대군(大君)을 내보내 사죄하도록 허락하였다.'라고 하였다. 이성구(李聖求)가 울면서 대신(大臣)에게 요청하기를, '이 성(城)을 하루도 지킬 수 없습니다. 이렇게 주상께서 위험하니, 비록 신(臣)이라고 칭하더라도 무슨 어려움이 있겠습니까?'라고 하였다.

是日, 誢出往, 則胡將十王子兵已至, 問誢以王弟眞假, 誢曰: 此乃假稱, 非眞弟也。我當以誠信相告, 不欲欺汝輩也。胡將大怒, 以爲輕侮而不受。某往備局問之, 則上已許送親子大君爲謝。李聖求泣請于大臣, 此城一日, 不可守也。主危如此, 雖稱臣, 亦何難。

---

41 장자: 심집은 당시 나이가 68세로 나이가 많아서 그렇게 불렀다.
42 이것은 …… 때문입니다: 여러 곳에 이 이야기가 실려 있는 것을 보면 실화로 추정된다. 미주3) 참조.

내가 아뢰기를, "주상께서 이미 친아들을 내보내겠다고 허락하셨다면, 이 일에 대해서는 다시 말해야 합니다. (청나라에) 말하기를 '왕자(王子)는 강화도에 있고, 친동생 한 명은 병들고 어리석어서 이전부터 이들을 사신에 포함하지 않았다. 능봉군(綾峯君)이 실로 주상의 사촌 아우이지만 형제로 여겨서 특별히 이 사람을 보냈다.'라고 해야 합니다. 또 숨기지 않고 말하기를, '그대들이 친아들과 친동생을 볼모로 잡아두려 한다면, 말했던 것처럼 먼저 재신(宰臣)[43] 1명을 파견하여 설명하겠다.'고 하고, 재신들에게 청나라에 대답할 말들을 각자 말해야 합니다."라고 하였다. 임금이 내 말대로 하게 하되, 약간 장유(張維)가 말한 것으로 보충하게 하였다. 내가 아뢰기를, "이것은 정해진 논의이니 더하거나 뺄 수 없습니다."라고 하자, 재신들이 모두 동의하였다.

某曰: 若上已許親子, 則此當更有辭矣. 當言王子在江都, 親弟一人病而駭, 自前不以此充使. 綾峰, 實主上堂弟, 視如同氣, 特遣此人. 而又不諱言爾等. 必欲得親子弟, 亦當如言先遣一宰臣諭之. 宜當諸宰, 各言所答之言. 上使依某言爲之, 而略張維所言足之. 某曰: 此乃定議, 無容增減. 諸宰皆以爲然.

12월 17일

새벽에 닭이 울었다. 임금이 영의정·좌의정 및 병조 판서 이성구·이경직·최명길을 불러 전의 일을 다시 논의하며 말하기를, "과거의 잘못을 깊이 사죄해야 하니, 오늘부터 모두 대국(大國)[44]이 하라는 대로

---

43 재신(宰臣): 2품의 관원을 가리키는 말로 주로 육조 판서와 참판 등을 가리킨다.
44 대국(大國): 청나라를 가리킨다.

황제로 높이 받들고, 자식들 중에 고르는 대로 보내겠다고 요청하라."
라고 하였다. 좌의정 홍서봉과 호조 판서 김신국이 (청나라 진영으로)
갔다. 내가 평명(平明; 하늘이 막 밝아지는 새벽)에 조정에 가서 비로소
다시 논의하였다는 소식을 듣고 나서 만류하여 중지하게 하려고 하였
다. 좌의정이 옷자락을 떨치고 일어나 장유에게 말하기를, "이렇게 비
굴하면 대사(大事)가 잘못될 것입니다."라고 하자, 최명길이 말하기를,
"이렇게 하지 않으면 저들의 노여움을 풀 수 없으니, 이렇게 해야 됩니
다."라고 하였다.

十七日。鷄曉。上召領·左相及兵判李聖求·李景稷·崔鳴吉, 更議前事,
云: 當深謝已往之失, 請自今一依大國所爲, 尊爲皇帝, 諸子惟所擇遣。左
相洪瑞鳳·戶判金藎國及李景稷行。某平明詣朝堂, 始聞更議, 欲挽止之。
左相拂衣而起, 謂張維曰: 如是遜屈, 則大事去矣。崔鳴吉曰: 不如是, 不
足以解彼怒, 如是足矣。

내가 말하기를, "그들이 바라는 것을 우리가 먼저 허락한다면 그들
은 한 단계 더 높일 것이고, (그렇게 된다면) 청성(靑城)의 치욕[45]을 당
할 수도 있습니다."라고 하자, 최명길과 장유는 아무 말이 없었다. 신
익성(申翊聖)이 입대(入對; 궁궐에 들어가 임금의 자문에 응함)하였다. 임
금이 묻기를, "오늘의 조치로 화친이 성공하겠는가?"라고 하자, 신익

---

45 청성(靑城)의 치욕: '정강(靖康)의 변'이라고도 한다. 청성은 중국 하남성(河南省)
개봉현(開封縣)에 있는 지명으로, 송(宋)나라 때 하늘에 제사를 지내는 재궁(齋宮)
이 있었다. 1126년 청나라의 전신인 금나라 군대가 쳐들어와 이곳에서 휘종(徽宗)
과 흠종(欽宗)의 항복을 받아내고서 약속을 어기고 포로로 잡아 금나라로 끌고 간
것을 말한다. 미주4) 참조.

성이 아뢰기를, "이것은 반드시 실패한 것이고, (청나라의 요구가) 한 단계 높아질 것입니다."라고 하니, 임금이 놀랐다.

某日 彼之所欲, 我先許之, 彼當更加一節, 靑城之辱, 將至矣。崔·張默然。是日, 申翊聖入對, 上問今日處置, 和事得成[46]耶? 翊聖, 曰: 此必不成, 將加一節矣。上瞿然。

잠시 후에 좌의정 홍서봉이 돌아와 보고하기를, "청나라 장수가 매우 오만하게 (우리들을) 대하여 신(臣)들로 하여금 재배(再拜)하게 하고, 앞으로 다가가는 것을 허락하지 않고서 다른 사람으로 하여금 말을 전하게 하기를, '너희 나라가 이렇게 우리를 무시했으니, 반드시 세자를 보내 입조(入朝; 청나라 조정에 가서 황제를 알현하는 것)해야 한다. 그렇지 않으면 바로 성을 함락하고 도륙할 것이다.'라고 하였습니다." 라고 하였다. 이날 조정에서 이 말을 듣는 사람들은 모두 실색(失色; 놀라서 표정이 바뀜)하여 눈물을 흘리며 감히 먼저 발언하지 못하고 모두 말하기를, "이후에는 오직 전쟁만 있을 것이다."라고 하였다.

旣而洪相回來言: 胡將待之極傲, 使臣等皆再拜, 不許至前。使人傳語, 云汝國輕我如此, 須遣太子入朝。不然, 卽當破城厮殺矣。是日, 朝堂, 聞此言者, 皆失色下淚, 莫敢先發言, 皆曰: 此後惟有戰耳。

○ 경기좌도(京畿左道)[47] 여러 지역의 병력이 점차 도착하여 1만여 명[48]

---

46 和事得成:『택당유고전집』에는 '成和事得'으로 되어 있고,『택당유고간여』에는 '得成和事'로 되어 있다.
47 경기좌도(京畿左道): 조선시대에 조운(漕運; 배로 운송함)을 위해 경기도를 한강을 기준으로 위아래로 나누었다. 강화·광주·수원·여주·부평·남양·이천·인천·안

에 이르렀다. 대장 신경진·구굉·이서·이시백 등이 성을 나누어 지켰고, 영의정 (김류가) 체찰사(體察使)⁴⁹로 총괄하여 지휘하였다. 임금과 세자가 직접 성을 순시하고, 조정의 벼슬아치들을 독전어사(督戰御史)⁵⁰에 임명하였다. 산세가 높고 험준하며 연일 바람이 불고 눈이 내려 얼어 죽는 군사가 있었다.

○ 圻左諸軍稍集, 至萬餘人。大將申景禛·具宏·李曙·李時白等分守, 領相以體察使總領。上與世子自巡城, 分命朝士爲督戰御史。山勢高峻, 風雪連日, 士卒有凍死者。

성·김포·양근·안산·용인·진위·양천·지평·과천·시흥·음죽·양성 등이 이 지역에 속했다.

48 1만여 명: 『丙子錄』, 〈仁祖 14年 12月 15日〉. "전날 남한산성을 나누어 지키기로 되어 있던 경상도의 군대는 멀어서 도착하지 못하였고, 성첩을 분담하는 경기의 수령으로 여주 목사 한필원, 이천 부사 조명욱, 양근 군수 한회일, 지평 현감 박환이 약간의 초군(哨軍; 약 100명 단위의 군대)을 거느리고 겨우 산성에 들어왔는데, 군대의 태반이 도착하지 않았다. 성첩을 나누어 지키는 네 지역의 군사 이외에 파주 목사 기종헌이 군사 수백 명을 데리고 산성으로 구원하러 들어왔다. 한양과 지방의 군사가 총 1만 2,000여 명이고, 문관과 무관 및 음관(蔭官)이 200여 명이며, 종실과 삼의사(三醫司; 전의감(典醫監)·혜민서(惠民署)·제생원(濟生院))의 인원이 200여 명이고, 수행하는 관원이 거느린 하인이 300여 명이다.〔前日分防山城。嶺南之兵。遠未及到。京圻分堞守令。呂州牧使韓必遠。利川府使曺明勖。楊根郡守韓會一。砥平縣監朴煥。領若干哨軍。僅能入城。而軍兵太半未到。分堞四邑之兵外。坡州牧使奇宗獻。數百入援。京外軍兵。一萬二千餘人。文武及蔭官二百餘人。宗室及三醫司二百餘人。屬從官所率奴僕三百餘人。〕"

49 체찰사(體察使): "국방과 국정(國政) 및 수성(守成; 성을 방어하는 일)과 관련된 모든 일을 전담하였다.〔專主軍國之政, 守城之事。〕"라고 하였다. 정승이 맡을 경우에는 '도체찰사(都體察使)'라고 한다. 미주14) 참조.

50 독전어사(督戰御史): 성을 순찰하여 군대의 사기를 진작하고 전투를 독려하는 임시 벼슬이다. 김상헌의 『남한기략(南漢紀略)』에 "독전어사는 24명이다.〔督戰御史, 二十四員。〕"라는 기록이 있다.

○ 황혼(黃昏; 해가 지고 어스름해질 때)에 영의정과 좌의정 및 최명길·장유·한여직·김신국·이성구·홍방·이경직이 청대(請對; 급한 일로 임금에게 면담을 요청함)하여 울면서 아뢰기를, "임시방편이라도 화(禍)를 벗어나야 합니다."라고 하자, 임금이 말하기를, "세자를 내보내는 것을 허락하려고 하는가? 이것을 허락한 후에 저들이 또다시 나를 나오라고 한다면 어떻게 하겠는가?"라고 하였다. 여러 재신(宰臣)들이 아뢰기를, "그렇게 되지 않을 것입니다."라고 하자, 임금이 말하기를, "그렇다면 내가 어찌 아들 한 명을 아껴서 나라를 망하게 하겠는가?"라고 하니, 세자도 울면서 자기가 가겠다고 요청하였다. 적이 성의 사방을 포위하고 험한 곳에 매복하여 성안과 성밖을 통할 수 없게 하고, 또한 근처에서 대대적으로 약탈하였다.

○ 黃昏時, 領·左相與崔鳴吉·張維·韓汝稷·金藎國·李聖求·洪霶·李景稷請對涕泣, 言: 當權宜紓禍。上曰: 欲許世子乎? 旣許後, 彼又欲予自出, 奈何? 諸宰曰: 似不至此。上曰: 然則吾何愛一子, 以亡[51]社稷耶? 世子亦泣請自行。賊環城底四面, 因險設伏, 內外不得通, 又大掠近境。

○ 이전에 내가 누차 요청하기를, "날랜 기병을 파견하여 포위를 뚫고 나가 여러 도의 구원군을 소집하여 성안과 성밖이 합세하여 구원하면 저들이 스스로 후퇴할 수도 있다."라고 하였지만 체찰부(體察府)에서 허락하지 않았다. 비록 작은 편의라도 나에게서 나왔으면 듣지 않았고, 반드시 다른 사람의 입을 빌리면 간혹 들어주기도 하였다. 사신을

---

51 亡: 『택당유고초고』와 『택당유고전집』에는 '存'으로 되어 있고, 『택당유고간여』에는 '亡'으로 되어 있다. 『택당유고간여』와 문맥에 근거하여 '亡'으로 수정하였다.

보내거나 다시 논의할 때는 나를 부르지 않았고, 청나라 장수가 세자를 요청하는 데까지 이르렀으니, 대사(大事)가 이미 틀어졌다. 이때부터 나는 비변사 업무 회의에 다시 참석하지 않고 숙소로 물러나서 머물렀다. 그러므로 황혼 때의 논의에 참여하지 않고, 오직 한번 죽기로 스스로 맹세하였을 뿐이다.

○ 先是, 某累請: 遣精騎突出, 號召諸道援兵, 內外合勢, 以救[52]之, 彼或自退。體府不許。雖小小便宜, 發自我, 則不聽, 必借他人口, 或見聽, 至於送使更議時, 不召我, 而胡將至請世子, 則大事去矣。自是余不復參備局, 退宿寓舍。故不與於黃昏之議, 惟以一死自誓而已。

12월 18일

아침에 전(前) 판서 김상헌(金尙憲)이 조정에 가서 어제 황혼 때의 논의가 형편없었다는 것으로 대신을 심하게 질책하여 말하기를, "이와 같으니, 함께 자결하여 죽읍시다."라고 하자, 영의정이 즉시 행궁(行宮)[53] 밖 뜰로 가서 땅에 엎드려 처벌을 기다리며, 잘못 논의한 죄를 처벌해 주기를 요청하였다. 대간(臺諫; 사헌부와 사간원)도 먼저 주장한 사람을 처벌할 것을 요청하자, 9명 등이 마음속으로 두려워하였다.

十八日。朝前判書金尙憲, 詣堂以昨昏所議無狀, 切責大臣, 云: 如是, 則當以一劍同死。領相卽詣行宮外庭, 伏地待罪, 請伏妄議之罪。臺諫又

---

52 救: 『택당유고초고』와 『택당유고전집』에는 '懼'로 되어 있고, 『택당유고간여』에는 '救'로 되어 있다. 『택당유고간여』와 문맥에 근거하여 '救'로 수정하였다.
53 행궁(行宮): 임금이 궁 밖으로 행차할 때 임시로 머물던 작은 규모의 궁전으로 세조 때의 온양행궁(溫陽行宮), 인조 때의 광주행궁(廣州行宮)과 강화행궁(江華行宮), 정조 때의 수원행궁(水原行宮) 등이 있다.

請罪首論之人, 九人等, 內懼而已。

○ 청나라군이 얼마인지 알 수가 없었다. 어떤 사람은 3,000명이라고 하고, 어떤 사람은 1만 명이 된다고 하였다. 성을 빙 두른 곳곳의 주둔지에는 대략 기병 50~60명에 불과했고, 큰 주둔지에는 기병 100명에 불과하였다. 박난영(朴蘭英)과 권인록(權仁祿; 통역관)이 청나라 진영에 사신으로 갔는데, 이들을 억류하고 돌려보내지 않았으니, 이는 (청나라군의) 실상이 누설될 것을 두려워했기 때문이다.

○ 비로소 승려를 파견하여 납서(蠟書; 작은 글씨로 써서 납밀로 뭉쳐 몰래 전하는 글)를 가지고 흩어져 여러 도의 군대를 소집하여 구원하러 오게 하였다.[54]

○ 나에게 명령하여 교서(敎書)[55]를 써서 성안의 군민(軍民; 군인과 백성)에게 훈시하고, 여러 도에 하유(下諭; 훈시)하게 하였다.

○ 胡兵, 不知多少。或言三千, 或言可滿萬, 環城底處處結屯者, 類不過五六十騎, 大屯不過百騎。朴蘭英·權仁祿使胡陳, 留不遣, 盖恐漏事情也。○ 始遣僧人, 持蠟書, 分召諸道兵入援。○ 命臣某製敎, 曉諭城內士民軍兵, 又下諭諸道。

---

54 구원하러 오게 하였다: 인조가 1636년 12월 19일에 강화 유수 장신(張紳), 검찰사 김경징(檢察使金慶徵), 부검찰사 이민구(副檢察使李敏求)에게 납서(蠟書)를 보내 남한산성에 위태롭게 고립된 지 6일이나 지난 사실을 전하며, 도원수와 여러 도의 감사 등에게 이러한 사실을 알려 구원병을 이끌고 오게 할 것과 나루를 건너는 자를 엄히 조사할 것과 결사대를 모집하여 보고할 것 등을 명령하였다. 『인조실록』, 〈14년 12월 19일〉.

55 교서(敎書): 『택당집』에 실려 있다. 미주5) 참조.

12월 19일

처음으로 조총수를 성밖 두세 곳으로 내보내[56] 험한 지형에 의지하여 청나라군에 조총을 쏴서 청나라군에 부상자가 많자,[57] 군사들은 사기가 매우 높아졌고 나가서 싸우기를 원하는 장사(壯士)들이 많았다.

十九日。始遣炮手兵出城二三處, 乘險射胡, 多中傷胡兵, 軍士頗有牢心, 壯士多願出戰者。

12월 20일

조총수가 연이어 성을 나가 청나라군을 많이 사살하자,[58] 이에 위아래에서 기뻐하여 '한 명도 살아서 돌아가지 못하는 일이 조만간 일어날 것이다.'라고 하였다. 이에 여러 명사(名士; 유명한 사람)들이 논쟁을 벌여 주화파를 죽일 것을 요청하였지만 나는 홀로 그렇지 않다고

---

56 조총수를 …… 내보내: 한 곳에 30~40명 정도를 내보낸 것으로 추정된다. 석지형, 『南漢日記』, 〈仁祖 14年 12月 19日〉. "이서가 아뢰기를, '동남쪽의 교전은 이미 끝났습니다. 신(臣)이 전투할 때 직접 가서 보니, 건너편 큰 산에 조군이 많이 모여 있었습니다. 이에 신이 구굉(具宏)과 의논하여 30~40명을 출전시키고 순차적으로 100여 명을 출전시켜 교전하게 하였습니다.'라고 하였다.〔曙曰: 東南合戰則己罷矣。當戰時, 臣親往見之, 越邊大山, 賊兵多聚, 臣與具宏, 議出兵三四十名, 鱗出百餘名, 使之進戰。〕"
* 공격에 참여한 조총수는 전투에 참가하겠다고 자원한 지원병을 말한다. 『丙子錄』, 〈仁祖 14年 12月 19日〉. "총융사 구굉이 자원병을 출전시켜 적 20명을 죽였다.〔摠戎使具宏出募兵, 殺賊二十。〕"
57 청나라군에 …… 많자: 『承政院日記』, 〈仁祖 14年 12月 19日〉. "망월대 밖에서 힘써 싸워 청나라군 6명을 사살하고, 말 4필 및 많은 활과 화살을 노획해 왔다……라고 운운하였다.〔望月臺外力戰, 射殺奴賊六名, 馬四匹, 弓矢箇箇無數取來云云。〕"
58 많이 사살하자: 두 곳에서 총 10~15명이 사살된 것으로 추정된다. 『丙子錄』, 〈仁祖 15年 1月 21日〉. "어영장 이기축이 군사를 거느리고 서쪽 성에서 출전하여 적 10여 명을 죽였고, 동쪽 성에서 신경진도 소수의 군사로 출전하여 적을 죽였다.〔禦營將李起築, 率兵出西城, 殺賊十餘。東城申景禛, 亦少出兵, 有所擊殺。〕"

생각하고 매우 걱정하였다.

　二十日。炮兵連出, 射殺頗多, 於是, 上下懽然 以爲隻輪不返, 指日可待。於是, 諸名士爭議, 請誅主和之人。某獨以爲不然, 深憂之。

12월 21일

　청나라 사신 마부대와 정명수가 남문(南門)에 와서 이전의 요청을 다시 말하며 화친을 요구했으나, 허락하지 않았다. 성 동쪽에서는 청나라군이 우리 군대와 대치하여 화친을 요구하다가 후퇴하였는데, 우리 군사가 말하기를, "이곳은 전쟁터이니, 너희들이 할 말이 있으면 남문에 가서 말하라."라고 하였다.

　二十一日。胡差馬大夫·鄭名守[59]款南門, 申前請求和, 不許。城東雜兵, 與我兵對陣, 請和解而退, 我軍曰: 此乃戰地, 汝有所欲言, 自南門, 通告爲可。

12월 22일

　마부대 등이 다시 남문(南門)에 와서 매우 간절하게 화친을 요구하기를, "전날에 세자를 사신(볼모)으로 보내라고 하여 (화친을) 중단하였는가? 조용히 (화친을) 결정해야 하니, 비록 둘째 왕자라도 (화친을) 매듭짓겠다."라고 하자, 신익성이 상소하여 준엄한 말로 거절할 것을 요청하였다. 임금이 이경직 등을 파견하여 남문에 앉아서 회답을 전달하게 하기를, "너희들이 구구절절 우리를 속여서 이 지경이

---

59 鄭名守: 『택당유고초고』와 『택당유고전집』에는 '鄭名守'로 되어 있고, 『택당유고간여』에는 '鄭命壽'로 되어 있다.

되었으니, 우리가 천하(天下)의 웃음거리가 될 것이다. 지금부터 너희들과 대화하지 않겠다."라고 하였다. 마부대 등이 신뢰를 잃어버린 적이 없다고 스스로 변론하다가 물러갔다.

二十二日。馬胡等復款南門, 請和甚懇云: 前日請太子爲使, 故以此決絕耶? 當從容講定, 雖[60]次於王子, 可以了事。申翊聖上疏請俊辭却之。上遣李景稷等, 坐南門上, 傳答爾等, 節節欺我至此, 我當爲天下笑, 自此無可與爾言者。馬胡等自卞其無所失信, 乃退去。

○ 의금부 판사(判事) 심열(沈悅)이 상소[61]하여 말하기를, "소수의 적을 죽이는 것은 중요하지 않으니, 청컨대 성벽을 굳게 지키며 외부의 구원군을 빨리 부르고, 다른 한편으로는 (조선의 사신이) 청나라에 왕복하여 기미(羈縻)하려는 뜻을 보여주어야 합니다."라고 하였다. 이에 양사(兩司; 사헌부와 사간원)에서 합계(合啓)[62]를 올려 심열의 상소를 군중(軍中)에서 불사르고 그를 멀리 귀양 보낼 것을 요청하자, 임금은 상소를 불태우는 것만 허락하고, 멀리 귀양 보내는 것을 허락하지 않았다. 어떤 사람이 상언(上言)[63]하여 심열의 목을 베서 대중(大衆)을 경계할 것을 요청하자, 임금은 심열이 매우 잘못하였다고 하였다. 또 하교하기를, "화의(和議;[64] 정전 회담)가 이렇게 나라를 망쳐서 이 지경에 이

---

60 雖:『택당유고초고』와 『택당유고전집』에는 '須'로 되어 있고, 『택당유고간여』에는 '雖'로 되어 있다. 『택당유고간여』에 근거하여 '須'를 '雖'로 수정하였다.
61 상소:「扈駕南漢時箚」,『남파집(南坡集)』卷3과 『인조실록』.〈14년 12월 21일〉에 실려 있다.
62 합계(合啓): 사헌부와 사간원 또는 홍문관이 연합하여 왕에게 상소하는 것을 말한다.
63 상언(上言): 백성이 임금에게 청원하는 글을 올리는 일, 또는 글을 가리킨다.
64 화의(和議): 이른바 '정전 회담'으로 보는 것이 적절하다. '화의'는 전쟁 전에는 전쟁

르렀다."라고 하자, 이에 듣는 사람들이 다투어 분발하였다.

○ 判義禁沈悅上疏言: 勦⁶⁵殺零賊, 不足爲輕重, 請堅守城壁, 促召外援, 一邊往復於虜, 將以示羈縻之意. 於是, 兩司合啓, 請焚其疏於軍中, 遠竄沈悅, 上只許焚疏, 不許遠竄. 或有上言, 請斬悅以警衆, 上深以悅爲非. 又敎曰: 和議誤國至此 於是, 聞者爭奮.

12월 23일

임금이 직접 성을 순시하였다(원문주: 모두 3번째이다). 체찰사(體察使)가 장대(將臺)⁶⁶에 올라가서 전투를 독려하였다. 4개의 문으로 각각 100여 명의 군사를 내보내 적을 죽이고 무기를 노획하고서 험한 곳으로 내려가 진을 쳤다. 관군이 서로 쳐다보며 조총을 쏘았는데, 명중시키지 못하였다. 성 북쪽의 군대만 백병전을 벌여 적의 목책⁶⁷을 부수

을 방지하기 위해 (사신을 파견해서) 쌍방간에 하는 평화 회담, 전쟁 중에는 전쟁을 중지하기 위한 정전 회담, 최종적으로 전쟁을 끝내기 위해 체결하는 정전 협정 3가지의 뜻이 있는데, 여기서는 정전 회담을 뜻한다. 참고로 6·25 때는 2년 동안 정전 회담을 하였다.

65 勦:『택당유고초고』에는 '鈔'로 되어 있다.「扈駕南漢時箚」,『남파집(南坡集)』권3과『인조실록』,〈12월 21일〉에 근거하여 수정하였다.

66 장대(將臺): 전쟁 혹은 군사훈련을 할 때 대장이 지휘를 하기 위해 설치한 누대(樓臺)로, 성 전체의 상황이 한눈에 들어오는 장소에 위치하여 대장이 상황에 따른 즉각적인 대처가 가능하도록 하였다. 남한산성에 총 다섯 군데의 장대가 있었는데, 현재 수어장대(守禦將臺) 한 곳만 남아 있고 나머지 네 곳은 없어졌다.

67 목책(木柵): 적이 넘어오지 못하도록 나무로 만든 장애물로 바리케이드와 유사하다.『南漢解圍錄』,〈仁祖 14年 12月 25日〉. "청나라 사람들이 우리나라 남녀들을 부려서 소나무를 베어 성을 빙 둘러 목책*을 만들었는데, 성안에서 모두 손가락질하고 웃으며 '헛되이 쓸모없는 일을 한다.'라고 여겼다. 오늘이 6~7일째 되는데, 성밖이 모두 목책으로 둘러싸였기 때문에 밤을 틈타 출입하는 우리나라 사람들이 타넘기가 어려웠다. 성을 나가 땔나무와 풀을 베는 사람은 포로로 잡히는 자가 많았고, 어떤 사람은 성안에 있으면 반드시 죽는다고 여겨 곧바로 청나라 진영에 투항하기도 하였다.

고서 몇 명을 죽이고 머리를 노획하였다.[68] 적이 후퇴하여 달아나자, 저물어서 돌아왔다.

二十三日。上自巡城。(凡三巡。) 體察使登將臺督戰。四門各出兵百餘人, 剿敵收兵, 下險爲陳。官軍相望, 放炮不得中。惟城北軍, 接鋒刀戰, 毁賊柵, 殺獲數人。賊退走, 及暮還集。

12월 24일

짙은 안개가 하루 종일 끼었고, 눈이 크게 내렸다. 임금이 직접 향을 불사르며 하늘에 날씨가 맑아지기를 빌었는데, 시종관(侍從官; 임금을 측근에서 모시는 벼슬아치)과 비변사의 당상(堂上; 정3품 상급 이상의 품계)도 참배하였다. 어의(御衣)가 모두 젖었다. 또 대신(大臣)을 보내 성황단

〔淸人役我國男女, 斫取松木, 繞城爲柵, 城中皆指笑, 以爲浪作龐事。至是六七日, 周盡城外, 我人乘夜出入者, 艱於踰越。出城樵蘇者, 多被掩取, 或以城中爲必死之地, 直投淸寨。〕"
* 『丙子錄』, 〈仁祖 14年 12月 28日〉. "소나무 목책이라는 것은, 청나라군이 성을 포위한 다음 소나무를 베어 성밖 80리에 목책으로 늘어세우고 새끼줄을 치고 쇠붙이를 단 것이다. 목책을 타넘는 사람들이 이를 건드리면 딸랑딸랑 소리가 나서 곧바로 발각되었다. 성안과 성밖이 소통할 수 없었던 것은 그 목책 때문이다. 〔所謂松柵者, 虜兵圍城之後, 伐取松木, 列柵於城外八十里, 張以繩索。懸以金, 被人有踰越者, 錚然有聲, 便能覺之。中外之不通, 以其有柵也。〕"

68 몇 …… 노획하였다: 다음의 세 곳에서 기록한 전공이 서로 다르다.
① 남급, 『南漢日記』, 〈仁祖 14年 12月 23日〉. "대거 출병하여 공격하였는데, 죽은 청나라군은 거의 없었고, 아군 20여 명이 부상당하였다. 〔大出兵挑戰, 胡兵死者無幾, 而我兵傷者二十餘人。〕"
② 『南漢解圍錄』, 〈仁祖 14年 12月 23日〉. "군사들이 대거 출전하였다. 대장 이서가 북쪽 곡성에 앉아 북을 두드리며 전투를 독려하였다. 적의 머리 하나를 베어 승전고를 올리고 돌아왔지만, 우리 병사 중에 화살에 맞은 자가 20여 명이나 되었다. 〔大出兵。大將李曙, 坐北曲城擂鼓督。戰斬一級, 奏凱而還, 我兵中箭者二十餘人矣。〕"
③ 『仁祖實錄』, 〈14年 12月 23日〉. "자원군 등이 출전하여 ス의 50명의 적을 죽였다. 〔自募軍等出戰, 殺賊幾五十人。〕"

(城隍壇)에 기도하게 하였다. 한밤중에야 날씨가 맑았다.

　二十四日。陰霧終日, 雨雪大作。上自焚香, 祝天祈晴, 從官及備局堂上, 參拜。御衣盡濕。又遣大臣禱城隍。夜後開霽。

12월 25일

　이때 관군이 적을 죽이기도 하였지만 적을 퇴각시킬 만한 힘이 없었고, 적군은 또다시 평지로 후퇴하여 주둔해서 우리 보병이 내려가자마자 즉시 포위하고 화살을 쏘았다. 충청도와 강원도의 군대가 비록 가까운 곳까지 왔지만, 역시 진격할 수 없었다.[69] 이에 찬획사(贊劃使) 박황(朴潢)이 다시 주화론을 주장하자, 재상(宰相)[70]들이 모두 좋다고 하였지만 오직 호조 판서 김신국[71]과 예조 판서 김상헌만 '싸움에서 이길 수도 있으니, 다시는 화의(和議; 정전 회담)에 의해 잘못될 수 없다.'라고 하였다.

　二十五日。時官軍, 雖或剿賊, 無却敵之勢, 賊兵又退屯平地, 步兵纔下, 卽被圍射。忠淸·江原軍兵雖至近地, 亦不能進擊。於是, 贊劃使朴潢

---

69 진격할 수 없었다: 실전 경험이 없어 전투력이 약한 조선군의 한계였다. 조선군은 비록 성안에서 청나라군을 방어할 수는 있었지만, 야전에서는 청나라군의 적수가 되지 못하였다.

70 재상(宰相): 두 가지 의미로 사용된다. 첫째는 1품인 정승(대신)을 가리키고, 둘째는 1품인 대신과 2품인 재신을 가리킨다. 주로 첫째 의미로 사용되었다.

71 김신국: 1572년(선조5)~1657년(효종8). 당시 65세. 청나라 진영에 사신으로 다녀와서 적정을 정확히 파악했던 호조 판서 김신국은 청군을 공격하여 포위를 풀고 남쪽으로 내려가자고 주장하였다. 이때까지 청나라의 선발대만 도착하고 주력부대는 아직 도착하지 않았다. 당시 청나라 군대의 선발대는 1진 300명, 2진 1,000명인데 미주의 『승정원일기』와 「김신국 행장」을 참고하면 1,300명 정도로 추정된다. 미주6) 참조.

復爲講和之論, 宰相皆以爲可, 惟戶曹判書金藎國·禮判金尙憲以爲戰或取勝[72], 不可復爲和議所誤。

12월 26일[73]

4개의 문에서 출전하여 적을 공격하였다. 적군이 관군을 유인하여 험한 곳에서 내려오게 하고 마구 공격하여 장사(壯士)와 조총수 중에 100여 명의 사상자가 발생하였다. 성안에서 크게 두려워하자, 체찰사가 실책을 부끄러워하여 어영장(御營將) 원두표(元斗杓)에게 죄를 돌리고 그의 중군(中軍)에게 곤장을 쳤으며 또 초관(哨官)[74] 김(金)의 목을 베었다. 김(金)은 본래 역사(力士; 힘이 센 사람)로 마침 성 아래에 있었지만, 미처 구원할 수 있는 상황이 아니었는데도 억울하게 군율에 의해 처벌되자, 원망하며 욕하는 군사들이 많았다.

二十六日。四門出兵擊賊。賊兵誘引官軍下險, 縱擊官軍, 壯士砲手, 死傷百餘人。城中大懼, 體相恥失策, 歸罪於御營將元斗杓, 杖其中軍, 又斬哨官金。金本力士, 方在城底, 勢未及救, 而橫被軍律. 軍士悵恨, 多有憤言者。

---

72 取勝: 『택당유고초고』의 주(註)에는 '다른 본에는 「取勝」 아래에 「旣失渠所欲時今」 7자가 있다.〔一本取勝下有旣失渠所欲時今七字〕'라고 하였는데, 『택당유고전집』에는 없고, 『택당유고간여』에는 7자가 있다.

73 12월 26일: 『仁祖實錄』,〈14年 12月 26日〉. "강원도 영장 권정길이 병사를 거느리고 검단산에 도착하여 횃불로 신호를 주고받았는데, 잠시 후에 적의 습격을 받아 패하였다.〔江原道營將權井吉領兵到儉丹山, 擧火相應, 未幾, 爲賊所襲而敗。〕"
  * 하남시에 있는 검단산은 남한산성에서 대략 10km, 걸어서 약 2시간 30분 거리이다.

74 초관(哨官): 종9품의 무관직으로 부하 100명을 거느렸다. 오늘날의 중대장에 해당된다.

12월 27일

'유도대장(留都大將; 임금이 서울을 비울 때 도성인 한양에 남아서 지키던 대장) 심기원(沈器遠)이 북청문(北淸門)[75]에 주둔하여 삼각산에 의지하여 굳게 지키고 있었다. 청나라군이 도성 남쪽의 약점령(藥店嶺)[76]에 주둔하고, 100여 명의 청나라군이 우리나라 백성을 모아 청나라군으로 분장시켰는데, 수를 헤아릴 수 없이 많았다. '심기원과 무장(武將) 이정길(李井吉)이 낙오된 200여 명의 호위병을 모아서 밤에 적진을 습격하여 크게 무찔렀다. 적군이 흩어져 도망가자 적진의 목책을 모두 불사르고 남녀 포로를 구출하였다.'라는 보고가 왔고,[77] '영남 병사(嶺南兵使)의 구원군이 연속하여 온다.'라는 보고도 왔다. 이때 관군은 패배하고 적의 세력은 더욱 커져, 대신(大臣)이 근심하고 두려워해서 어찌할 바를 몰라 비로소 박황(朴潢)[78]의 주장(주화론)을 받아들였다.

二十七日。留都大將沈器遠屯北淸門, 依三角山爲固。胡兵屯城南藥店

---

75 북청문(北淸門): 서울 성곽을 이루는 사대문(四大門) 가운데 하나로, 도성의 북쪽 성문이다. 숙정문(肅靖門)이라고도 하고, 서울시 종로구 삼청동 북악산 동쪽 고개에 있다.

76 약점령(藥店嶺): 마포구 아현동에 있는 애오개로 추정된다. 『丙子錄』,〈仁祖 14年 12月 28日〉. "유도대장 심기원이 장계를 올려 아뢰기를, '호조 참의 남선이 어영별장 이정길의 조총수 370여 명을 거느리고 애오개에 있는 경기 감사 서경우의 집 근처에 주둔하고 있는 적군 400~500명을 공격하여 많이 죽였습니다.'라고 하였다. 〔留都大將沈器遠。狀啓言: 與戶曹參議南銑, 領御營別將李井吉炮兵三百七十餘人, 夜斫阿古介京畿監司徐景雨家近處屯賊四五百, 擊殺頗多。〕"

77 보고가 왔고: 후에 허위 보고로 판명되었다. 미주7) 참조.

78 박황(朴潢): 1597년(선조30)~1648년(인조26). 당시 40세. 이조 참의(吏曹參議)와 대사간을 하다가 병자호란 때 인조를 수행하여 남한산성에 들어가서 찬획사(贊畫使)가 되었다. 소현세자를 수행하여 심양에 갔다가 돌아와서 병조 판서·대사헌 등의 벼슬을 하였다.

嶺, 眞㺚百餘人聚我民, 拚作假㺚, 不記數。沈器遠與武將李井吉聚落後衛卒二百餘人, 夜襲賊營, 大破之, 賊兵散走, 盡焚陳柵, 收被擄男女。報至, 而嶺南兵使援兵連續。報到。時官軍不利, 賊勢益肆, 大臣憂懼, 不知所出, 方納朴潢之說。

최명길이 또 말하기를, "전(前) 현감(縣監) 허간(許偘)이 지략(智略)이 있으니, 적진에 사신으로 보내 기필코 화친 조약을 성공시켜 보도록 하겠습니다."라고 하자, 대신(大臣)이 이것을 따르려 하다가 성밖의 보고를 듣고 크게 기뻐하여 임금에게 아뢰기를, "국토를 회복할 확률이 이미 십중팔구이고, 또 임진년부터 우리나라의 전투력이 오늘날처럼 강한 적이 없었습니다."[79]라고 하였다. 비변사 당상(堂上)들이 기뻐 웃으며 도성으로 돌아가기 위한 처리 절차에 대해 논쟁을 벌이다가 잠시 후에 충청도와 강원도 군대가 궤멸되었다는 소식을 듣고 다시 두려운 표정을 지으며 사신을 파견하여 (적정을) 탐문하려 하였는

---

79 임진년부터 ······ 없었습니다:『承政院日記』,〈仁祖 14年 12月 26日〉. "홍서봉이 아뢰기를, '임진왜란 이후 우리나라가 여러 번 전쟁을 겪었습니다. 하지만 이 군사들처럼 적을 얕잡아 본 경우는 없었으니, 참으로 가상합니다. 용감하게 진격하여 죽고 다친 자가 많은데 매우 불쌍하고 측은합니다.'라고 하자, 김류가 아뢰기를, '신들이 모두 임진왜란을 겪었습니다. 그 당시에도 비록 적의 목을 벤 자가 있었지만, 지금 군사들처럼 용감한 자는 없습니다.'라고 하니, 임금이 말하기를, '만약 구원병이 곳곳에서 온다면 적이 반드시 두려워할 것인데, 들어오는 사람들이 없으니, 왜 그런가?'라고 하였다. 〔瑞鳳曰: 壬辰以後, 我國之遭兵者數矣。未有若此軍之輕敵者, 誠爲可嘉。勇敢前進, 多致死傷, 極可矜惻。瑬曰: 臣等皆經壬辰矣。其時縱有斬級, 未有如此軍之勇敢者也。上曰: 使勤王之兵處處來, 則賊必畏懼, 而無人入來奈何?〕"
* 임진왜란 때 조선 관군의 군사력을 엿볼 수 있는 대목이다. 역자가 임진왜란 관련 전문가는 아니지만, 임진왜란 때 조선군이 대규모로 일본군과 야전에서 전투하여 승리한 적이 없었다. 그래서 홍서봉과 김류가 이렇게 흥분한 듯하다.

데, 임금이 윤허하지 않았다.

 崔鳴吉又言: 前縣監許僴有謨慮, 請使虜營, 期成和約。大臣將從之, 及聞外報, 又大喜, 言于上曰: 恢復之勢, 已十八九成, 又自壬辰以來, 國家用兵, 未有如今日之壯者。備堂懷笑, 爭議還都處置, 旣已聞公淸江原兵敗積, 復有懼色, 欲遣使探問。上不許。

 영의정과 좌의정이 서로 논쟁하자, 임금이 말하기를, "사신을 파견하여 화친을 도모하는 것은 절대 불가하니, 세시(歲時; 설날)를 핑계로 소와 술을 보내 시험하려고 하는데, 어떻겠는가?"라고 하자, 좌우에서 모두 아뢰기를, "그리하소서."라고 하였다. 내가 아뢰기를, "소와 술을 보내는 것은 군사들이 보고 들을 걱정이 있습니다. 그리고 저들이 결코 받지 않을 것이고, 혹시 받더라도 화친을 도모하는 것을 허락하지 않아 또한 빈손으로 돌아올 것이니, 마부대를 불러서 전날에 말한 것을 다시 묻는 것이 좋을 것 같습니다. 저들이 만약 세자를 요청하지 않으면, 화친하기로 정하고 저들이 요청했던 대로 따라도 됩니다. 다만 관군이 이미 허약한 모습을 보였으니, 사신을 보내는 것은 늦었습니다."라고 하였다. 임금은 그래도 이전의 계략을 써서 무사 이기남(李箕男)[80]으로 하여금 고기와 술을 가져가게 하였는데, 마부대가 거절하여 받지 않고서 더욱 교만을 떨어 패역무도(悖逆無道)한 말을 하였고, 또 자기 나라의 황제가 올 것이라고 하였다.

 領·左相爭之, 上曰: 遣使尋和, 決不可, 欲托以歲時, 送牛酒以試之,

---

80 이기남(李箕男): 1598년(선조31)~1680년(숙종6). 당시 39세. 『청성집(靑城集)』 권9에 「이기남 행장」이 있다.

如何? 左右皆曰: 然。臣某曰: 牛酒之送, 煩於軍人見罰。彼必不收, 或受而不許尋和, 亦空歸而已, 莫如招馬胡, 申問前日所言, 彼若不請世子, 可以講定, 從之可也。但官軍已示拙弱之狀, 使人晚矣。上猶用前計, 使武人李箕男, 送牛酒, 馬胡拒不受, 益驕有悖語, 且言國汗將至。

12월 28일[81]

『남한해위록』. "출전하려 했으나 날씨가 매우 추워서 선발대가 나가자마자 즉시 들어왔다. 밤에 출전하여 목책을 브수려고 했으나 실패하고 날이 밝았으니, 또한 군령의 엉성함을 볼 수 있다.〔欲出戰, 以日氣寒緊, 前軍纔出而旋入。當夜, 欲出兵刦寨, 未果而日明, 亦見軍令之疎密也。〕"

12월 29일[82]

「병자남한일기(丙子南漢日記)」. "점심 후에 '적을 공격하려고 대거 출전한다.'라는 소식을 듣고, 성에 올라가서 보았다.……적군이 갑자기 쳐들어오자, 아군은 어지럽게 흩어지다 죽은 자가 거의 200명이고, 적군 전사자는 겨우 2명이다.〔飯後, 聞大出兵擊賊。登城以觀。…… 賊

---

81 12월 28일: 이날 기록이 없어 같은 일자 『남한해위록』으로 보충하였다.
82 12월 29일: 이날 기록이 없어 같은 일자 「丙子南漢日記」, 『석병집(石屛集)』 권5로 보충하였다. "이날 남한산성에서 대치하며 가장 큰 전투가 벌어졌다. 조선군은 300명이 출전하여 전멸되고, 청나라군은 2명이 전사하였다. 북문 밑의 마을에 가서 향토사학자에게 조선군이 죽은 것에 관하여 물어보니, "이전에 조선군이 묻힌 산소가 있었다고 하며 구전으로 300명이 죽었다."라고 하였다." 이 작전을 장수들이 계획한 것이 아니고, 영의정과 인조가 장수들의 반대를 무릅쓰고 작전을 강행하였는데, 결과는 참패였다. 실전 경험이 없었던 조선군은 실전 경험이 풍부한 청나라 기마병과 야전(野戰)에서는 적수가 되지 못하였다. 미주3) 참조.

兵突入, 我軍散亂, 死者幾二百人, 胡死者只二人。〕"

12월 30일[83]

『병자록』. "적군이 얼마인지 알 수 없지만, 마침 큰 눈이 내리고 날씨가 추워 녹지 않았는데, 대군이 산에 넘치고 들을 덮어서 땅 위에 한 곳도 흰 곳이 없으니, 적군이 많다는 것을 알 수 있다. 적이 날마다 늘어나지만 구원병이 오지 않자, 우리의 세력은 날로 위축되고 군사들은 싸울 의지가 없었다. …… 문관 이광춘이 임금을 수행하여 산성에 들어온 후에 상소하여 극언하기를, '노모가 천안에 있으니 충청도에 가서 양식을 모집하겠습니다.'라고 하자, 임금이 계자인(啓字印; 승인 도장)을 찍어 비변사에 보내서 (검토하도록 하였다.) 그러나 청나라 군이 성을 몇 겹으로 포위하여 성을 빠져나갈 수 없자, 이날에 비변사에 와서 이전에 올린 상소를 돌려달라고 요청하였다. 그 이유를 물으니, 대답하기를, '그 상소 안에 오랑캐[賊]라는 글자가 있어서 그것이 두려워서 돌려받고자 합니다.'라고 하여, 배꼽 잡고 웃지 않는 사람이 없었다. 〔雖未知賊兵多少, 而纔有大雪, 日寒未消, 地上無一點白處, 其多可知也。賊來日衆, 援兵不至, 我勢日縮, 士無鬪志。…… 文官李光春隨駕入城之後, 上疏極言: 老母在天安, 願往湖西募粟。踏啓字下備局。因賊圍甚密, 未得出去。至是來于備局請推前疏。詢其由, 則答曰: 疏中有賊字, 以此爲懼而推之。云, 人無不捧腹。〕"

---

83 12월 30일: 이날 기록이 없어 같은 일자 『병자록』으로 보충하였다.

정축년(丁丑年; 1637년) 1월 1일

김신국과 이경직을 파견하여 청나라 황제가 있는 곳을 방문하도록 하였는데, 마부대가 말하기를, "어제 황제께서 도착하였다. 방금 성을 순시하러 가셨으니, 진영에 돌아오신 후에 다시 방문하러 오라."라고 하였다. 또 (1619년 조선군으로 사르후 전투에 참전했다가) 후금에 항복한 김돌시(金㐗屎)[84]도 함께 와서 기다리고 있었는데, 패역무도(悖逆無道)한 말을 하였다.

丁丑正月初吉。送金藎國李景稷, 通問于汗處, 馬胡言: 昨日汗已來, 方巡視此城, 還營後, 可更來問。又降獷國人金㐗屎。偕來待, 有悖語。

○ 이날 (임금이) 비변사 당상(堂上)을 불러서 접견하여 사람을 보내야 할지의 여부를 묻자, 김신국이 혼자 안 된다고 하고, 김상헌이 아뢰기를, "사람을 보내더라도 비굴하게 간청하는 말을 하면 안 되고, 사신이 왕래하는 뜻을 대략적으로 보여야 합니다."라고 하였다. 최명길은 (회의가 끝난 후에) 남아서 방어하는 일을 말하고, 나도 남아서 "성을 지키는 군사들이 태만하여 이들 중에 도망가는 자도 있습니다."라고 하고, 또 이어 아뢰기를, "비변사가 본래 계책이 없어서 이 지경에 이르렀습니다. (비변사가) 본래 온 나라의 비난이 몰리는 곳이지만, 지금 더욱 심하게 헐뜯고 욕하고 있습니다. 대장이 이로 말미암아 더욱 대중의 비난을 받았고, 이번의 패배로 군사들은 더욱 분통해 해서 공공연히 욕하고 있습니다.

---

84 김돌시(金㐗屎): 1619년 사르후 전투에서 정명수 등과 함께 포로가 되었다가 후금에 귀화하였다. 그 후 정묘호란과 병자호란 때 청나라 통역관으로 참전하여 조선을 침략하는데 길잡이 역할을 하며 온갖 만행을 저질렀다.

○ 是日, 引見備局堂上, 問送人當否, 金藎國獨以爲不可, 金尙憲以爲: 雖送人, 不可遜乞爲辭, 略示通好意爲可。崔鳴吉留身言防備事, 某亦留身言: 城守士卒懈怠, 士卒或有逃亡者。仍言: 備局本無謀策, 至此。本來爲一國謗藪, 到今毀罵愈甚。大將因此益受衆謗, 今番失利, 士卒益憤憤, 公然詛罵。

이처럼 고립된 성에서 만 번 죽을 위험한 상황에 처했을 때 군사들이 주장(主將; 우두머리 장수)을 이렇게 매우 싫어하니, 걱정스럽습니다. (그러니) 주상께서 직접 순시하며 훈시하기를, '내가 그대들의 주장(主將)이니, 승리와 패배 및 유리함과 불리함이 모두 나로 말미암은 것이고, 그대들의 괴로움과 즐거움도 모두 나로 말미암은 것이다. 그대들은 직접 나에게 하소연하고 나와 함께하자. ……'라고 운운하는 것이 좋겠습니다."라고 하였다. 임금이 묻기를, "대장은 누구인가?"라고 하여, 내가 아뢰기를, "도체찰부(都體察府; 최고사령부로 영의정 김류가 최고사령관이다.)입니다. 도체찰부가 군사들을 호궤(犒饋; 군사들에게 음식을 주어 위로함)할 수 있는 재물이 없는데, 어떻게 상과 벌을 논할 수 있겠습니까? 사대부가 말이 많아서 군사들로 하여금 아무런 까닭 없이 헐뜯고 원망하게 만드니, 이것이 매우 불미(不美)스럽습니다. 또 며칠 전에 패전한 죄로 초관(哨官) 1명을 죽였는데, 대다수 사람들은 그에게 죄가 없다고 하니, 이는 전투에서 후퇴한 사람의 목을 베는 것과 비교할 수 없습니다. 제 생각에는 군율로 처단할 때는 주상께 보고하고 처단하는 것이 옳은 듯합니다."라고 했으나, 임금은 대답하지 않았다.

當此孤城萬死中, 士卒不悅主將, 如此極大, 可慮。自上宜親巡開諭, 云我自爲爾主將, 成敗利鈍, 皆由我, 汝等苦樂, 皆由我。爾等可自申訴於我,

與我同之云云爲便。上曰: 大將誰也。臣曰: 都體府是己。體府無財, 可以
犒士, 亦何有賞罰可論, 只緣士大夫多口, 使士卒無故詛怨, 此甚不美也。
且頃日, 以敗軍之罪, 殺一哨官, 人多稱其無辜。此非臨陣斬退之比。臣意
軍律處斷, 稟于上處斷, 爲似可。上不答。

  최명길이 또 아뢰기를, "하늘이 오늘의 일을 내려다보고 있으니, 비록 (현재 상황이) 최악이지만, 어찌 망하겠습니까? 신들은 하늘을 믿습니다."라고 하였다. 내가 아뢰기를, "하늘은 아무런 이유 없이 사람을 돕지 않습니다. 사람이 마음을 착하게 쓰면 하늘이 돕는데, 오늘날은 사람들의 마음이 착하지 않아서 임금과 신하 및 서울과 지방이 모두 나만 귀하게 여기고 남을 천시하며, 이럴까 저럴까 망설이면서 직언(直言)하는 사람이 없고, 사람들이 각자 의견이 달라서 저절로 협동하고 협력하려는 뜻이 없으니, 이것이 두렵습니다. 또한 조정의 기색을 보니, 한 가지 일이 조금 유리하면 사람마다 기뻐하고, 심지어 (국토를) 회복할 가능성이 십중팔구라고 하고, 한 가지 일이 불리하면 근심 걱정하며 곤궁에 빠져서 못 하는 짓이 없으니, 이러한 인심을 무어라고 해야겠습니까? 최명길도 이런 경우입니다.

  崔鳴吉又曰: 上天下鑑今日事, 雖已窮極, 豈至於亡? 臣等恃天而已。
臣曰: 天之佑人, 不徒然也。人之用心善, 則天乃佑之, 今日人心不善, 上
下內外, 貴我賤物, 瞻前顧後, 莫肯盡言, 人各異見, 自是無有協心同力之
意, 此可懼也。且見廟堂氣色, 一事少利, 則人人喜悅, 至以爲恢復勢, 十
八九成, 一事不利, 則憂愁窮蹙, 爲無所不至之計, 此何等人心耶? 崔鳴
吉, 在此矣。

처음에 강력하게 주화론을 주장하다가 조총수가 적을 조금 사살하는 것을 보자마자 곧바로 척화하여 강력하게 주전론을 주장하더니, 지금은 또다시 더욱 강력하게 주화론을 주장하고 있습니다. 실성(失性)하여 망령되게 행동하는 것과 같으니, 이러한 심술을 무어라고 해야겠습니까?"라고 하자, 최명길이 위축되어 감히 따지지 못하였다. 승지가 아뢰기를, "사신이 왕래하는 것은 단지 군사들의 마음만 해이하게 만들 뿐이다."라고 하여, 내가 아뢰기를, "이렇다면 우리나라에 무슨 전사(戰士)가 있기에 화의(和議; 정전 회담)로 마음이 해이해지겠습니까?[85] 이전에 정묘호란 때, 군사들이 배반하여 계속 도망가다가 화의가 장차 성사될 것이라는 소식을 듣고서야 나라가 망하지 않으리라는 것을 알고 비로소 (군사들의 마음이) 안정되었으니, 이 또한 일률적으로 말해서는 안 됩니다." 사관(史官) 들은 그들과 (생각이) 달랐던 나를 평소부터 미워하여 마침내 말을 전하기를, "이식이 체찰사를 몹시 헐뜯었고 게다가 화친의 일로 주상을 위협하고 있다.……"라고 운운하였다. 체찰사가 크게 화를 내며 말하기를, "이식이 최근에 비변사에 나왔지만, 잠시 왔다 바로 나간 것은 단지 우리들의 잘못을 엿보아 모함하려는 계책에 지나지 않는다."라고 하였다.

始則主和極力, 及見炮兵稍得殺賊, 便斥和, 主戰極銳, 今又主和益甚。 有同失性妄作, 此何等心術耶? 鳴吉蹙蹙, 不敢較。 承旨言: 差人往復, 只足懈怠士心。 臣曰: 此則我國有何戰士, 而以和議怠心乎? 前於丁卯之變, 人人異心, 逃散相繼, 及聞和議將成, 知國家不至於亡, 始得安集, 此亦不

---

85 우리나라에 …… 해이해지겠습니까?: 우리나라에 무슨 용감한 군대가 있기에, 화의에 의해 해이해질 수 있겠느냐고 반어법으로 표현한 것이다.

可以一槪言也。史官等素憎某異於渠等, 遂傳言: 某極詆體相, 而且以和事
貢上。云云, 體相大怒曰: 李某近來, 雖至備局, 乍入乍出, 不過窺伺吾等
過失, 爲構陷計也。

1월 2일

홍서봉·김신국·이경직 등이 만나러 가니, 마부대·용골대[86]·정명수 등이 모두 나와서 만났다. 마부대와 용골대가 극언하기를, "조선이 우리나라를 모욕하였다. 여름에 우리에게 빼앗긴 훈시문(訓示文)[87]에서 우리를 배척하여 단교하는 일이 매우 오만하였다. 우리들은 본래 명나라를 공격하고 있었는데, 지금 이 치욕을 씻기 위하여 군대를 총동원하여 조선에 온 것은 오로지 이것 때문이다."라고 하였다. 황제가 통문(通問; 문안인사)하는 것에 대한 회답을 했고, 또한 한 통의 국서(國書)를 보내와 조약을 위반한 죄를 일일이 질책하였는데, 쌓인 분노가 폭발하여 글이 매우 패역무도하고 오만했으며 처음으로 황제라고

---

86 용골대: 만주어는 inggūldai(잉굴다이)이고, 한문은 龍骨大이다. 마부대와 용골대는 이전 사극에서 많이 등장해서 우리들에게 익숙한 이름이다.

87 훈시문(訓示文): 평안도 관찰사 홍명구에게 청나라의 침입에 대비하라고 보낸 훈시문인데, 이것을 가져간 전령이 귀국하던 청나라 사신에게 빼앗겼다. 인조가 평안도 관찰에서 보낸 훈시문*에 다음의 글이 있다. "충의(忠義)로운 선비는 각자 대비책을 건의하고 용감한 사람은 군대에 지원하여, 반드시 함께 극난을 극복하여 나라의 은혜에 보답하라[忠義之士, 各效策略; 勇敢之人, 自願從征, 期於共濟艱難, 以報國恩]"(『仁祖實錄』, 〈14年 3月 1日〉).
* 이 훈시문이 『청태종실록』, 〈숭덕 원년 3월 20일〉에도 실려 있다. 한명기 교수는 『병자호란』에서 "용골대가 입수해 온 인조의 훈시문을 보고 후금의 여러 버일러들은 당장 군사를 일으켜 조선을 섬멸하자고 하며 흥분하였다. 하지만 황태극은 차분하였다. 그는 흥분한 버일러들을 만류하며 먼저 조선에 사람을 보내 속내를 떠보라고 하였다."라고 하였다.

호칭하여 우리나라를 상대하였다. 국서의 끝에서 '너희가 만약 할 말이 있다면, 분명하게 말하라.'[88]라고 하였는데, 대신(大臣)과 여러 재신(宰臣)들이 모두, "이 국서에 대하여 공손한 말로 회답하지 않으면 안 된다."라고 하였다.

初二日。洪瑞鳳·金藎國·李景稷等, 往見, 馬胡·龍骨大·鄭名守等, 皆來會。馬龍等, 極言: 本國凌侮我國。夏間有旨被捉, 斥絕之事, 極其慢侮。我等本有事於西犯, 今爲刷此恥辱, 擧國東來, 專爲此也。汗答通問之語, 且送一封書, 數責我背約之罪, 積忿所發, 辭極悖慢, 始以帝制臨我。書末, 有爾若有詞, 不妨明告之語。大臣諸宰, 皆以爲此書, 不可不遜辭以答。

임금이 재신(宰臣)들을 불러 접견하여 논의하니, 대신(大臣) 이하 사람들이 모두 아뢰기를, "공손한 말로 사과하면 그의 노여움을 풀어서 혹시 화친의 길을 다시 열 수도 있을 것입니다."라고 하자, 김신국이 아뢰기를, "일이 이 지경에 이르렀으니, 주상께서 비록 표문(標文)을 받들고 신(臣)이라고 칭(稱)해도 불가능할 텐데, 답서가 무슨 소용이 있겠습니까?"라고 하고, 김상헌이 아뢰기를, "이 청나라의 국서가 매우 흉악하고 패역무도하며 화친하려는 뜻이 없으니, 답서를 보낸들 무슨 소용이 있겠습니까? 부견(符堅)의 군대가 많았지만 결국 후진(後晉)에게 패배당하였으니,[89] 하늘이 우리를 돕는다면 이 적이 제 발로

---

88 그대가 …… 말하라: 『清太宗實錄』, 〈崇德 元年 1月 2日〉. "너희가 만약 할 말이 있으면 짐에게 아뢰도록 하라.〔爾若有辭。不妨奏朕。〕"
89 부견(符堅)의 …… 패배당하였으니: 5호16국 시대 전진(前秦)의 3대 임금인 부견이 화북(華北)을 평정한 뒤 천하통일의 야망을 품고 383년 100만 대군을 동원하여 동진(東晉)을 쳤으나, 비수(肥水)에서 동진의 사현(謝玄)이 이끄는 8,000여 명의 군대에 대패하였다.

죽으러 왔는지를 어찌 알겠습니까?"라고 하고, 장유도 아뢰기를, "이 것은 저들이 화친을 요구하는 국서가 아니니, 답서를 보내도 무익할 것 같습니다."라고 하였다. 대신이 간쟁하여 아뢰기를, "지금 우선 답서를 보내야지, 우리 쪽에서 (화친을) 단절하면 안 됩니다. 청컨대 대제학(이식)·장유·최명길로 하여금 각각 답서를 짓게 하여 골라서 사용하십시오."라고 하였다.

上引見諸宰議之, 大臣以下皆言: 遜辭謝過, 以解其怒, 倘可再開和好之路。金藎國曰: 事已至此, 自上雖欲奉表稱臣, 不可得也, 答書何益? 金尙憲曰: 此胡書, 極其凶悖, 非有通和之意, 答之何益? 符堅之衆, 非不多, 終爲晉所敗, 天若祚我, 安知此虜自送死來耶? 張維亦曰: 此非渠要和之書, 答之似無益。大臣爭以爲: 今姑答之, 不可自我決絶。請令大提學及張維崔鳴吉, 各製答書, 擇用。

이에 국서의 서식(書式)[90]을 자세히 논의하며 …… 라고 운운하였다. 대신(大臣)이 아뢰기를, "저들을 황제라고 호칭했으면 곧바로 신(臣) 자로 호칭해야 합니다. 그렇지 않으면 저들이 반드시 더욱 노여워할 것입니다."라고 하여, 내가 아뢰기를, "이것은 매우 옳지 않습니다. 옛날부터 지금까지 조약을 맺고 맹세하지 않고서, 먼저 굴복한 경우는 없었습니다. 지금 이렇게 애걸(哀乞)하는데, 저들이 거절하여 받아들이지 않으면 우리만 공연히 지조를 잃는 것입니다. 이는 하나의 커다란 표준인데, 어찌 저들의 말을 기다리지 않고 먼저 굴복하려 하십니까? 절대로

---

90 서식(書式): 국서의 격식을 말하는데, 예로 청나라에 '황제'라는 호칭을 쓰고, 조선에 '신하'라는 호칭을 쓰는 것 등을 말한다.

안 됩니다."라고 하자, 이경직이 아뢰기를, "이 말이 매우 옳으니, 이대로 실행해야 합니다."라고 하였다. 대신이 반박할 수가 없어 신(臣) 자를 쓰는 것을 중지하였지만 기타 서식(書式)에서는 청나라를 매우 높였다. 세 사람이 물러나서 답서를 작성하였는데, 내가 작성한 답서는 (청나라의 잘못을) 따지는 것처럼 저항하는 글이 많았고, 게다가 '마부대가 화친을 맺으러 먼저 왔다고 했기 때문에 우리가 방비하지 못하게 해서 이 지경에 이르렀다.[91]……'라고 운운하였다.

仍詳議書式云云。大臣以爲: 旣稱彼爲皇帝, 則當直稱臣字, 不然則彼必增怒。臣某曰: 此大不然, 自古及今, 未有不約誓而先自屈伏者。今若以此哀乞, 而彼却不受, 則是我徒自失身也。此一大限節, 豈可不待彼言而先爲之乎? 千萬不可。李景稷曰: 此言極是, 當依此行之。大臣不能難而止, 然其他書式, 極其尊崇矣。三人退而製書, 某所製書, 語多抵拒, 有若相詰, 且言馬胡以好意先來, 故使我不得防備, 以至於此云云。

1월 3일

대신(大臣)이 최명길이 작성한 답서가 가장 좋다고 하여 장유로 하여금 윤색하여 사용하게 하였다. 이경직과 박황은 내가 지은 것으로 사용할 것을 요청했으나,[92] 대신은 최명길의 답서에 겸손한 말이 많았기 때문에 사용할 것을 주장하니, 대부분 사람들이 분개하였다. 임금

---

91 마부대가 …… 이르렀다: 12월 14일 최명길 등이 청나라군 선발대를 만나러 갔는데, 마부대가 화친을 맺으러 왔다고 했기 때문에 조선에서 제대로 방비하지 못한 것을 가리킨다.
92 이경직과 …… 청했으나: 『承政院日記』, 〈仁祖 15年 1月 3日〉. "이경직이 아뢰기를, '이식이 지은 글이 좋을 듯합니다.'라고 하였다.〔景稷曰: 李植之製, 似好矣。〕"

이 명령하여 나의 답서 가운데서 '방비하지 못하였다.'라고 한 구절만 채용하도록 하였다. 홍서봉·김신국·이경직이 국서를 가지고 갔는데, 황제가 국서를 받고서 회답하기를, "여러 왕들이 도착하기를 기다려 회답하겠다."라고 하였는데, 그 이유는 우리나라의 방비를 느슨하게 해서 곤경에 빠트리기 위함이었다.

  初三日。大臣以崔鳴吉所製書最好, 使張維潤色用之。李景稷朴潢請用某所製, 大臣以崔製多遜辭, 主張用之, 人皆憤惋。上命採用某書中, 不得防備一款語。洪·金·李持書而往, 汗受之, 答曰: 俟諸王果來, 當答之。蓋欲緩我而困之也。

  청나라군이 날로 증원되었고 더욱 급하게 목책을 촘촘히 설치하였다. 청나라는 우리 사신이 그들의 진영에 가는 것을 허락하지 않고, 단지 마부대만 기다란 포위망 근처에 보내 왕복하게 할 뿐이었다. 황제가 왔는지의 진위(眞僞)를 알 수가 없자, 사람들은 모두 "황제가 어찌 외롭고 경솔하게 왔겠습니까?"라고 하였다. 내가 1월 2일 국서에 찍힌 국새를 보니, 찍힌 인주가 아직 마르지 않았다.[93] 1월 1일에 황제라는 자가 남쪽 봉우리에 올라 우리를 관찰하였는데, 당시 의장대와 성악대가 성대하게 갖추어졌으니, 결코 신하가 이렇게 아무런 까닭 없이 참람(僭濫)되게 행동할 리가 없었다. 그 후에 성밖에서 보고가 연달아 도착하였는데, '청나라 군대가 평안도와 황해도에 가득 찼고 도성(都城) 안에 몽고군이 가득 찼다'[94]라고 하였다.

---

93 인주가 …… 않았다: 『承政院日記』,〈仁祖 15年 1月 3日〉. "이식이 아뢰기를, '그 인적(印迹; 인주의 자국)을 보면 (사신) 나덕헌이 가지고 온 문자에 찍었던 것입니다.'라고 하였다.〔植曰: 見其印迹, 則羅德憲持來文字所踏者也。〕"

胡兵日添密設, 圍柵益急。虜不許我使至其營, 只送馬胡於長圍近處, 往復而已。汗來眞僞, 亦未知之, 人皆以爲: 汗豈如是孤單輕忽而來乎? 某見其書踏國寶於初二日, 而押泥猶濕。初一日汗者, 上南峰覘我, 時威儀聲樂大備, 必非其臣無故僭作如此也。其後, 外報連至, 㺚兵彌滿兩西, 城內蒙古兵充滿。

적군이 이미 많아서, 그들이 스스로 이미 우리나라를 점령했다고 여겼을 텐데, 어찌 황제가 직접 오지 않을 수 있겠는가? 이날에 남격대(南格臺)에서 총통을 쏴서 청나라 장수를 죽였다.[95] 체찰사가 나와서 나에게 묻기를, "그대의 생각은 오늘의 답서에 절대로 '신(臣)'이라 칭할 수 없으나, 이후에는 저들의 뜻을 따라 하겠다는 것이오? 그렇다면 그대의 뜻이 우리들과 어찌 다르겠소."라고 하여, 내가 대답하기를, "제 뜻은 끝내 할 수 없다는 것입니다."라고 하였다. 체찰사가 말하기를, "그렇다면 나 혼자 만세(萬世; 영원한 세월)의 간신이오?"라고 하며 매우 분노하였다. 내가 최명길과 장유에게 말하기를, "내 생각에

---

94 도성(都城) …… 찼다: 한양 도성에 몽고군이 병자호란이 끝날 때까지 주둔한 것으로 보인다.
"이때 몽고 사람들이 그대로 성안에 있었다. 백관들은 모두 대궐 안에 들어가 있었는데, 민가가 대부분 불탔고, 넘어져 죽은 시체가 길거리에 여기저기 널려 있었다. 〔蒙古尙在城中。百官皆入處於闕內, 閭閻多被焚燒, 僵屍縱橫於街路。〕"『仁祖實錄』, 〈15年 2月 2日〉.
95 총통을 …… 죽였다: 『承政院日記』, 〈仁祖 15年 1月 3日〉. "이경증이 아뢰기를, '오늘 화포를 맞고 죽은 자는 반드시 적장일 것입니다. …… 신경진이 현자총통을 쏘게 하니, 3명의 청군이 한꺼번에 포알에 맞고 넘어지고 여러 청군이 모두 모여들어 조의를 표하는 것 같은 모습이었다라고 하였습니다.'라고 하였다.〔李景曾啓曰: 今日砲死者, 必是賊將也。…… 申景禛令放玄字銃, 三胡一時中丸而倒, 諸胡皆集, 有若相弔之狀云矣。〕"

이번에 보내는 답서는 단지 격문(檄文)의 형식으로 회답하여 저들의 잘못을 일일이 열거했어야 하는데, 대신(大臣)이 정해준 (답서의) 주제를…… 라고 운운하였습니다. 비록 내 뜻을 굽혀 따랐지만 본래의 생각은 그렇지 않았기 때문에 답서를 완성했을 때 결국 합치되지 않았습니다."라고 하였다.

兵已不少, 彼自以已得我國, 安得不親來耶? 是日, 南臺發炮射殺獜將。體相出而問某曰: 君意, 今書則決不可稱臣, 此後, 則從彼意而爲之之意耶? 若然則其意與吾等何異? 某曰: 吾意終不可爲也。體相曰: 然則吾獨爲萬世奸人耶? 意甚忿忿。某謂崔·張曰: 吾意, 此書, 只合以檄體回答, 數彼所失。而[96] 大臣命意云云。雖俛從, 而本意不然。故書成果不合。

○ 그날 밤에 궁전의 문밖에서 홍진도(洪振道)[97]를 만나 몰래 묻기를, "주상의 생각은 어떻습니까?"라고 하자, 홍진도가 대답하기를, "주상의 뜻은 만약 저들을 높이고 자신을 낮추면 저들이 반드시 따를 것이니, 화를 벗어날 수 있을 것이라고 여겼습니다."라고 하였다. 내가 말하기를, "주상께서 계획을 잘못 세우셨습니다. 오늘의 상황은 항복하지 않으면 죽어야 할 텐데, (항복하지 않는다면) 저들이 어찌 우리를 풀어주겠습니까? 설사 저들이 우리를 풀어주더라도, 한번 무릎을 꿇어 항복한 뒤에는 백성이 반드시 배반하여 나라가 멸망한 것과

---

96 而: 『택당유고간여』에는 '而' 자 아래에 "直言也, 雖欲和好, 遜辭媚悅, 只足增其慢侮之志, 不足爲輕重而。" 문장이 있다.
97 홍진도(洪振道): 52세로 택당선생과 나이가 같다. 택당선생의 부인·홍진도·인조는 이종사촌 사이라. 홍진도가 고급 정보를 많이 알고 있을 것으로 생각된다. 홍진도는 인조반정에 참여한 3등 공신이고, 인조를 수행하여 남한산성에 갔다. 의금부판사·한성부판윤·중추부판사 등의 벼슬을 하였다.

다름없을 것이니, 어떻게 하면 좋겠습니까?"라고 하였다. 홍진도가 말하기를, "우리들은 단지 이 곤궁에서 임금을 벗어나게만 하면 되니, 어떻게 다른 것을 신경 쓰겠습니까?"라고 하였다.

○ 其夜, 遇洪振道於殿門外, 密問曰: 上意如何? 洪曰: 上意則若尊彼自卑, 則彼必從之, 庶可脫免。某曰: 上誤計矣。今日之勢, 不降則死, 彼豈釋我? 設使彼果釋我, 一屈膝之後, 國人必叛, 亡滅等耳, 奈何? 洪曰: 吾輩, 但脫君父於此阨, 何恤他耶?

내가 이 일에 관하여 동악(東岳)[98] 숙부님과 본래부터 상의해서 결정하기를, '차라리 오호도(嗚呼島)[99]에서처럼 죽어서 천하(天下)에 대의(大義)를 드높일지언정, 청성(靑城)에서처럼 치욕을 당할 수 없다.'라고 하였다. 임금이 사직(社稷)을 위하여 죽는다는 것은 사직(社稷)과 함께 망한다는 것을 말한다. 지금 만약 굴욕당한다면 강화도로 옮겨간 종묘사직과 왕자와 원손(元孫)도 결코 보존할 수 없으며 (국가의) 부흥(復興)을 바랄 수 없다. 그렇지 않으면 부흥(復興)을 바랄 수 있으니, 이는

---

[98] 동악(東岳): 택당선생보다 13세가 많다. 1571년(선조4)~1637년(인조15). 택당선생의 재당숙(再堂叔; 7촌 아저씨)이다. "두보시(杜甫詩)를 만 번 읽었고 당시(唐詩)에 뛰어나 이태백(李太白)에 비유되었다."라고 하였으며, 동악과 관련하여 『이안눌의 동아시아 체험과 문학』・『동악 이안눌 시연구』・『우리 한시 삼백수』・『옛시 읽는 CEO』・『붓끝으로 시대를 울다』 등 여러 책이 출판되었다.

[99] 오호도(嗚呼島): 한 고조(漢高祖)가 항우(項羽)를 죽이고 천하를 통일하자 제(齊)나라 왕 전횡(田橫)이 500명의 무리를 이끌고 동해의 섬으로 들어갔다. 고조가 사람을 보내어 전횡을 부르기를, "오면 왕후(王侯)로 봉할 것이요, 오지 않으면 군사를 보내어 쳐서 죽이겠다."라고 하였다. 전횡이 오다가 낙양(洛陽)에 30리를 못 미쳐서 말하기를, "내가 유방과 같이 왕이라고 칭하다가 이제 와서 유방의 신하가 될 수 없다."라고 하고 자살하자, 섬 속에 남아 있던 500명의 무리가 그 소식을 듣고 일시에 모두 자살하였다. 그래서 그 섬을 '오호도'라고 부른다(「田橫列傳」, 『사기』 권94).

바른 도리를 지키다 죽는다[100]는 것이고, 또 훗날을 도모하는 것이다. 이 도리는 매우 분명하여 지키지 않을 수 없다. 지금 이 국서에 비록 '신(臣)' 자를 쓰지 않았지만 이미 천하의 대의(大義)를 잃어버려 명분과 실제가 모두 없어졌으니, 어찌하겠는가? 어찌하겠는가? 내가 대제학인 이유로 명을 받고 국서를 작성하는 것을 피하지 못해서 처음의 뜻을 크게 어겼으니, 이것 때문에 더욱 빨리 죽고 싶다.

某於此事, 與東岳叔父, 講定有素, 以爲寧爲嗚呼島之死, 聲大義於天下, 不可爲靑城之行. 蓋國君死社稷, 乃與社稷俱亡之謂也. 今若屈辱, 則江都廟社, 王子元孫, 亦必不保, 中興不可望矣. 不然則中興可期, 是得正而斃, 且有後圖也, 此理甚明, 不可不守矣. 今此國書, 雖不書臣字, 已失天下大義, 名實俱亡, 奈何奈何? 某以大提學之故, 未免受命草書, 初志大違, 以此尤欲速死也.

1월 4일

기운이 매우 불편하고 정신이 없어서 숙소로 물러가 누웠다가, "영의정이 '이식이 나를 비방하며 ……'라고 운운하였다."라는 말을 들었다.

初四日。氣極不平, 心魂若失, 退臥寓舍, 聞: 領相以爲李某謗我云云。

1월 5일

또다시 병으로 비변사에 나가지 못하자, 영의정이 엄중하게 처벌할 것을 요청하였다. "전라도 구원병이 인천에 도착했으나 감히 진격하

---

100 바른 …… 죽는다: 임종 때까지 바른 도리를 지키다 죽는다는 뜻으로, 군자의 죽음을 뜻한다. 증자(曾子)가 죽을 때 "내가 바름을 얻어서 죽는다면 그것으로 그만이다.〔吾得正而斃焉 斯已矣〕"라고 하였다(「단궁상(檀弓上)」, 『예기』).

지 못하였다."라는 소식을 들었고, "충청도 병사(兵使; 이의배(李義培))가 죽산산성에서 포위되며, 청나라 군대가 충주 지역까지 약탈하러 가고, 함경도 군대가 양주(楊州; 경기도 북부) 지역에 도착할 것이다."라고 또 보고해왔다.

初五日。又以病不進備局, 領相請從重推考。聞: 全羅援兵, 到仁川地, 不敢進。又公淸兵使, 被圍於竹山城, 靃兵擄掠至忠州境, 北關兵將至楊州境。亦報知。

1월 6일[101]

『남한해위록』. "큰 눈이 내리고 바람이 불었다. 낮 12시경에 짙은 안개가 끼어서 지척의 거리도 분간하지 못하였다. 이때 청나라군은 성밖에 가득하고 산야를 뒤덮어서, 그 수가 얼마나 많은지를 알 수 없었다. 우리나라 사람이 어명을 받들고 사신으로 청나라 진영에 가서 사다리와 방패가 진중에 쌓여 있는 것을 보고, 또 날마다 쩡쩡하고 무기를 만드는 소리가 성 위까지 들려오자 모두 조만간 성에 밀어닥칠 것으로 여겼다. 이때 이르러 안개와 눈으로 어두워지자, 사람들이 모두 무서워하였다.〔大雪以風。正午重霧, 咫步不分。時, 淸兵彌滿城外, 籠絡山野, 不知幾千萬億。我人奉使至淸寨, 見雲梯干楯, 堆積陣中, 又於城上, 日聞丁丁造器械之聲, 皆以爲朝夕逼城。至是, 霧雪晦冥, 人皆危懼。〕"

---

101 1월 6일: 이날 기록이 없어 같은 일자의 『남한해위록』으로 보충하였다.

1월 7일[102]

『남한일기』. "원수 김자점·전라 감사 이시방·통제사 윤숙·전라 병사 김준용·승병장 각성 등이 진격하고 있다는 장계가 들어왔다.〔元帥金自點·全羅監司李時昉·統制使尹璛·全羅兵使金俊龍及僧將覺性等, 進兵狀啓入來。〕"

1월 8일[103]

『남한일기』. "창고에 쌀이 조금 남아 있어 관량사(管糧使) 나만갑이 백관의 노비로 하여금 벼를 찧게 하여 군량미를 공급하였다.〔倉米儋石餘儲, 管糧使羅萬甲使百官奴春租, 以給軍食。〕"

1월 9일[104]

『남한일기』. "청나라군이 성의 안팎이 서로 통한다는 사실을 알고서 소나무 목책을 더욱 삼엄하게 지켜, 장계가 왕래할 수가 없었다.〔胡人覺有城內外相通之事, 守松城尤嚴, 狀啓不得往來。〕"

1월 10일[105]

『남한해위록』. "어떤 사람(별장 김언림(金彦琳))이 1명의 조총수와 함

---

[102] 1월 7일: 이날 기록이 없어 같은 일자 남급의 『남한일기』로 보충하였다.
[103] 1월 8일: 이날 기록이 없어 같은 일자 남급의 『남한일기』로 보충하였다.
[104] 1월 9일: 이날 기록이 없어 같은 일자 남급의 『남한일기』로 보충하였다.
[105] 1월 10일: 이날 기록이 없어 같은 일자 남급의 『남한해위록』으로 보충하였다.
 『淸太宗實錄』,〈崇德 2年 1月 10日〉. "이날 다라안평패륵 두도 등이 홍이포·장군포(將軍砲)·화약·중무기(重武器) 등을 수레로 운송해 왔다.〔是日, 多羅安平貝勒杜度等, 護送紅衣礮·將軍礮·火藥·重器等車至。〕"

께 밤을 틈타 성을 나가서 청나라 복병을 급습하겠다고 자청하자 허락하였다. 그 사람은 북문 밖에서 조선군으로 전사한 자의 머리를 취하여 청나라 병사처럼 머리를 깎아서 바쳤는데, 일이 발각되어 처형되었다.〔有人自請與一砲手, 乘夜出, 劫淸伏兵, 許之。其人取北門外, 我軍死事者頭, 剃髮以獻, 事覺伏誅。〕"

1월 11일

이때 구원병이 하루 반나절 거리 밖에 있으며 간혹 산 위에서 횃불을 들어 올려 서로 신호를 보냈는데, 이날에 이르러 모두 신호가 없어 사람들은 남쪽 군대가 모두 패하여 후퇴한 걸로 알았다. 평안도와 함경도의 군대가 근처에 도착했어야 하는데, 전혀 소식이 없어 모두 패배한 걸로 알았다. 청나라 군대가 날마다 증가하고 둘러친 목책이 촘촘해 간격이 없어서 성밖의 보고가 전혀 들어오지 않았고, 비변사에서는 날마다 (청나라가) 국서로 회답하기를 바랄 뿐이었다. 최명길이 '이전의 국서에 공손한 말이 부족하였으니, 국서를 다시 보내 애걸(哀乞)해야 된다.'라고 주장하였다. 내가 장유와 이 소식을 듣고 중지시켰지만 대신이 최명길의 주장을 따라서, 다시 최명길로 하여금 국서를 작성하게 하였다. 대의(大義; 글의 요지)는 명나라를 섬기는 것처럼 청나라를 섬기겠다는 것이었다.

十一日。時援兵, 在一日半日程外, 或於山頭, 擧火相應, 至是皆不應, 人知南兵皆敗却。西北兵, 當到近境, 而絶無聲息, 知皆不利。胡兵日益, 圍柵無間隙, 外報絶不來, 備局, 日望國書回答而已。崔鳴吉, 議以前書未盡遜辭, 當以再書乞哀。某與張維, 聞而止之, 大臣從崔議, 又令崔撰書。大義, 欲以事皇明者, 事之之意也。

내가 병으로 나가지 못하자, 대신(大臣)이 특별히 다른 일로 불렀다. 내가 여러 사람들을 만나러 가서 말하기를, "전날(1월 3일)에 국서를 보내 애걸한 것이 이미 전혀 소용없는데, 지금 또다시 이 일을 한다면 저들은 분명 더욱 교만해져 더욱 (우리와의 화친을) 끊을 것입니다. 지금 한 가지 계책이 있는데, 판서 최명길이 오래전부터 용골대와 마부대 2명과 사신으로 친분이 있고, 또한 화의(和議; 평화 회담)를 주장했던 것을 저들도 분명히 알고 있습니다. (그러니) 지금 우선 국서를 다시 보내는 것을 중지하고 최 공(崔公; 최명길)만 보내 2명의 청나라 사람을 만나게 하여 말하기를, '내가 10년 동안 화친을 주장하였는데, 지금 불행하게도 이 지경에 이르렀으니, 나의 죄이다. 나는 차라리 그대들 앞에서 자살하려고 한다.'라고 하고, 이어 공손한 말로 그들을 설득한 다음 계속 말하기를, '이 성이 망하더라도 강화도와 전국은 결코 함께 망하지 않을 것이니, 불구대천(不俱戴天; 같은 하늘 아래서는 살 수 없음)의 원수가 될 것이다. 게다가 우리나라는 본래 예의지국(禮義之國)이라고 칭하는데, 예의(禮義) 두 글자는 절하고 읍(揖)하는 몸가짐뿐만 아니라, 군신(君臣)이 올바름을 지키다 죽는 것이 바로 예의이다. 성에 가득히 시체가 쌓이더라도 결코 항복하지 않을 것이다. 위아래의 임금과 신하가 한번 결정한 후에 온 나라가 모두 분개하여 남으로 일본과 연합하여 대적한다면 비록 귀국(貴國)이라도 어찌 항상 대승할 수 있겠는가?'라고 해야 합니다.

某以病不進, 大臣特以他事招之。某往見諸公, 言: 前日送書乞哀, 已極無益, 今又作此擧, 則彼必益驕, 愈閉絶矣。今有一計, 崔判書, 舊與龍·馬兩胡, 償接相好矣, 且主張和意¹⁰⁶, 彼必知之, 今且停再書, 只遣崔公, 見兩胡, 言吾主張和事十年, 今不幸至此, 乃我之罪, 我寧欲對汝自殺。仍以遜辭開其意, 續言此城雖亡, 江都及一國, 必不與俱亡, 當爲不共戴天之 讐。且我國素稱禮義, 禮義二字, 非止拜揖威儀, 乃君臣守正以死, 卽禮義 也。雖滿城積屍, 必不降伏。君臣上下, 一決後, 一國咸憤, 南連日本, 與爲 對敵, 則雖貴國, 豈每每大利也?

이러한 몇 가지로 분명하게 설득한다면 저들이 비록 크게 분노하겠지만, 이것은 추세(趨勢)에 당연한 것이므로 그들도 속으로 반드시 헤아려 볼 것입니다. 이와 같으면 혹 우리에게 화친을 위해 왕래하도록 허락할 수도 있습니다. 그렇지 않으면 어찌 저들이 조만간 목숨이 다할 군신(君臣)을 탐내어, 우리가 재차 기뻐할 일을 들어주겠습니까?"라고 하였다. 장유도 국서 한 통을 작성하여 이해(利害)에 관해 극언한 것이 내가 말한 것과 같았는데, 대체적으로 '차라리 이 국서를 보내는 것이 낫다.'라고 하였다. 좌의정 홍서봉과 우의정 이홍주 이하 모두가 '이식의 계책이 가장 좋고, 장유의 국서도 좋다.'라고 하여, 나로 하여금 청대(請對; 급한 일로 임금에게 면담을 신청함)하여 이것을 아뢰게 하였다.

如此者數條, 明白開說, 則彼雖赫怒, 此乃事勢當然, 渠必內自料矣。如 是則倘可許我通和[107], 不然則彼奚貪於朝夕垂盡之君臣, 而聽我再歡耶? 張維亦作一書, 極陳利害, 如某所言, 大概以爲寧送此書。自左相洪·右相 李弘胄以下, 皆以某計最善, 張書亦好。使某請對言之。

---

106 意:『택당유고초고』과『택당유고전집』에는 '意'로 되어 있고,『택당유고간여』에는 '議'로 되어 있다.
107 和:『택당유고초고』와『택당유고전집』에는 '和'로 되어 있고,『택당유고간여』에는 '好'로 되어 있다.

나는 "나의 어리석은 계책이 으레 대부분 채택되지 않아서, 임금의 뜻에 맞지 않을까 염려된다."라고 하였는데, 좌의정 이홍주가 여러 사람을 거느리고 입대(入對; 궁궐에 들어가 임금의 자문에 응함)하여 내가 말한 대로 할 것을 요청하자, 임금이 말하기를, "저 무지막지한 역적들은 흉악하니, 이렇게 하는 것은 그들의 분노를 촉발시킬 뿐이다. 어찌 그들의 마음을 움직일 수 있겠는가?"라고 하였다. 내가 그렇지 않다는 것을 강력히 아뢰었고, 여러 사람들도 다투어 내 계책과 같이 할 것을 요청하였다. 또 나를 함께 파견할 것을 요청하자, 임금이 영의정·좌의정·최명길을 불러들여 물으니, 영의정이 아뢰기를, "이식의 말이 지루하고 번잡하여 모두 그의 말대로 할 수 없으니, 최명길을 파견하는 것이 실로 옳습니다."라고 하자, 최명길이 아뢰기를, "신은 병이 심할 뿐만 아니라 본래 응대하는 말을 잘할 줄 모르니, 결코 잘할 수 없습니다. 게다가 국가의 논의는 별도로 결정하는 곳이 있어서 대신(大臣)이 이미 결정한 일을 중간에서 고칠 수 없으니, 전에 정한 대로 국서를 보내는 것이 합당합니다."라고 하였다.

某以爲: 愚計例多不中, 恐不入上意。李相遂率諸公, 入對請依某言。上曰: 大逆凶獰, 此不過觸其怒矣。安能動其聽乎? 某力陳其不然, 諸公爭請如某計。且請並遣某行, 上命召領·左相, 及崔鳴吉問之, 領相言: 李某辭說支煩, 不可盡依其言, 送崔鳴吉固當。崔鳴吉曰: 臣非但病力, 素不能辭令, 決不能矣。且國家論議, 自有主張, 大臣已定之事, 不可中改, 依前送書爲當。

내가 아뢰기를, "비변사는 본래 논의한 것을 사용하지 않았고 논의한 적도 없어서 대사(大事)를 혼란하게 만들어 일을 그르치는 원인이니, 최명길의 말은 매우 잘못되었습니다."라고 하자, 임금이 말하기를, "두 사람의 의견을 따라서 국서를 보내는 것과 말로 전하는 것을 병행(並行)하는 것이 좋겠다."라고 하였다. 최명길이 아뢰기를, "신(臣)이 병을 참고서 가겠으나 청나라 사람은 대화하기 어렵습니다. 저들이 화나서 가버린다면 더욱 대화할 수 없으니, 신(臣)이 상황을 보면서 말하겠습니다."라고 하자, 임금이 말하기를, "그렇게 하라"라고 하였다. 이홍주 등이 다시 나를 부사(副使)로 파견할 것을 요청했으나, 임금이 허락하지 않았고, 영의정도 응답하지 않았다.

臣曰: 備局, 素不用論議, 亦無論議, 眩亂大事, 致誤之機, 鳴吉之言, 甚未[108]然。上曰: 當兩從之, 送書傳語並行爲可。鳴吉曰: 臣當力疾行矣, 但胡人難與語, 彼若怒而去, 則尤不可說也, 臣當觀勢言之矣。上曰: 然。李弘胄等, 更請遣某輔行, 上不許, 領相亦不應。

1월 12일

좌의정 홍서봉·최명길·윤휘가 국서를 가지고 갔다. 용골대와 마부대 등이 와서 만났으나, 말을 나누지도 않고 내일 서문(西門)으로 나와서 국서를 전달하게 하였는데, 그 이유는 남문(南門)은 자기들 진영의 상황을 쉽게 엿볼 수 있기 때문에 서문 성밖에서 만나자고 한 것이다.

十二日。洪相·崔鳴吉·尹暉, 持國書往。龍·馬等, 來見, 不接辭, 使於明日, 更出西門傳書, 盖南門, 易覘彼陣形勢, 故更要城外相會。

---

108 未: 『택당유고초고』와 『택당유고전집』에는 '未'로 되어 있고, 『택당유고간여』에는 '不'로 되어 있다.

1월 13일

3명이 다시 서문(西門)을 나가자, 청나라 사신 용골대·마부대·만월개 등이 만나러 와서 국서를 받아 가면서, 가까운 시일에 답서를 보내는 것을 허락하였다. 그러자 최명길이 비로소 함께 말을 붙여서 잘못을 반성하고 화친하겠다고 극언하였으나, 또 말이 대부분 적절하지 못하자 마부대가 강하게 비난하였다. 최명길이 위축되어 대답하지 못하자, 좌의정 홍서봉이 애걸할 뿐이었다. 그 이유는 최명길의 생각이 본래 내 말과 같지 않았기 때문에 임시로 말을 바꾸어서 드리어 모욕이 늘어나자, 함께 갔던 사람들이 분통해 하였다.

十三日。三人復出西門, 胡差龍·馬及滿月介等, 來會受書而去, 許以近當復書。而崔始與接辭, 極言改過修好之意, 且語多不中的, 馬胡極口詰責。崔畏縮不答, 洪相哀乞而已。蓋崔意本不欲如某言。故臨時變辭, 反以增辱, 同行憤惋。

○ 청나라가 새로 파견한 군사들이[109] 북쪽에서 내려와 성밖의 병력이 사방에 깔려 몹시 기세를 올렸다.

○ 胡差新兵, 自北來, 城外兵勢, 四合極熾。

1월 14일

청나라 군대가 동쪽과 남쪽으로 나누어 향하자, 어떤 사람이 '이것

---

109 청나라가 …… 군사들이: 『丙子錄』,〈仁祖 14年 1月 13日〉. "그때 수많은 청나라 군마(軍馬)가 서북문 밖에 주둔하였다. 반드시 지난날에 군사가 증원되고 포로가 된 우리나라 사람이 날로 많아졌기 때문일 것이다.〔其時, 賊之兵馬無數, 結屯於西北門外。必是曩日之添兵及我國之被擄者, 日多故也。〕"

은 구원군을 공격하기 위한 것이다.'라고 하였는데, 나는 '새로 도착한 군대가 대대적으로 약탈하지 못했고 피난 가는 자들은 모두 멀리 갔으니, 이들은 분명 강원도와 충청도를 대대적으로 약탈하려는 것이다.'라고 생각하였다. 가족이 집에서 멀리 피난 가지 못했고, 부모님의 소식을 듣지 못한 지 이미 두 달이라, 부모님이 그리워 매우 죽고 싶을 뿐이다. 도원수 심기원, 강원도 관찰사 조정호, 함경남도 병사 서우신이 올린 장계의 보고가 들어왔는데, '(조선의) 대군(大軍)[110]이 양근(楊根)의 미원현(迷源縣)[111]에 도착하여 수일 내로 진격하겠다.'고 하였지만 이후에 다시 소식이 없었다.

十四日。胡兵分向東南, 或言此爲攻却援兵。余意新兵不得大掠, 避亂者, 皆遠去, 此必大掠關東湖西也。家屬避寓不深, 不聞親耗, 已二月, 罔極, 欲死欲死。都元帥沈器遠·江原監司趙廷虎·關南兵使徐佑申狀報[112]入來, 大兵方到陽根迷源縣, 將以數日內進薄。而後更不聞消息。

1월 15일[113]

『남한일기』. "겨울과 봄 이후로 매서운 추위가 전대미문이었었다. 더구나 이 산의 꼭대기는 한여름에도 추운데 더 말할 필요가 있겠는가?

---

110 대군(大軍): 『仁祖實錄』, 〈15年 1月 15日〉. "함경남도 남병사 서우신과 함경도 관찰사 민성휘가 군사를 합쳐 양근군의 미원에 진을 쳤는데, 군사가 2만 3,000명이라고 하였다.〔南兵使徐佑申·咸鏡監司閔聖徽合兵, 陣楊根·薇原, 軍號二萬三千。〕"
111 미원현(迷源縣): 경기도 가평군 설악면(雪岳面)으로 이전에는 양근군(陽根郡)에 속하였다.
112 報: 『택당유고초고』와 『택당유고전집』에는 '報'로 되어 있고, 『택당유고간여』에는 '啓'로 되어 있다.
113 1월 15일: 이날 기록이 없어서 남급의 같은 일자 남급의 『남한일기』로 보충하였다.

그래서 초겨울에 내린 눈이 지금까지도 녹지 않은 상황에서 모든 장수들과 군사들이 항상 밖에서 지내 얼굴색이 검푸르러 사람 몰골이 아니고, (동상에 걸려) 피부가 갈라지고 손가락이 떨어져 나갔으니, 참담하여 차마 말할 수 없고 굶주린 말도 대부분 죽었다.〔冬春以來, 寒氣之嚴, 未有前聞, 況本山高銳, 盛夏猶寒? 故初冬雨雪, 訖今不消, 將士諸人, 終始路處, 面色靑黑, 不似人形, 裂膚墮指, 慘不忍言, 而飢馬凍死殆盡。〕"

1월 16일

남문 밖에서 매복을 서던 청나라 군인이 우리나라 나무꾼을 발견하고 손짓하여 부르자 우리나라의 수장(守將; 지키는 장수)은 청나라 사신이 오라고 하는 줄로 알고 군관으로 하여금 나가서 만나게 하였다. 청나라 군사가 그(조선 군관)를 간첩으로 의심하여 붙잡아서 그들의 장수에게 보내 목을 베려고 하였는데, 그(조선 군관)가 청나라 복병(伏兵; 경계근무를 서는 보초)과 대질심문할 것을 간절히 요청하자, 청나라 장수는 자기들이 오인했다는 것을 알고 석방하며 경솔하게 나오지 말라고 경계하였다. 이것은 우리나라의 수장 쉽게 겁먹어 비웃음을 당한 일이다. 당시 막 최명길이 국서의 회답을 학수고대하다가 사람을 파견하여 다시 문의하려고 하였으나 저들에게 저지당하여 실행하지 못하였는데, 이 보고를 듣고 '청나라 사신이 필시 답서를 가지고 오려고 하였지만 우리나라 수장이 어리석은 군관을 잘못 보내 그들의 호의(好意)를 끊었을 것이다.'라고 생각하고 급히 사신을 파견하여 다시 물으려고 하였다.

十六日。胡兵在南門外設伏者, 見我樵人, 以手招之, 守將以爲差胡欲來, 使軍官出見。胡兵疑爲間諜, 捉送其將處, 欲斬之。其人懇乞, 與伏兵者面詰, 胡將知其誤認然後, 放之, 且戒勿爲輕出. 此守將輕惚貽笑事也. 時崔鳴吉方苦待國書回報, 欲送人更問, 而被他扯拄不果, 及聞此報, 以爲胡差必以答書欲來, 而守將誤送迷劣軍官, 絕其好意. 急欲送使更問.

내가 이 소식을 듣고 급히 조정에 들어가 말하기를, "공(公)께서 미쳐서 실성(失性)하셨습니까? 저들이 만약 국서를 가지고 왔다면 어찌 군관이 어리석더라도 막겠습니까? 절대로 그럴 리 없습니다."라고 하자, 최명길이 크게 화를 내며 말하기를, "그대가 1년 동안 비변사 유사당상(有司堂上)[114]으로 있으면서 국정(國政)을 이 지경으로 만들었으니 전적으로 그대의 죄인데, 오늘 어찌 나에게 책임을 전가하십니까?"라고 하였다. 내가 말하기를, "유사당상은 문서 작성을 담당하는 직책이니, 내가 어찌 국정에 관여할 수 있습니까? 공(公)은 실세이면서도 한 가지 일도 한 적이 없는데, 내가 일개 통정대부(通政大夫)로 감히 국정에 관여할 수 있겠습니까?"라고 하자, 최명길이 말하기를, "내가 몽고와 왕자의 사신을 후대하자고 요청하였는데도 공(公)이 즉시 보고하지 않다가 이처럼 서로 원수가 되었으니, 어찌 죄가 없단 말입니까?"라고 하였다.

某聞之, 趨入謂曰: 令公狂惑失性耶? 彼若以國書來, 則豈因軍官迷劣而遽止耶? 萬萬無此理. 崔大怒曰: 君一年爲備局有司堂上, 致令國事至此, 專是君之罪也, 今日何以責我也? 某曰: 有司堂上, 乃文字之任, 我安

---

114 유사당상(有司堂上): 비변사에서 외교와 국방 및 국정 전반에 관련된 업무를 담당하였는데, 정책 결정을 한 것이 아니라 주로 장계와 각종 보고서 등 각종 사무를 담당하는 당상관을 말한다. 유사당상 4명은 구관당상(句管堂上) 총 8명을 도와서 각각 2도(道)를 담당하였다.

與國事耶? 令公當國, 不曾做一事, 我以一通政, 敢預國事耶? 崔曰: 我請厚待蒙古王子使者, 而令公不卽回啓, 致此相怨, 安得無罪?

내가 말하기를, "내가 공(公)에게 말하기를, '반드시 차자(箚子; 짧은 상소)를 올려, (임금에게) 저 사신을 후대하고 저들의 국서에 대해 논의하여 회답해서 우리의 뜻이 매우 진실하다는 것을 보여줄 것을 요청해야 합니다.'[115]라고 하였는데, 당시 공(公)도 화친을 거절하려고 며칠을 지체했습니다. 그때 공(公)도 화친하려고 하지 않았는데, 내가 어떻게 이 일을 할 수 있었겠습니까? 그 후에 공(公)이 차자를 올려 단지 공허한 몇 마디의 말만 하자, 대신(大臣)이 중요하지 않다고 여겨서 즉시 보고하지 않았고, 다음 날 청나라 사신은 화를 내고 떠나갔습니다. 이것은 공(公)이 내 말을 듣지 않은 것이지, 내가 공(公)의 일을 그르친 것이 아닙니다."라고 하였다. 영의정(김류)이 매우 불쾌해하였고, 나는 (조정에서) 물러 나왔다. 최명길이 만주어 통역관을 불러서 속히 가서 묻도록 하였는데, 통역관이 '결코 그런 일은 없을 것이니, 내일 그들이 답서를 보내지 않은 이유를 물어보겠습니다. ……'라고 운운하자, 최명길이 그제야 중지하였다.

某曰: 吾語令公, 以須上箚, 請厚待彼使, 議答其書, 意極款實。令公,

---

115 반드시 …… 합니다: 이 부분을 보면 택당선생은 완전한 주화파이고, 이 글과 최명길의 2월 26일 차자(箚子)를 보면 최명길은 완전한 주전파이다. 화친을 주장하는 것도 때가 있는 법이다. 후금의 사신이 조선에서 돌아간 후에 흑금이 조선 침략을 결정하였는데, 만약 조정에서 택당선생의 의견을 받아들였다면, 병자호란이 발생하지 않았을 수도 있었을까? 그러나 한 번 엎지른 물은 다시 담을 수 없듯이, 후금이 조선 침략을 결정한 후에는 조선에서 사신을 보내서 화친을 하려고 했더라도 한 번 정한 결정을 바꾸기는 쉽지 않았을 것이다. 최명길 이전의 주화파에 관하여 미주9) 참조.

當時, 亦欲絕和, 累日遲回。此時, 令公亦不欲和, 我何能辦此事耶? 其後, 令公上箚, 只說寥寥數句說, 大臣認爲不關, 而不卽回啓。翌日, 胡差怒去。此乃令公不聽我言, 非我誤令公事也? 領相甚不悅, 某退出。崔召胡譯, 使速往問, 譯官以爲必無其事, 請於明日, 往問其不答書之由云云。崔乃止。

1월 17일

홍서봉·최명길·윤휘가 산성을 나가서 용골대와 마부대를 불러서 '왜 답서를 보내지 않느냐?'라고 묻자, 대답하기를, '미처 작성하지 못하였는데, 보내주겠다.'라고 하였다.

十七日。洪·崔·尹暉出城, 招龍·馬, 問何以不答書? 答云未及粧狀書, 會當送來。

1월 18일[116]

용골대와 마부대가 성밖에서 (사신을) 불러, 재신(宰臣) 3명[117]이 나가서 접견하자, 비로소 답서를 주었는데, 모두 최명길이 작성한 국서에서 잘못된 곳을 골라서 따지고 협박하였다. 그 끝에 '살고 싶으면 성을 나와서 항복하라.'[118]라고 하였는데, 너무나 불측하였다. 2명의 청나라

---

116 1월 18일: 1월 17일을 1월 18일로 잘못 기록한 것으로 보인다. 『인조실록』·『승정원일기』·『병자록』·『청태종실록』 등의 〈1636년 1월 17일〉에서 청나라가 조선에 국서를 보내 항복하라고 하였다.

117 3명: 1월 17일에 청나라 진영에게 간 홍서봉·최명길·윤휘를 가리킨다.

118 살고 …… 항복하라: 『仁祖實錄』,〈15년 1월 17일〉. "…… 지금 그대는 살고 싶으면 속히 성을 나와 항복하고, 싸우고 싶다면 속히 나와 일전을 벌이자. 두 나라의 군대가 서로 싸우면 하늘이 (승부를) 결정해 줄 것이다. 숭덕 2년 1월 17일.〔…… 今爾欲生耶? 亟宜出城歸命。欲戰也? 亦宜亟出一戰, 兩兵相接, 上天自有處分矣。崇德二年正月十七日。〕"

사람(마부대와 용골대)이 또 '강화도를 공격할 것이고,[119] 공유덕(孔有德)과 경중명(耿仲明)의 군대가 이미 도착하였다.'[120] 라고 하였다.

十八日。龍・馬兩胡來城外招, 宰臣三人出見, 始致答, 皆摘崔製書中不實處, 卞詰劫辱。末云欲生, 卽出城歸命。不測不測。二胡又言將犯江都, 孔耿兩軍已來。

○ 최명길이 답서를 보내 잘못을 사죄할 것과 화친을 요청하여 '신

---

119 강화도를 …… 도착하였다:『淸太宗實錄』,〈崇德 2年 1月 16日〉. "청태종*이 심양에 보낸 글에서 강화도가 함락되면 항복할 것이라고 하였다. 사람들을 포로로 잡아서 심문하니, 어떤 사람은 '국왕·장남·신하가 모두 남한산성에 있고, 그 나머지 처자는 모두 강화도에 있다.'라고 하고, 어떤 사람은 '왕과 처자가 모두 한곳에 있다.'라고 하였다. 짐의 생각은 '배를 만들어 이 섬을 먼저 공격하여, 만약 그의 처자를 사로잡으면 성안의 사람은 자연히 항복할 것이고, 만약 항복하지 않으면 그때 성을 공격하더라도 늦지 않을 것이다.' 이 섬을 관찰하니, 쉽게 점령할 수 있을 것 같았는데, 다만 하늘이 나를 도와줄지의 여부는 알 수 없다.〔得人問之, 有云'國王與長子及群臣, 俱在南漢, 其餘妻子, 在江華島.' 又云'王與妻子俱在一處.' 朕意欲造船先攻此島, 若得其妻子, 則城內之人, 自然歸順, 若猶不順, 然後攻城, 計亦未晚。觀此島, 亦似易取, 但天之助我與否, 未可知也。〕"

* 청태종의 강화도 점령 계획은 적중하였다. 조선에서 그렇게 안전하다고 믿었던 강화도가 하루아침에 점령되었고, 인조는 드디어 항복을 결정하였다.

120 공유덕(孔有德)과 …… 도착하였다: 홍이포 등의 군수 물자를 싣고 도착한 것을 말한다.

『淸太宗實錄』,〈崇德 元年 12月 19日〉. "이날에 다라안평패륵(多羅安平貝勒 작위) 두도(杜度)·공순왕(恭順王) 공유덕(孔有德)·회순황(懷順王) 경중명(耿仲明)·지순왕(智順王) 상가희(尙可喜)·앙방장경 석정주(昂邦章京石廷柱)·마광원(馬光遠) 등에게 명령하여, 매 기(旗)의 매륵장경(梅勒章京) 한 명과 매(每) 우록(牛彔)의 갑사(甲士) 세 명 및 석정주(石廷柱) 기(旗)에 속한 한군(漢軍)을 거느리고 후방에서 홍이포(紅夷砲)·장군포(將軍砲; 화포의 한 종류)·법공(法熕; 화포의 한 종류)·조총(鳥銃)·수레·방패·군수물자 등의 물건을 호송하게 하였다.〔是日, 命多羅安平貝勒杜度·恭順王孔有德·懷順王耿仲明·智順王尙可喜·昂邦章京石廷柱·馬光遠等, 率每旗梅勒章京一員·每牛彔甲士三人及石廷柱旗下漢軍, 在後護送紅衣礮·將軍礮·法熕·鳥鎗·亘·牌·輜重等物。〕"

(臣)'이라고 칭할 것과 청나라 정삭(正朔)[121]을 사용할 것을 요청하였지만 우의정이 불가(不可)하다고 하였다. 최명길이 '폐하(陛下)' 자를 쓸 것 요청하자, (임금이) 윤허하였다. 나는 이날 저녁에 나쁜 소식이 오리라는 것을 예감하고 숙소로 물러나 누워있었는데, 최명길이 사람을 보내 국서를 작성하러 오라고 재촉하였지만 나는 가지 않았다. 최명길이 또다시 사람을 보내 재촉하여, 내가 최명길을 만나러 가서 국서를 작성하였는데, '폐하' 자를 쓰지 않고 모두 평상시의 관례대로 글을 썼다. 글의 내용은 '필부(匹夫)도 절개를 지키다 죽는데, 임금이 예의(禮義) 두 자를 대략 알기에 헛되이 굴욕을 당할 수 없으니, (만약 굴욕을 당한다면) 곧바로 죽어버리겠다. ……'라고 운운하여 스스로를 비하하는 뜻을 은근히 나타내었으니, 이는 나의 처음 생각이 아니었다. 최명길이 작성한 국서는 모두 군신(君臣)의 예(禮)에 관한 것이라 참담하여 차마 볼 수 없는데, '신(臣)' 자만 쓰지 않을 뿐이었다.

○ 崔請答書謝過, 請成稱臣, 書正朔, 右相以爲不可。崔請書陛下字, 許之。余於是夕, 預知惡耗當來, 退伏寓舍, 崔使人促來製書, 余不往。崔又使人促之, 余往見崔, 作書而不書陛下字, 皆以平例爲辭。辭以匹夫尙守節而死, 國君粗知禮義二字, 不可徒受屈辱, 而直就死亡也云云。微示自卑之意, 此非余初意也。崔製書, 皆是君臣之禮, 慘不忍見, 但不書臣字而已。

---

121 청나라 정삭(正朔): 왕조가 바뀌어 새로운 황제가 등극하면 새로운 달력을 반포했고, 통치 지역 내에서는 모두 그 달력을 사용하였다.

1월 19일[122]

대신(大臣)이 최명길의 국서를 채택할 것을 요청하자, 김상헌이 들어와서 최명길의 국서를 보고 대성통곡하며, 영의정과 좌의정에게 말하기를, "두 공(公)이 이런 국서를 작성할 줄 몰랐는데, 어떤 면목으로 지하에서 선왕(先王)을 보려고 하십니까?"라고 하였다. 이어 통곡하고 손으로 최명길의 국서를 찢으며 말하기를, "나는 이미 죽을죄를 지었으니, 이곳에서 자결하여 죽겠습니다."라고 하고, 임금을 만나러 들어가 또 울면서 간언하기를, "이 일로 만약 커다란 난리에서 벗어나 끝내 나라를 세울 수 있다면, 신(臣)이 또한 어찌 고집을 부리겠습니까? 지금 주상께서는 청성(靑城)에서 있었던 치욕을 결코 피할 수 없는데도 이런 굴욕적인 일을 하십니다. 그리고 또 비록 이 난리에서 벗어날 수 있더라도, 이렇게 하고서 어떻게 다시 국가를 바로 세울 수 있겠습니까? 불과 잠시의 목숨만 연장할 뿐이고, (결국) 오명을 뒤집어쓰고 죽을 것이니, 무슨 소용이 있습니까?"라고 하였다.

十九日。大臣請用崔書, 金尙憲入來, 見崔書, 大痛泣, 謂領·左相曰: 不謂二公, 乃作此書, 何面目, 見先王於地下乎? 仍痛哭, 手裂崔書曰: 吾已做死罪, 請於此地伏劍而死。入見上, 又泣諫曰: 此事, 若脫大難, 終得立國, 則臣亦何執? 今上, 必不免靑城之行, 而從爲此屈辱。又雖得免此難, 如是而豈能再立國家乎? 不過延時月之命, 蒙惡名而死矣, 有何益乎?

좌우의 신하들이 모두 울자, 김상헌이 다시 나와서 최명길을 보며

---

[122] 1월 19일: 1월 18일을 1월 19일로 잘못 기록한 것으로 보인다. 『인조실록』·『승정원일기』·『병자록』 등의 〈1월 18일〉에 최명길이 국서를 찢은 내용이 실려 있다.

간절하게 극언하니, 최명길은 대답하지 못하였다. 잠시 후에 청나라 사람들이 동문·남문·북문으로 와서 '내일이나 모레 싸우자'[123]고 싸움을 걸어와서, 내가 요청하기를, "신속히 성을 순시하여 군사들의 사기를 진작시켜서 성에 올라가게 하고, 만약 승리한다면 하나의 커다란 전기(轉機)가 마련된 것"이라고 하였다. 좌의정과 우의정이 옳다고 하고 바야흐로 입대(入對; 궁궐에 들어가 임금의 자문에 응함)하여 아뢰자, 영의정이 갑자기 국서를 보낼 것을 재촉하니, 김상헌이 또 간쟁했으나 실패하였다. 3명의 재신(宰臣)이 용골대와 마부대를 불러 국서를 주려고 했으나, 받지 않고서 돌아갔다.

左右皆泣, 金又出見崔, 懇懇極言, 崔不能對。旣而胡人, 來東北南門, 請以明與再明相戰, 某請速巡城, 振作士氣, 乘城, 若取勝, 則是一大機也。左右相, 以爲然, 方請入對言之, 而領相, 遽促送其書, 金又爭不得。三宰臣, 招龍·馬授書, 不受而去。

○ 이날 내가 입대(入對)하여 '폐하(陛下)'라는 글자를 쓰지 말고 '군신(君臣)'이라는 말을 없앨 것을 요청하자, 최명길이 어전(御前)에서 이전과 같은 말로 나를 일일이 질책하였고, 또 말하기를, "이식의 마

---

123 동문…… 싸우자: 조선군을 심리적으로 교란시키기 위한 것으로 『남한해위록』, 〈인조 15년 1월 18일〉에 자세한 내용이 있다. "청나라군이 남문에 와서 외치기를, '화친하려면 빨리 알리고, 그렇지 않는다면 19일이나 21일에 성을 공격하겠다.'라고 하였다. 성안에서 답하지 않자 청나라 사람이 또 북쪽 곡성(曲城)에서도 외치고, 북문에서도 외치고, 서문에서도 외쳤다. 조선인이 성을 나가기도 전에 청나라 사람들은 모두 돌아갔다. 우리가 두려워하고 무서워하게 하려는 것이다.〔淸人又到南門, 呼曰; 欲和則速通, 否則當以十九卄一迫城矣。城中未有所答, 淸人又呼于北曲城, 呼于北門, 呼于西門。我人未出城, 淸人都還。欲我惶惑怵迫也。〕"

음이 바르지 않아 오로지 신(臣)을 모함하여 명예를 얻으려고 하니, 어찌 이런 무리가 다시 국정(國政)을 그르치도록 용납하십니까?"라고 하였다. 이날 밤에 최명길이 임금에게 사적으로 면대할 것을 요청하여 국서를 고쳐서 신(臣)이라고 칭하고 청나라 정삭(正朔)을 사용할 것을 요청하자, (임금이) 윤허하였다. 영의정과 병조 판서(이성구)는 이 소식을 들었지만 다른 재상(宰相)들은 참여하여 들을 수 없었다.

○ 是日, 某入對, 請勿書陛下, 去其君臣之辭, 崔於御前, 數責某如前語, 且言: 某心術不正, 專欲搆臣, 自取名譽, 豈容此輩, 再誤國事乎? 是夜, 崔請私對, 請改撰國書 稱臣書正朔, 許之。惟領相兵判得聞, 而他宰相不得預聞。

○ 최명길이 좌중(座中; 여러 사람이 모인 자리)에서 몇 번씩 이전보다 더 준엄하게 나를 질책하였다. 그의 의도는 본래 나를 싫어하여 나로 하여금 성을 나가 청나라 사신을 만나느라 매일 분주하게 해서 고생시키려는 것이고, 또 (나의 주장이) 그가 주장하는 것과 크게 다르자 나를 심하게 해치려고 하였다. 나의 생각은 본래 김상헌의 주장처럼 주상이 항복하지 않게 하려고 했지만, 단지 국서를 작성했기 때문에 그(최명길)의 주장에 참여하였다. 김상헌과 같이 주장하여 의(義)를 지키지 못하였고 또 최명길에게 미움 받았는데, 이것은 내가 어리석었기 때문이니, 말한들 무슨 소용이 있겠는가?

○ 崔再三質責某於座中, 如前加峻。其意本嫌某, 使之出城, 見胡差, 每日奔走爲苦, 又與伊所論, 大乖其意, 深欲害我矣。某意本不欲上屈伏, 如金尙憲之論, 只緣製書, 參預其論。旣不與金同議守義, 又不免崔之忌嫉, 此余之愚也, 謂之何哉。

1월 20일[124]

청나라 사신이 와서 어제 작성한 국서를 가져가고 즉시 답서를 보내왔는데, 그 내용은 "전날의 잘못은 다시 묻지 않겠으나, 다만 성을 나와서 직접 보러오고 척화신 2~3명도 보내야 포위를 풀겠다. ……" 라고 운운하였다. 임금이 답서를 작성하도록 명령하여 최명길이 국서를 작성하였다. 곧바로 '신(臣)' 자를 써서, 내가 쓰지 말 것을 다투었지만 실패했고, 박황(朴潢)도 강력하게 안 된다고 해서, 최명길이 비로소 들어주고 단지 '폐하(陛下)'자만 썼다. 나도 어명을 받아서 국서를 작성했으나 또 채택하지 않았다.[125] 최명길이 그래도 '신(臣)' 자를 쓰려고 하여 말하기를, "제 생각에 이 한 글자만 쓴다면 저들은 반드시 즉시 포위를 풀고 돌아갈 것이 확실합니다."라고 하고, 나에게 말하기를, "어전에서 재가를 받아야겠습니다."라고 하고, 즉시 국서의 초고를 가지고 임금의 앞에서 가감(加減)할 글자를 여쭈었으나 '신(臣)' 자를 쓸지의 여부는 여쭈지 않았다.

二十日。胡差, 來取昨日書而去, 卽回答, 辭以前日之愆, 當不復問, 但出城面見, 且促送斥和之臣二三人, 方可解圍云云。上命答書, 崔製書。直書臣字, 某爭之不得, 朴潢, 力以爲不可, 崔方聽許, 而只書陛下字。余亦承命製書, 又不用。崔猶欲書臣字, 曰: 吾意只下此一字, 彼必決卽解圍而去, 無疑也。謂余曰: 當於榻前, 定奪。卽持書草, 入上前, 稟定加減文字,

---

124 1월 20일: 청태종이 12월 29일에 남한산성에 도착하였으나, 조선 정부에서는 이때까지도 청태종이 왔는지 정확히 파악하지 못하였다. 『承政院日記』,〈仁祖 15년 1월 20일〉. "채유후가 아뢰기를, '한(汗)이 왔는지 안 왔는지도 알 수 없습니다.'하였다. [裕後曰, 汗之來不來, 亦不可知矣。]"

125 국서를 …… 않았다: 이식도 국서를 같이 작성했으나, 일부만 채택되었다. 미주10) 참조.

而不稟臣字書否。

내가 처음에 따라 들어가 간언하려 하였으나 최명길이 미처 여쭈지 못해서, 따라 나와 도승지(都承旨; 오늘날 청와대 비서실장) 이경직(李景稷)과 그의 동생 부제학 이경석(李景奭)에게 말하기를, "'신(臣)' 한 글자를 쓴다면 포위를 풀 가망이 더욱 없습니다."라고 하자, 두 사람이 그렇다고 하였다. 그날 밤 최명길·영의정·병조 판서·한여직 등이 은밀히 모의하여 임금에게 아뢰고 국서에 직접 '신(臣)' 자를 썼지만 밤이 깊어 전달할 수 없었다.

余初隨入, 欲爭之, 以崔不及稟, 故隨而退出, 語都承旨李景稷及其弟副學李景奭曰: 此一字若下, 卽尤無解圍之望矣。二人喏喏。其夜, 崔與領相·兵判·韓汝稷等謀密白上, 直書臣字, 夜深不得送。

1월 21일[126]

비로소 청나라 진영에 국서를 보냈으나, 청나라에서 보내온 국서의 두 가지 일(임금이 성을 나가고, 척화신을 보내는 것)을 모두 따르지 않아 물리치며 받지 않자, 위아래가 흉흉하여 두려워하였다. 당시 나는 자주 영의정과 판서 최명길과 의견이 달라서 끝내 쓰이지 않았고, 또 청나라 군대가 동쪽 길로 향하여 가족이 안전하지 않다는 것을 알고서, 너무 걱정하느라 열이 나서 음식을 못 먹고 누워있었다. 비변사 당상(堂上)이 불렀으나 갈 수가 없었다.

---

126 1월 21일: 이날 9명이 얼어 죽었다고 한다. 『南漢解圍錄』, 〈仁祖 15年 1月 21日〉. "밤에 크게 바람이 불고 눈이 내려 성을 지키던 병사 9명이 얼어 죽었다.〔夜大風雪, 守城軍卒, 凍死者九人。〕"

二十一日。始送書胡營, 以胡書二件事, 皆不從, 却不受, 上下洶懼。時余數與領相·崔判異議, 而終不見用, 且胡兵向東路, 知一家不保, 憂煩罔極, 熱上廢食委臥。備堂招之, 不得赴。

1월 22일

병조 판서와 이조 판서가 '청나라가 척화인(斥和人)을 요구하니, 문무관으로 하여금 자수하여 (청나라 진영에) 가도록 해서 이 난리에서 벗어나야 합니다.'라고 제안하자, 체찰사가 말하기를, "이 계책이 매우 좋으나, 우리들이 이들을 강제로 보낼 수 없다."라고 하였다.

二十二日。兵判與吏判, 倡議胡索斥和之人, 可令東西班, 自首請往, 以紓此難可也, 體相曰: 此策最好, 但吾輩不可勒送云。

1월 23일

세자가 자진하여 청나라 진영에 가려고 해서 세자궁(世子宮)의 벼슬아치를 불러 논의하였는데 세자궁의 벼슬아치가 중지할 것을 간언하고, 또한 비변사에서도 가지 말라고 요청하자, 세자가 대신에게 비꼬아 말하기를, "며칠 전에 조정에서 나를 청나라 진영에 보내려고 하더니, 오늘은 척화인을 색출하지 않는데, 왜 그렇습니까?"라고 하였다. 비변사에서 거듭 문무관으로 하여금 자진하여 (청나라에) 가도록 하자, 이조의 서리(書吏; 하급 관리) 오계생(吳桂生)이 명령을 전달하려 하지 않고 말하기를, "이것은 일개 낮은 관리가 선포할 것이 아닙니다. 어째서 조정에서 직접 하지 않습니까?"라고 하였다.

二十三日。世子欲自詣虜營, 召宮僚議之, 宮僚諫止之, 備局, 又請勿往, 世子諷大臣曰: 前日, 廟堂欲送我於虜中, 而今日, 不搜出斥和人, 何耶? 備局申令東西班, 自首請行, 吏曹書吏吳桂生不肯傳令曰: 此非一小吏所宣布, 廟堂, 何不自爲耶?

이에 김상헌·정온·윤황(尹煌)·전(前) 대간(大諫) 이명웅·윤집·오달제 등이 가겠다고 요청했으나 모두가 작년 봄의 척화인이 아니었다. 나머지 사람들은 명령에 응하지 않았고, 전(前) 정언 윤문거(正言尹文擧)가 아버지 윤황을 대신하여 가겠다고 요청하였다. 대장(大將) 신경진(申景禛; 신립의 아들)·구굉(具宏; 인조의 외삼촌)·구인후(具仁垕; 인조의 외사촌) 등이 몰래 장교들로 하여금 군사를 거느리고 행궁(行宮)에 가서 척화인을 보낼 것을 요청하게 하였는데, 모두 귀신(貴臣; 고귀한 신하)들이 사주해서 그렇게 한 것이다.[127] 이에 무사들이 다투어 격분해서 말하기를, "문신을 모두 죽이고 우리들끼리 나라를 다스리면 잘 다스려질 것이다."라고 하자, 조정이 크게 흉흉하였다. 판서 최명길이 보니, 척화하였다고 자수한 자가 이미 몇 사람이 되자, 즉시 국서를 작성하여 척화인을 보내는 것을 동의하고 청나라 장수를 불러 주려고 했으나, 청나라 장수가 오지 않았다.

於是, 金尙憲·鄭蘊·尹煌·前大諫李命雄·尹集·吳達濟等請行, 而皆非去春斥和人。餘不應命, 前正言尹文擧, 請代父煌行。大將申景禛·具宏·具仁垕等密令長官, 率軍詣闕, 請送斥和人, 皆自貴臣諷爲之。於是, 武士

---

127 귀신(貴臣)들이 …… 것이다: 『남한기략』과 『인조실록』, 〈15년 1월 26일〉에 의하면, 홍진도(洪振道)*와 도체찰사의 직속 부하 장수인 중군(中軍) 신경인(申景禋; 신립 장군의 아들)이 여러 장수들을 사주하여 항명하게 하였다. 자칫하면 쿠데타가 일어날 수도 있는 일촉즉발의 위기 상황이었다.

 * 홍진도: 인조의 이종사촌이다.

爭奮曰: 當盡殺文臣, 獨吾輩爲國, 則治矣。朝廷大洶。崔判見自首者已數人, 卽製書, 許送斥和人, 招胡將欲授, 胡將不來。

○ 이날 밤에 청나라가 서쪽과 동쪽 성벽을 공격하였다. 청나라군이 사다리를 이용하여 몰래 습격하였으나, 성첩을 지키는 자가 발견하고 조총을 쏘고 돌을 던지자, 청나라군이 패하여 후퇴하였다.

○ 是夜, 胡犯城西東壁。胡用雲梯, 潛襲之, 守堞者覺之, 砲·石交下, 胡兵敗却。

1월 24일

청나라군이 새벽부터 성을 공격하는 무기를 대거 설치하고 점차 진격해왔다. 화포의 포알이 사발만큼 컸다.[128] 성안에 흩어져 떨어져서 성첩이 부서졌으나, 사다리를 놓고 성에 오를 수 없었다.

二十四日。胡兵, 自辰, 大設攻具, 漸漸進薄, 炮丸大者如椀。散落城內, 而女墻觸碎, 然亦不能設梯上城。

○ 이날 적군이 성 남쪽의 옹성(甕城)을 공격했으나, 관군이 격퇴하였다.

○ 是日, 賊兵犯南城甕城, 官軍擊敗之。

---

128 화포의 …… 컸다: 영화 〈남한산성〉에서 조선군이 청나라군과 산에서 전투를 벌일 때 청나라군의 화포가 조선군을 향해 맹렬히 발사하고 폭발하는 장면이 나오는데, 역사적 사실과 다르다. 청나라군이 가져온 홍이포(紅夷砲)라는 화포는 영화처럼 폭발하는 것이 아니라, 커다란 쇠구슬을 발사하여 주로 배나 성을 파괴하는 용도로 사용되었다.

1월 25일

적의 화포가 연달아 성첩을 부쉈고, 성안에서 포알에 맞은 자가 많았다.[129]

二十五日。敵大炮連碎女墻, 城中, 亦多中丸者。

○ 청나라 사신이 성밖에 와서 국서를 요구해 가져가면서 "10왕에게 보여드리기 위해서이다."라고 하더니, 다시 가져와서 (우리에게 되돌려 줬다.) 그 국서에, "척화인이 대부분 성밖에 있어서 어디 있는지 알 수 없으나, 성에서 나가면 찾아서 보내겠다."라고 하고, 또 "그 주장에 부화뇌동한 자도 성안에 있으니, 바로 색출하여 보내겠다."라고 하였다. 삼사(三司; 사헌부·사간원·홍문관)의 벼슬아치가 간쟁하기를, "청나라 사람들이 처음에 주장한 2~3명만 찾고 있는데, 지금 모두 보내 저들에게 보내서 죽게 하려고 하니 차마 할 수 있습니까?"라고 하자, 임금이 즉시 그 국서를 고치도록 명령하였는데, 최명길은 힘으로 다투어 손으로 그 국서를 빼앗아 성을 나갔다.

○ 胡使來城外, 索書去言: 欲示十王子而已。復持來。其書言: 斥和者多在城外, 不知在處, 出城則當括送。又言: 雷同其論者, 亦在城內, 方爲查出, 當亦送之。三司官爭以爲胡人, 只索首謨二三人, 今欲盡送, 與彼厮

---

129 포알에 …… 많았다: 『청태종실록』, 〈숭덕 2년 2월 2일〉에서 가도를 공격할 때 홍이포 16문을 동원한다는 내용이 있다. 홍이포에 사망한 조선인은 실제로 많지 않았을 것으로 추정된다. 병자호란 때 죽은 조선군은 영화처럼 화포에 의해서 죽은 것이 아니라, 백전노장인 청나라 기병의 화살·칼·창에 죽었다. 미주11) 참조.
  * 참고로 임진왜란 때 조선군의 사망은 대부분 일본군의 조총에 의한 것으로 알려져 있는데, 잘못 알려진 것이다. 조총에 사망한 조선군은 10~20%도 되지 않고, "대부분 일본군의 창과 칼에 희생되었다."다는 것이 정설이다.

殺, 是可忍乎? 上卽命改其書, 崔力爭手奪其書, 出城去。

　　임금이 명령하여 그 국서를 가져오도록 하자, 최명길은 어쩔 수 없이 고쳤다. 청나라 사신이 "(임금이) 성에서 나오지 않으면 결코 살길이 없을 것이다."라고 하며 다시 국서를 돌려주고 갔다. 청나라 사신이 큰 소리로 말하기를, "강화도가 이미 함락되었고,[130] 왕자와 대신(大臣)이 모두 포로로 잡혔다. ······"라고 운운하였고, 또 "황제가 오래 머

---

130 강화도가 이미 함락되었고: 정묘호란 때 인조가 강화도로 피난 간 경험이 있고, 조선 정부에서는 청나라가 해전에 약해서 강화도로 피난 가면 안전하다고 판단했으나, 판단 착오였다. 강화도는 하루도 못 버티고 함락되었다. 다음은 『청태종실록』,〈숭덕 2년 1월 24일〉기사로 청나라가 조선에 보낸 국서의 일부분이다. 이 국서는 『인조실록』과 『승정원일기』에 없다. "1월 19일에 우리 군대가 수레에 새로 만든 80척의 작은 배를 싣고 육지에서 끌고 갔다. 1월 22일에 강화도 (건너편) 나루에 도착하여 배를 타고 바다를 건너 강화도 나루터(갑곶진의 반대편)에 도착하여 배를 타고 바다를 건널 때, 그대의 군대가 30여 척의 커다란 배를 두 갈래로 방어했으나 우리 홍이포**와 장군포의 공격을 받아 그대의 배가 모두 도망가고 궤멸되었다. 우리 군대가 해안에 상륙할 때 그대의 강화도에는 또 궁수와 조총수 1,000명이 해안에서 맞서 싸우다가 또 우리 군대에 패배당하였다. 우리 군대가 강화도의 성에 들어가자마자 즉시 군사들로 하여금 성문을 지키고 너희 가족을 보호하며 하나의 물건도 빼앗지 않았다.〔本月十九日, 我軍用車輪駕所造小船八十, 陸地曳行。二十二日, 至江華島渡口, 乘船渡江, 爾兵用大船三十餘, 分兩路拒戰, 爲我紅衣·將軍礮所擊, 爾船兵俱各逃潰。我軍登岸時。爾江華島, 又有鳥鎗手將及千人*, 距岸迎敵, 亦爲我軍所敗。我軍旣入島城, 卽令人守視城門, 護爾家室, 凡物一無所擾。〕"
　　* 又有鳥鎗手將及千人: 『淸初內國史院滿文檔案譯編』上, 238쪽의 "又有弓箭, 鳥鎗手約千人迎擊"을 참고하여 번역하였다.
　　** 위에서 언급했듯이 홍이포는 해전에서 커다란 위력을 발휘하였다. 『承政院日記』,〈仁祖 15年 1月 29日〉. "구굉이 아뢰기를, '비록 잘 대처했더라도 강화도의 군대는 1,600명뿐이었으니, 이 숫자로 적을 막을 수 있었겠습니까? ······ 그들의 화포를 살펴보니, 참으로 대적할 수가 없었습니다. 비록 전군으로 지키게 하고 수군이 모였더라도 실로 막을 수 없었을 것입니다.'라고 하였다.〔宏曰: 雖爲善處, 江都之兵, 只一千六百, 以此可當此賊乎? ······ 觀其火砲, 誠不可當也。雖令全軍守之, 舟師來集, 固不可當矣。〕"

무를 수 없어서 내일 돌아갈 것이고, 군대를 남겨서 지키며 즉시 성을 함락할 것이다."라고 하였다.

　上命取其書來, 崔不得已而改之。胡使以爲: 不出城, 則決無生路。還投其書而去。胡使喝言: 江都已破, 王子大臣, 皆已拘執云云。又言: 皇帝不可久留, 明當發還, 留兵守衛, 當卽破城矣。

　○ 황제가 왔다는 것에 대하여 사람들은 그것이 진실이 아니라고 의심하였다. 연달아 임금에게 (성을 나가서 청나라 황제를) 만날 것을 재촉했을 때는 사실이라고 의심했고, 황제가 먼저 돌아가겠다고 말할 때는 사실이 아니라고 의심하였는데, 두 가지 주장이 아직도 확정되지 않았다.

　○ 汗之來, 人疑其非眞, 及連日促上相面, 則疑其眞, 及稱其先歸, 則疑非眞。二論, 尙未定。

1월 26일[131]

『인조실록』. "훈련도감의 장수와 군사 및 어영청의 군사들이 성 위에서 서로 이끌고 와서 대궐문 밖에 모여 척화신을 청나라 진영에 보낼 것을 요청하였다. 당시 신경진이 훈련도감의 군사를 거느리고 동성(東城)을 지켰으며, 구굉은 남성(南城)을 지켰고, 구인후(具仁垕)는 수원 부사로서 남문(南門)을 지켰는데, 홍진도와 은밀히 모의하고 군사들을 사주하여 이렇게 협박하는 변란을 일으키자, 사람들이 모두 무서워하였다.〔訓鍊都監將卒及御營軍兵, 自城上相率而來, 會于闕門外, 請送斥

131　1월 26일: 이날 기록이 없어 같은 일자의 『인조실록』과 『승정원일기』로 보충하였다.

和臣於虜營。時, 申景禛領訓鍊軍兵守東城, 具宏守南城, 具仁垕以水原府使守南門, 與洪振道密謀, 敎誘軍卒, 有此迫脅之變, 人皆危懼。〕"

『인조실록』. "홍서봉·최명길·김신국이 청나라 진영에 가서 세자가 나올 것이라 뜻을 알리니, 용골대가 말하기를, '지금은 국왕이 직접 나오지 않으면, 결코 들어줄 수 없다.'라고 하고서, (강화도에서 포로로 잡힌) 윤방과 한흥일의 장계와 왕자가 손으로 쓴 편지를 전해 주었다. 이에 처음으로 강화도가 함락되었다는 보고를 듣고 성안의 사람들이 통곡하지 않는 이가 없었다. …… 최명길이 아뢰기를, '만약 지금 일찍 결단하면 만일(萬一)의 희망이 있습니다.'라고 하자, 임금이 말하기를, '상황이 이미 곤궁해져서 차라리 자결하고 싶다. 저들이 이미 여러 왕자를 인질로 잡고 있으니, 내가 어찌해야 할지 모르겠다.'라고 하니, 모두 아뢰기를, '저들의 국서와 말이 모두 거짓이 아닙니다. 성에서 나가면 보존되고 위태로울 확률이 50%이지만, 성을 나가지 않으면 100% 망할 것입니다. 주상의 뜻이 정해지면, (나라가) 회복할 기초가 될 줄 어찌 알겠습니까?'라고 하였다.〔洪瑞鳳·崔鳴吉·金藎國出往虜營, 諭以世子出來之意。龍將曰: 今則非國王親出, 決不可聽。仍傳尹昉·韓興一狀啓·大君手書。始聞江都失守之報, 城中莫不痛哭。…… 鳴吉曰: 今若早斷, 庶有萬一之望矣。上曰: 勢已窮迫, 寧欲自決。彼旣率諸宮以爲質, 子亦罔知所爲也。僉曰: 渠之文書·言語, 皆非虛誣。出城則半存·半危, 不出則十分十亡。上意若定, 則安知由此而爲恢復之基耶?〕"

『승정원일기』. "김류가 아뢰기를, '이 청나라군을 결코 막을 수가 없습니다. 소신(小臣)이 현재 군대를 지휘하는 관원으로서 이런 말을 해서는 안 되지만, 대포로 인하여 성첩에 온전한 곳이 없으며 군사들의 마음도 이미 변해 버렸습니다.'라고 하였다. …… 최명길이 아뢰기를, '이런 위급할 때 어찌 형식적인 문구에만 매달립니까? 한(汗; 청나라 황제)의 지난번 국서를 보고 두 사신의 이번 말을 들어보니, 지금 나라가 보존될 가능성이 40~50%입니다. 그러나 이 성의 상황으로 본다면 100% 모두 위태롭습니다. 대신(大臣)과 상의하여 오늘 안에 빨리 결정한 다음 내일 급히 통보한 연후라야 만일(萬一)의 희망이 있을 수 있으나, (결과가) 어떻게 될지는 모르겠습니다.'라고 하였다.〔盝曰: 此奴兵力, 萬無可當之理。小臣則方爲主兵之官, 不可爲此言, 而因其大砲, 城堞無完, 軍情已變矣。…… 鳴吉曰: 當此危急之際, 何可爲文具? 見汗之前書, 聞兩差之言, 今(言)則十分或有四五分完全之望也。以此城之勢見之, 則十分之中, 十分皆危。當與大臣參酌, 趁今日早決, 明日急通, 然後可有萬一之望, 未知何如?〕"

1월 27일[132]

『인조실록』. "……지금 들으니 폐하께서 조만간 귀국하실 것이라고 하니, 만약 서둘러 달려가서 용광(龍光; 황제의 풍채)을 우러러 뵙지 않으면 정성을 보일 수가 없으니, 뒤늦게 후회한들 무슨 소용이 있겠습니까? 다만 신(臣)이 바야흐로 300년 동안 지켜 온 종묘사직과 수천 리 국토의 백성을 폐하께 맡기오니, 정리(情理; 인정과 도리)상 실로 애처롭습니다. 혹시라도 일이 잘못되면 차라리 칼로 자결하느니만 못할 것입

---

132 1월 27일: 이날 기록이 없어 같은 일자의 『인조실록』으로 보충하였다. 이날 인조는 청태종에게 '안전을 보장해달라'라는 국서를 보냈다.

니다. 엎드려 바라건대, 자애로운 황제께서는 진심에서 우러나는 정성을 굽어살펴 칙서를 분명하게 내리셔서 신(臣)이 안심하고 귀순할 수 있는 길을 열어 주소서. 삼가 죽음을 무릅쓰고 아룁니다. ……〔……今聞陛下旋駕有日, 若不早自趨詣, 仰觀龍光, 則微誠莫伸, 追悔何及? 第惟臣方以三百年宗社, 數千里生靈, 仰托於陛下, 情理誠爲可矜。若或事有參差, 不如引劍自裁之爲愈矣。伏願聖慈, 俯鑑血忱, 明降詔旨, 以開臣安心歸命之路。謹昧死以聞。……〕"

1월 28일[133]

『청태종실록』. "이날 조선 국왕 이종(李倧)에게 칙서로 유시(諭示; 훈시)하였는데, 그 내용은 다음과 같다. 짐이 보내온 국서를 보고, 그대가 종묘사직을 보존하려고 스스로 몸을 묶어 항복하려 한다는 것을 알았다. 그리고 20일의 조서(詔書)에 대해 확실히 약속할 것을 요구하는 것[134]을 서술하였는데, 짐이 이미 조서를 내렸으니, 어찌 식언(食言)하겠는가?〔○ 是日, 敕諭朝鮮國王李倧曰: 朕覽來奏, 知爾欲保全宗社, 束身來歸。且述二十日之詔旨, 欲求信實, 朕詔已出。寧肯食言?〕"

『승정원일기』. "……김류가 아뢰기를, '예전에도 전군(全軍)이 항복했던 때가 있었으니, 저들이 만약 이처럼 하고자 한다면 어찌해야 합니

---

133 1월 28일: 이날 기록이 없어 같은 일자의 『청태종실록』 등으로 보충하였다. 이날 청태종은 인조에게 안전을 보장하는 국서를 보내왔다. 이날 이조 참판 정온과 예조 판서 김상헌이 자살을 시도했으나, 사람들에게 구해져서 살아남았다.

134 확실히 …… 것: 같은 일자의 『인조실록』과 『승정원일기』에는 "안심하고 항복할 수 있는 길을 열어줄 것을 요청한 것〔開安心歸命之請者〕"이라고 되어 있다.

까?'라고 하자, 임금이 말하기를, '이것은 차후의 문제이니, 천천히 해도 될 것이다.'라고 하니, 홍서봉이 아뢰기를, '저들은 필시 이렇게 하고자 할 것입니다.'라고 하였다. 김류가 아뢰기를, '저들은 필시 이렇게 해야만 포위를 풀어 주려고 할 것입니다.'라고 하자, 임금이 말하기를, '미리 헤아려서는 안 된다.'라고 하였다. 김류가 아뢰기를, '비록 미리 헤아리기는 어렵지만 반드시 먼저 결정해야지 때에 언제나 대처할 수 있습니다. ……'라고 하였다.〔……鎏曰: 古有全師解甲之時, 彼若欲如此, 則奈何? 上曰: 此則其次也, 徐徐亦可爲之矣。瑞鳳曰: 彼必欲如此矣。鎏曰: 彼必欲如此而解圍矣。上曰: 不可預度也。鎏曰: 雖難預度, 必先定奪, 可以隨時處之矣。……〕"

『인조실록』. "홍서봉이 말하기를, '국왕께서 곤룡포(袞龍袍)[135]를 착용하고 계시는데, 당연히 이 복장으로 나가야 하겠지요?'라고 하자, 용골대가 말하기를, '곤용포는 착용할 수 없다.'라고 하였다. 홍서봉이 말하기를, '남문(南門)으로 나와야 하겠지요?'라고 하니, 용골대가 말하기를, '죄를 지은 사람은 정문(正門)을 통해 나올 수 없다.'라고 하였다.〔瑞鳳曰: 國王着龍袍, 當以此服出來乎? 龍胡曰: 龍袍不可着也。瑞鳳曰: 當自南門出來乎? 龍胡曰: 有罪之人, 不可由正門出也。〕"

1월 29일[136]

『인조실록』. "……척화신 윤집과 오달제를 잡아 보냈다. 오달제가

---

135 곤룡포(袞龍袍): 인조는 곤룡포가 아닌 평민이 입는 쪽빛으로 물들인 남염의(藍染衣)를 입었다.
136 1월 29일: 이날 기록이 없어 같은 일자의 『인조실록』으로 보충하였다.

아뢰기를, '신은 70세의 노모가 있고 아직 자녀는 없으며 임신 중인 아이가 있을 뿐입니다.'라고 하자, 임금이 말하기를, '참담하고 참담하도다!'라고 하였다. 윤집이 아뢰기를, '신들은 떠나갑니다만, 전하께서 만약 세자와 함께 나가신다면 성안이 패하여 도망갈 걱정이 있으니, 이점이 실로 염려됩니다. 전하께서는 세자를 이곳에 머물러 있게 하고 함께 나가지 마소서.'라고 하자, 임금이 말하기를, '장차 죽을 곳에 가면서도 오히려 나라를 걱정하는 말을 하는가? 그대들이 죄 없이 죽을 곳으로 나아가는 것을 보니 내 마음이 찢어지는 듯하다. 어찌 차마 말할 수 있겠는가? 성에서 나간 뒤에 국가의 존망도 단정할 수는 없다만, 만일 온전하게 된다면 그대들의 늙은 어버이와 처자는 마땅히 돌보아 주겠다.……'라고 하였다. 〔…… 執送斥和臣尹集·吳達濟。…… 達濟曰: 臣只有七十老母, 而時無子女, 只有腹中兒矣。上曰: 慘矣! 慘矣! 集曰: 臣等則出去矣, 殿下若與世子而偕出, 則城中潰散之患, 誠可慮也。願殿下, 留世子在此, 勿與偕出。上曰: 將往死地, 而猶爲憂國之言耶? 見爾無罪而就死地, 予心如割, 可忍言哉? 出城之後, 國家存亡, 亦不可定, 而萬一得全, 則爾之老親·妻子, 當加顧恤。……〕"

1월 30일[137]

『청태종실록』. "조선 국왕 이종(李倧; 인조의 이름)은 한강 입구와 바닷가의 땅 및 강화도의 성을 이미 빼앗기고 처자(妻子)와 신하들이 모두 포로가 되었으며, 자신도 남한산성에 갇혀 곧 성이 함락될 위기에 처하고 8도의 백성이 사방으로 뿔뿔이 흩어졌으며, 각 도의 구원군은

---

137 1월 30일: 이날 기록이 없어 같은 일자의 『청태종실록』 등으로 보충하였다.

모두 패배당하여 종묘와 사직이 무너져가는 것을 면할 수 있는 계책이 없었다. 황제가 칙서를 내려 밝게 유시(諭示; 훈시)하여 잘못을 사면하고 죄를 용서하여 항복하는 것을 허락하였다. …… 이종(李倧)이 신하들을 거느리고 땅에 엎드려 청죄(請罪; 잘못을 인정하고 처벌을 요청함)하고 우리나라 신하들에게 황제에게 대신 아뢸 것을 요청하며 말하기를, '황제께서 하늘 같은 마음으로 신(臣)의 모든 죄를 용서하여 이미 죽은 목숨을 살려주고 이미 망한 나라를 보존시켜서 종묘사직을 새로 건립하게 하셨습니다. 신(臣)의 죄가 많아 처벌하셔서, 신(臣)이 지금 죄를 인정하고 황제를 알현하러 왔습니다.' ……이종(李倧)과 신하들로 하여금 각자 (강화도에서 항복한) 처자(妻子)와 며느리를 서로 만나보게 하니, 모두 서로 껴안고 통곡하며 말하기를, '며칠만 늦었어도 우리들은 모두 잿더미가 되었을 텐데, 오늘 다행히 황제의 너그러움과 은혜를 온 세상이 모두 입어서, 우리들이 비로소 함께 모였다.'라고 하며 애통해하며 그치지 않았다.〔朝鮮國王李倧, 以漢江口濱海之地及江華島城既失, 妻子及群臣, 盡被俘獲身復受困南漢, 旦夕城陷, 八道人民, 流離四散, 各道援兵, 皆被擊敗, 宗社將覆, 無計可免, 上降敕曉諭, 赦過宥罪, 許其歸降。…… 李倧率群臣伏地請罪, 求我國諸臣代奏於上曰: 皇帝天心, 赦臣萬罪, 生已死之身, 存已亡之國, 俾得重立宗社。緣臣罪過多端, 故加之罰, 今臣服罪, 來謁皇上。…… 令李倧及群臣, 各與其妻子・子婦相見, 皆相抱慟哭曰: 稍緩數日, 我等皆爲灰燼矣, 今日幸遇皇帝寬恩, 普天均被, 我等方得完聚。因哀痛弗止。〕"

『인조실록』. "그리고 용골대로 하여금 호위하는 군사를 이끌고 길의 좌우를 끼고 임금을 인도하여 가게 하였다. 사로잡힌 남녀들이 바라보고 울부짖으며 모두 말하기를, '우리 임금이시여! 우리 임금이시여! 우리를 버리고 가십니까?'라고 하자, 길 양쪽에서 울부짖는 자가 만 명이나 되었다.〔令龍胡率護行軍兵, 挾路左右, 導上而行。被擄子女望見, 號哭皆曰: 吾君! 吾君! 捨我而去乎? 挾路啼號者, 以萬數。〕"

2월 1일[138]

『청태종실록』. "조선 강화도에서 노획한 사람·가축·재물을 각 관원에게 상으로 차등 지급하였다.〔以所獲朝鮮江華島人·畜·財幣, 賞給各官有差。〕"

2월 2일[139]

『인조실록』. "여러 도(道)의 군대를 해산하여 돌려보냈다.〔罷遣諸道兵。〕"

---

138 2월 1일: 이날 기록이 없으나, 조선인 포로에 관한 것을 설명하기 위하여 같은 일자 『청태종실록』으로 보충하였다. 청나라는 정복하여 획득한 포로를 짐승처럼 사고파는 교역의 대상으로 여겼다. 『청태종실록』과 『만문노당』 등의 기록을 보면 이런 기록이 자주 보인다. 정묘호란과 병자호란을 일으킨 후금(청)의 목표 중에 포로 획득이 중요한 것이라는 것을 알 수 있다. 최명길은 병자호란 때 잡혀간 "포로*가 무려 50여 만이라고 하였다〔被俘人口無慮五十餘萬〕"(「移陳都督咨」, 『遲川集』卷17).
  * 참고로 정묘호란 때의 포로는 대략 최소 25만 이상이라고 추정된다.
139 2월 2일: 이날 기록이 없으나, 조선군 해산에 관한 것을 설명하기 위하여 같은 일자 『인조실록』으로 보충하였다. 남한산성에 있었던 조선군을 해산하여 고향에 돌아가도록 하였다. 당시의 사정을 감안하면 조선 정부가 독단적으로 결정한 것이 아니라 청나라의 지시로 인하여 조선군을 해산한 것으로 추정된다.

2

병자호란의 과정[1]

○ 한양에 있는 무기고의 화포를 모두 적에게 내어주어 도리어 이 성을 공격하는 도구가 되었다. 평상시에 이시백(李時白)이 '화포와 무기로 방어해야 한다.'라고 강력하게 요청했으나, 윤허하지 않다가 이때 모두 청나라에 빼앗겼다.
○ 京城武庫大炮, 盡以與敵, 反爲破此城之具。嘗時, 李時白力請大炮·軍器防塞。不許, 及是, 盡爲彼有。

○ 강가에 (다른 곳에 갔던) 청나라군이 연속적으로 돌아와서 병력이 다시 많아졌고, 사로잡힌 사람과 가축이 들을 덮을 정도로 많았다.
○ 水上, 胡兵連續還歸, 兵勢復熾, 所掠人·畜, 蔽野。

○ 대장들이 누차 군사들을 사주하여 척화인을 청나라에 보낼 것을 요청하게 하였다. 이에 군사들이 조정에서 크게 소란을 피우자, 대신

---

[1] 병자호란의 과정: 원문에는 없으나 역자가 임의로 제목을 지었다.

(大臣)이 이전의 주장을 다시 해서 6명을 보낼 것을 요청하였다. 이에 (군사들이) 투지(鬪志; 싸울 의지)가 없어 모두 성첩에서 내려와 조정의 벼슬아치에게 화내고 욕하여 커다란 변란이 일어날 뻔하였다. 청나라는 본래 우리나라와 친하게 지내서 우호 관계를 유지하려 하였지만, 우리나라는 오랑캐의 나라로 여겨서 겉으로 기미책을 썼을 뿐이었다. 그들이 점차 우리의 속마음을 알아차리고 마침내 조공을 증가하고 예(禮)를 높여 모욕이 날로 심해지자, 우리나라가 감당할 수 없어 화친이 잘못되었다고 여긴 지 오래되었다.

○ 大將累諷軍士, 請出斥和人。軍士大鬨於朝堂, 大臣復申前議, 請出六人。於是, 無鬪志, 皆下城堞, 憤罵朝士, 大變將生矣。胡人, 本爲我國, 親信相好, 我國, 示²以氈裘之域, 外施羈縻而已。渠日知我情, 遂增幣·禮, 侵辱日甚, 我國不能堪, 以和爲非, 久矣。

그런데 (병자년 2월에 청나라 사신이 황제의) 존호(尊號)³를 올려야 한다는 논의를 듣고 조정의 여론이 더욱 험악해지자 '이것으로 인하여 단교하는 것이 매우 합당하다.'⁴라고 하자, 주상이 마침내 결심하

---

2 示: 『택당유고초고』에는 '示'로 되어 있고, 『택당유고전집』과 『택당유고간여』에는 '視'로 되어 있다.
3 존호(尊號): '관온인성황제(寬溫仁聖皇帝)'를 말한다. 풀이하면, '너그럽고 따뜻하며 어질고 성스러운 황제(皇帝)*'이다.
 * 『淸太宗實錄』, 〈崇德 元年 4月 11日〉. "황제가 존호를 받는 것으로 천지에게 제사하여 고하고, '관온인성황제'라는 존호를 받고, 국호를 대청(大淸)이라고 하고, 연호는 숭덕 원년으로 고쳤다.〔上以受尊號, 祭告天地, 受寬溫仁聖皇帝尊號, 建國號曰大淸, 改元爲崇德元年。〕"
4 단교하는 …… 합당하다: 조선에서 기미책(羈縻策)을 포기하는 것을 의미한다. 믿기지 않지만, 적어도 이때까지 최명길은 청나라와 전쟁을 불사(不辭)하는 강경한

고 8도에 훈시하고 명나라에도 알렸으나,[5] 전쟁 준비는 하지 않고 화의(和議; 평화 회담)만 중단하였다. 사람들마다 그것이 위험하다는 것을 알자, (2월 29일)[6] 영의정 윤방(尹昉)은 수도를 강화도로 옮기고 화친을 중단할 것을 요청하니, 이에 사람들이 모두 영의정 윤방을 공격하여 (6월 13일) 윤방이 즉시 사직하였다.

及聞稱尊之議, 朝議益峻, 以爲因此絶之甚當, 上意遂決, 遂下諭八路, 轉奏天朝, 然不修戰備, 但絶和議。人人知其危, 領相尹昉, 請遷都江華後, 絶和, 於是, 人皆攻尹相, 尹卽去位。

이때부터 척화론이 이미 아뢰어져서 명사(名士; 유명한 사람)라도 손을 쓸 수가 없었고, 칼날은 오로지 임금이 강화도에 들어가야 된다고 주장하는 사람들을 공격하였다. 내가 일찍이 어전에서 아뢰기를, "청나라 군대가 겨울에 반드시 침입할 것이고, 우리에게 전쟁을 피해 갈 수 없게 만들 것이니, 이것이 가장 걱정스럽습니다."라고 하였다. 그러나 대론(臺論; 사간원과 사헌부의 탄핵)을 두려워해서 감히 강화도에

주전파였다. 최명길은 총 네 번 상소를 올렸다. 미주12) 참조.
5 명나라에도 알렸으나: 명나라 병부 감군(兵部監軍) 황손무(黃孫茂)는 1636년 10월에 인조에 자문(咨文; 외교 문서의 일종)을 보내서, 조선이 청나라와 전쟁하는 것을 반대하고 외교적으로 해결할 것을 조언하였다. 『지천집유집』 권1에 명나라와 주고 받은 외교 문서 「移椵島沈都督世魁咨」, 「椵島回咨」, 「皇勅」, 「再移沈都督咨」, 「椵島移咨」, 「黃監軍移書」, 「回咨黃監軍孫茂」가 실려 있다. 『택당집별집』 권1에도 「沈都督前回帖」이 실려 있다.
* 2008년 6월 20일에 출판된 『增補譯註 지천선생집』(선비)에서는 조선시대에 출판된 『지천집』에 포함되지 않은 많은 자료가 수록되어 있다. 그중에 병자호란 연구에 꼭 필요한 자료가 다수 수록되어 있다.
6 (2월 29일): 영의정 윤방은 임금이 강화도로 피난 갈 것을 건의하며 격론을 벌였으나, 결국 받아들여지지 않았다. 미주13) 참조.

들어가야 된다고 하지 못하고, 오로지 영의정 윤방(尹昉)과 사적으로 대화하며 걱정하였다. (10월에)[7] 조정으로 돌아온 후에 상소하여 아뢰려고 했으나 대론이 두려워서 감히 꺼내지 못했고, 장유(張維)도 상소하여 아뢰려고 하였으나 모두 실행하지 못하였다.

自是, 斥和之論, 已陳, 名士, 無所施, 其鋒, 專攻入江都之論。某嘗於榻前言: 胡兵冬間必來, 使我不得避亂, 此大可慮。然畏臺論, 不敢言入江都事, 獨與尹相私語而憂之。及還朝後, 欲上疏言之, 而畏被臺論, 不敢發, 張維, 亦欲草疏言之, 皆不果。

(12월에)[8] 내가 연달아 시원(試院; 과거시험을 주관하는 관청)에 들어가 다시는 조정의 업무 회의에 참석하지 않아 비변사의 논의가 어떤지를 전혀 알지 못하였다. 또 (9월 13일) 강상(江上)[9]에 있을 때 상소[10]를 올려 위급한 상황을 강력하게 아뢰고, 전국적으로 징집하는 법을 시행하고 정예병을 선발하여 서로(西路; 평안도와 황해도)의 강과 산맥에서 막을 것을 요청했으나,[11] 영의정이 크게 화를 내며 자신의 국방

---

7 (10월에): 『택당선생 연보』. "10월에 조정에 돌아왔다.〔十月還朝。〕"
8 (12월에): 「택당선생 행장」, 『외재집』 권9. "12월 2일에 전시(殿試; 대과 3차 시험)의 시험관으로 임금님의 부름을 받았다.〔十二月初二日。以殿試試官命招。〕"
9 강상(江上): 택당선생이 거주하던 경기도 양평군 양동면 안골마을로 추정된다.
10 상소: 「丙子秋辭召命陳時務疏」, 『택당집』 권8과 『인조실록』, 〈14년 9월 13일〉에 실려 있다.
11 요청했으나: 답신이 『인조실록』, 〈14년 9월 13일〉 기사에 실려 있다. "임금이 답신하기를, '상소를 보고 자세히 알았다. 매우 가상하다. 상소 내용에 소견이 있으니, 비변사에서 의논하여 처리하겠다.'라고 하였다. 비변사에서 아뢰기를, '공경(公卿) 이하 서민에 이르기까지 모두 군인이 되는 개병제(皆兵制)를 시행하고 늙거나 병들어 징집을 면제받은 사람에게는 물건으로 대납하게 하면, 식량이 풍족하고 군사도 많아져 두 가지(식량과 군사) 모두 이로우나 득실(得失)이 반반이라 실행하기 어려

정책에 불만을 품었다고 하여 드러내서 나를 험담하고 욕하였다.[12] 나는 이 때문에 속으로 자괴감(自愧感)이 들어 다시는 시사(時事; 당시의 정사(政事))에 대해 언급하지 않았다. 12월 1일에 비로소 전례에 따라 대제학[13]으로 비변사의 벼슬을 겸임했으나 다시 업무 회의에 참석하지 않았다.

某連入試院, 不復參坐廟堂, 全不知廟議如何。且在江上時, 上疏力陳危急之狀, 請行擧國從軍之法, 抄出精兵, 以遮西路江嶺, 領相大怒, 以爲不滿於己之兵政, 顯加詆罵。某以此內愧, 不復言時事。十二月初吉, 始以大提學, 例兼備局, 然不復參坐矣。

남한산성은 산세가 비록 험준하나 성이 낮게 쌓였고 망루도 완성되지 않았다. 완풍군(完豊君) 이서(李曙)가 주관[14]할 때는 소금과 장 및

울 듯합니다. 대동법 시행을 주장하는 자가 한두 명이 아니나 반드시 잘 개혁해야 비로소 유익하고 해로움이 없을 것입니다. 조리(條理)가 있고 절목(節目)도 많으니 이식이 조정으로 돌아오기를 기다려 직접 만나서 의논하여 처리하겠습니다.'라고 하자, 임금님이 따랐다. 그러나 그 후에 아무 일도 실행하지 않았다.〔答曰: 省疏具悉。深用嘉尙。疏辭, 不無所見, 當與廟堂議處焉。備局回啓曰: 公卿以下以至庶民, 盡行爲兵, 而或以老病除征, 納物, 則足食・足兵, 兩得其利, 而利害相半, 恐難擧行。至於大同之設, 論者非一二, 必須善加變通, 方可有益無害。旣有條理, 亦多節目, 待李植還朝, 面議以處。上從之。其後, 事竟不行。〕"

12 영의정이 …… 욕하였다: 영의정 김류를 가리킨다. 『택당선생 어록』에서 김류에 대해 다음과 같이 평가하였다. "김류(金瑬)를 사람들이 모두 강하다고 하나 평생 임금의 뜻에 순종하는 것을 위주로 하였으니, 강자라면 이와 같겠는가? 가령 아래 사람에게 강한 것이라면, 누군들 못하겠는가? 그의 사람됨은 한결같이 악습관이 있는 사람이다.〔昇平, 人皆强, 而一生, 唯以承順上意爲主, 强者如是乎? 使强於手下人, 誰不能哉? 蓋其爲人, 一習惡之人也。〕"

13 대제학: 11월 7일에 임명되었다.
14 이서(李曙)가 주관: 1624년(인조2) 7월에 이서가 총융사로 남한산성을 수축하는 것

다른 물건을 많이 비축했고 군량미도 수만 섬(石)이 되었으나, 심기원(沈器遠)[15]과 이시백(李時白)[16]이 남한수어사(南漢守禦使)가 된 후에는 가난한 백성에게 환곡으로 대여한 양식 1만여 섬이 모두 성 아래 2~3개의 창고에 있었다. (그러나 병자호란이 갑자기 일어나자) 창고를 지키는 군사들이 옮겨올 수 없어서 모두 적에게 빼앗겼고, 성안의 양식은 2달 치도 되지 않았다. 관군이 조총을 사용하여 (성을 방어하자) 적이 침범할 수 없어서 (목책으로) 긴 포위망을 설치하고 (양식이 떨어질 때까지 지구전으로) 곤궁하게 하였다.

南漢城山勢, 雖險絕, 城築卑淺, 而樓櫓未完。完豊君李曙主管時, 頗貯鹽醬雜物, 軍粮可數萬石, 自沈器遠・李時白爲使後, 以給糴勞民, 粮萬餘石, 皆在城下數三倉。倉卒, 不能輸入, 盡爲敵有, 城中粮, 不滿二月之用。賴官軍用炮, 敵不能犯, 設長圍以困之。

(병자호란이 일어난) 처음에 조정에서 유명한 벼슬아치도 모두 이 성에 양식의 유무(有無)를 모르고 오랫동안 지킬 수 있는 곳으로 여겨서, 이곳으로 옮길 것을 서로 다투어 주장했는데, 나는 그렇지 않다는 것을 알고서 이전에 이미 주상에게 아뢰었다. 그러나 뜻밖에 (남한산성으로) 옮겨 갈 때 내가 도중에 중추부 판사(中樞府判事) 심열(沈悅)과 함께 계책이 매우 잘못되었다고 말하자, 영의정은 다시 강화도로 피

을 주관하였다.
15 심기원(沈器遠): 1644년에 반란죄로 처형당해서 기록이 많이 남아 있지 않다. 『인조실록』, 〈2년 5월 28일〉에서 "남한산성을 심기원에게 맡겼다.〔南漢則委於沈器遠。〕"라고 하였다.
16 이시백(李時白): 『仁祖實錄』, 〈14年 3月 26日〉. "이시백을 남한산성 수어사로 삼고 호위대장을 겸하게 하였다.〔以李時白爲南漢山城守禦使, 仍兼扈衛大將。〕"

난 가는 계책을 강력히 주장하여, 내가 '이것은 너무 늦었으니, 관동(關東)이나 충청도로 향해야 한다.'라고 하였다. 또 여러 재신(宰臣)들이 세자를 (성에서) 내보낼 것을 요청하였으나, 주상이 인자하여 차마 종실과 백관(百官)을 버리지 못했고, 세자도 차마 이별하고 멀리 떠나가지 않아서 마침내 포위되었다.

初朝中名官, 皆不知此城, 資實有無, 視爲久遠可守處, 爭議移駐, 余則知其不然, 前已言于上矣。不意移住, 余於路中, 與沈判府悅, 言其失策之甚, 領相力主復幸江都之計, 余以爲此決不及, 當向關東或湖西。又諸宰請出世子, 上慈仁, 不忍棄宗室·百官, 而世子, 不忍離違遠出, 竟至被圍。

○ 당초에 마부대와 화의(和議; 평화 회담)가 어그러지고 청나라 왕(王)의 군대가 계속 도착하자, (청나라 진영으로 회담하러 갔던) 김신국이 적진에서 돌아와 보고하기를, "이후에는 전쟁이 아니면 항복해야 하니, 결코 다시 화친을 청할 수 없습니다."라고 하고, 즉시 요청하기를, "군대를 동남쪽 대봉(對峰; 남격대)에 주둔하여 적이 먼저 점령하지 못하게 하고, 또 한 모서리를 공격하여 남쪽에서 (올라오는) 구원군과 통하게 해야 합니다."라고 요청하였지만 영의정이 의심하여 받아들이지 않자, 김신국은 이때부터 다시 아뢰지 않았다. (그 이유는) 비변사에 담대하고 지략이 있는 사람이 이 사람뿐인데도 그의 계책을 받아들이지 않았기 때문이다.

○ 當初, 與馬胡和議旣乖, 而王子軍續至, 金藎國還自虜陳, 言: 此後非戰則降, 決不可復請和。卽請: 屯兵東南對峰, 毋爲敵先得據, 又欲擊開一角, 通南路之援。領相疑而不能用。金藎國, 自是, 不復言, 蓋備局中, 有贍知者, 只此人, 而亦未用其謀矣。

12월 20일부터 8도의 구원군이 차례로 1~2일의 거리에 진주(進駐)하여 장계로 보고하고 연락을 주고받자, 청나라 사람들은 포로군(조선인을 포로로 잡아 청나라 군인으로 만듦)과 청나라군 1,000여 명만 남겨 동서(東西)로 햇빛에 무기를 빛나게 해서 병력이 많다는 것을 보여주었으나, 실제는 정예군을 모두 동원하여 멀리 구원병을 공격하러 간 것이었다. 모두 성 위에서 청나라군의 이동 상황을 모두 볼 수 있었으므로 내가 주장하기를, "지금이야말로 군대를 출동시키기 좋은 시기이니, 청나라 군의 보루(堡壘; 진지)를 부수거나 (군대를 산성에서) 내보내 포위망을 무너뜨려서 그들이 전적으로 구원군에게 향하지 못하게 해야 합니다. 이것이 성안과 성밖이 서로 호응하는 방법입니다."라고 하자, 여러 사람들이 말하기를, "여기서 어찌 청나라의 상황을 알 수 있겠습니까? 저들이 흩어져 약탈하러 갔을 수도 있으니, 어찌 반드시 구원군에게 향하였다는 것을 알 수 있습니까? 구원군이 성 아래에 도착할 때까지 기다렸다가 서로 호응해야 합니다."라고 하였다.

自臘月念後, 諸道援兵, 聯次進住於一二日程, 狀報通行, 則胡人, 只留俘卒及本兵千餘人, 東西耀兵, 以示衆。其實盡精兵, 遠擊援兵。皆自城上見軍行狀, 某議以爲: 此時, 正好出兵, 或斫其壘, 或畫出爲潰圍狀, 使之不得專向援兵。此內外相應之道也。諸公曰: 此何知胡情? 彼或散掠而出, 何以知必向援軍? 當待援軍至城下, 相應可也。

청나라 군대가 합쳐져서 큰 진영을 이루자 전력으로 멀리 나가서 모지(某地; 어느 지역)의 구원병을 맞이하여 공격했고, 성 아래로 돌아온 후에는 구원군의 소재를 정탐하고 동서(東西)로 번갈아 출격하러 갔기 때문에 구원병이 궤멸되지 않은 곳이 없었다. 이것이 가장 큰 실책인데도 조정에서는 대수롭지 않게 여겼다. 2원수[17]가 거느린 군대의 소재를 알지 못한 때부터 청나라군이 먼 길로 대대적으로 약탈하러 가서 성 아래에 주둔한 청나라군이 적어 공격할 수 있었으나,[18] 기다란 포위망이 이미 견고하고 화친을 논의하는 사신들이 계속 성을 나가자, 다시 싸우는 일을 거론하지 않았다.

 胡兵合爲大陣, 專力遠出, 迎擊某地援兵, 還至城下之後, 偵援軍所在, 東西迭出, 故援兵無處不潰。此最失策, 而廟堂不以爲意。自兩元帥兵, 不知所在, 胡兵大掠遠道, 城下屯兵, 零星可擊, 而長圍已固, 和使續出, 不復言戰事矣。

 전쟁이 시작될 때부터 우리나라의 대처가 연달아 잘못되어, 마치 술에 취한 듯 잠자는 듯하였다. 당시 우리나라의 유명한 점쟁이들이 모두 청나라군은 결코 침입하지 않을 것이라고 하였는데, 사람들이 무사안일(無事安逸)했던 것은 이것 때문이었다. 성안에 포위되었을 때 사람마다 '길몽(吉夢)'과 '길점(吉占)'을 말하여 흉조(凶兆 불길한 징조)

---

17 2원수: 서로도원수(西路都元帥) 김자점(金自點)과 제도도원수(諸道都元帥) 심기원(沈器遠)이다. 『承政院日記』, 〈仁祖 15年 2月 10日〉. "서로도원수 김자점과 제도도원수 심기원 …… 구차하게 목숨을 아꼈으니, 모두 잡아다 심문하라.〔西路*都元帥金自點·諸道**都元帥沈器遠……苟且偸生, 並拿推。〕"
 * 서로(西路): 평안도와 황해도를 가리킨다.
 ** 제도(諸道): 심기원은 1636년 12월 14일에 한양을 지키는 유도대장(留都大將)에 임명되었다가, 12월 30일에 제도 도원수에 임명되었다.
18 공격할 수 있었으나: 사르후 전투 때 후금에 포로가 되었다가 귀환한 이민환은 조선도 반드시 기병을 육성하고, 후금의 기마병을 공격할 때는 반드시 조선도 기병을 동원해야 한다고 하였다. 그러나 말을 육성하려면 오랜 시간이 걸리고 비용이 많이 들어 조선은 북벌 운동이 추진되던 효종 때까지도 기병을 육성하지 못하였다.

를 한 번도 듣지 못했으나, 국론과 전략이 옛날처럼 잘못되고 인심(人心)이 같지 않아 더욱 할 말이 없으니, 천도(天道; 하늘의 도리)를 어찌 믿을 수 있겠는가? '신(臣)'이라 칭하고 애걸할 때는 바람과 날씨가 좋지 않아 비정상적으로 눈이 내렸으나, 적들이 성을 공격하고 세 곳에서 교전할 때는 바람이 잠잠했고, 지친 군사들이 피곤하여 잠들 때는 몰래 습격하던 청나라군이 모두 발각되었으니, 이것은 혹시 하늘의 뜻이란 말인가?

自戎釁之啓也, 我之處置, 節節乖當, 如醉如睡。當時, 國中名卜人, 皆以爲胡兵必不來, 人心晏然者, 以此故也。及在圍城中, 人人, 言吉夢吉占, 未嘗聞一凶兆, 而國論軍機, 依舊乖謬, 人心不齊, 尤不可說, 天道, 豈可恃耶? 惟於稱臣乞伏之時, 風日不好, 雨雪乖常, 及賊犯城時, 三處交戰, 風勢皆順, 疲兵困睡之中, 暗襲之兵, 皆見覺, 此則倘有天意耶?

3

남한산성에서 지은 시[1]

1월 1일에 나는 대사성(大司成) 윤지(尹墀), 사성(司成) 신민일(申敏一) 등과 함께 옛 성인들의 위패에 향불을 피우고 직방(直房)[2]의 동쪽 돌기둥에 다음과 같이 시를 썼다.〔正月元日, 余與大司成尹墀·司成申敏一等, 焚香於先聖位板, 題贊于直房東邊板戶石柱。〕

①[3]

조선의 세상 물정 모르는 선비	東國迂士
호(號)는 택풍(澤風)이라네	號澤風子
집안의 전통 이어 선비가 되어	家襲衣冠
글 짓는 일 담당했네	職司文字
정치는 의견이 다르나	政雖異謀

---

1 남한산성에서 지은 시: 이 제목은 원문에 없으나 역자가 임의로 붙인 것이다.
2 직방(直房): 대궐 밖에 있는 조정의 신하들이 조회를 기다리며 머물거나 당직을 서는 방이다.
3 ①: 이 시는 「택당선생 행장」에도 실려 있다.

의(義)로 함께 죽으리라	義當同死
이 마음 이 도리를	斯心斯理
옛 성인들이 지켜본다네	先聖是視

또 나무판자로 만든 문에 다음과 같이 시를 썼다.〔又題于板戶。〕

②⁴

성현의 위패 성균관에서 남한산성의 군관청(軍官廳)으로 옮겨와
    大學依兵館
정월 초하루에 성현(聖賢)을 참배하네   元朝謁聖神
삼강오륜(三綱五倫)의 진리 대낮처럼 환하게 드러나니   綱常懸白日
천지(天地; 온 세상)가 푸른 봄으로 바뀌리라   天地轉靑春

대사성(大司成) 윤지(尹墀)⁵가 차운(次韻; 다른 사람의 시에서 운을 가져와 시를 지음)하였다.〔大司成次韻。〕

③

죽고 사는 것이 같은 이치여서	一理均生死
이 마음 귀신에게 묻네	斯心質鬼神
산성이 고향이 아니랴	城隍非故里
한 잔 술로 신년을 맞이하네	杯酒作新春

---

4 ②: 이 시는 「택당선생 행장」에도 실려 있다.
5 윤지(尹墀): 당시 38세로 20세에 문과에 합격하였다. 윤방의 손자로, 윤신지(尹新之)의 아들이다.

(원문주: 위패가 서문(西門) 군관청(軍官廳)에 보관되었다. 윤봉수(尹奉守)가 그의 작은아버지인 전(前) 관찰사 윤이지(尹履之)[6]와 함께 지냈었는데, 이날 술이 생겨 몇 잔을 함께 마시셨기 때문이다.〔位牌, 寓置西門軍官廳。尹公奉守, 尹之從父, 前監司尹履之, 同寓, 是日, 得酒數杯, 同飮故云。〕)

동악(東岳)이 차운(次韻)하였다.〔東岳次韻。〕

④
조정의 계책 여력(餘力)이 없지만	廟算無餘力
진심은 본래 신(神)을 감동시키네	眞衷自感神
고립된 성에서 천자(天子)께 비오니	孤城祝天子
정축년(丁丑年)에 태평한 봄이 되게 해주소서	丁丑太平春

⑤
대의(大義)가 해처럼 밝고	大義昭如日
심오한 계책 절묘해서 신(神)의 경지에 들어갔네	沈謀妙入神
온 산에 청나라 진영이 널려있어	漫山虜營合
갑옷 입고 왕에게 신년 인사 올리네	戎服賀王春

(원문주: 위는 망궐례(望闕禮; 설날 등의 명절에 중국 황제를 향해 절하는 것)를 행할 때 지은 것이다.〔右, 爲元日, 行望闕禮作。〕)

---

6 윤이지(尹履之): 당시 59세로 형조 판서 등의 벼슬을 하였다. 윤방의 아들이다.

6⁷

군신(君臣)이 한 성에서 목숨 의지하니　　　　君臣寄命一城中
효(孝)와 충(忠) 어느 것이 더 중요한가.　　　輕重誰分孝與忠
긴 포위망을 향해 서쪽 멀리 바라보니　　　　時向長圍西極目
저 먼 하늘로 날아가는 새가 부럽다네　　　　羨他歸翼下遙空

(원문주: 학곡(鶴谷)이 구점(口占; 글씨가 아닌 입으로 시를 짓는 것)하여 이침(李梣)⁸에게 개인적으로 보여준 것이다.〔右, 鶴谷口占, 私示李梣。〕)

7⁹

고립된 산성이 오랑캐에 함락된들　　　　　　縱使孤城墮虜中
군신(君臣)이 충성으로 지켜서 부끄럽지 않네　君臣無愧守精忠
조선은 지금부터 명성이 영원하고　　　　　　三韓自此名千古
밝은 해는 푸른 하늘 밝게 비추리라　　　　　白日昭昭照碧空

(원문주: 위는 동악(東岳)이 방에서 구점(口占)한 것이다.〔右, 東岳房中口號。〕)

7　6: 이 시가 『학곡집(鶴谷集)』에 실려 있다. 제목은 〈청나라 진영에 가서 강화도를 바라보다〔赴虜陣望江華〕〉이다.
8　이침(李梣): 동악(東岳)의 조카로 이식과는 8촌이다. 원주 목사 등의 벼슬을 하였다.
9　7: 이 시가 『동악집』에 실려 있다. 제목은 〈산성에 포위된 와중에 좌의정 학곡 시에 차운하여 구점하여 같이 머무르던 여러 사람들에게 보여주었다〔圍城中次洪相鶴谷韻口占同寓諸君〕〉이고, 시 아래에 작은 글씨로 "선생이 1년 동안 고질병으로 시를 짓지 못하는 상태였는데, 가마를 타고 임금을 따라 남한산성으로 피난 와서 병이 더욱 위독해졌다. 좌의정 학곡이 보여준 운을 보고 이 시를 지어 화답하였다. 이 시가 최후의 작품이다.〔先生經年沈痼, 不復吟詠, 旣舁載扈駕, 疾遂困殆。見鶴相示韻, 有此和作, 此則絶筆也。〕"라고 하였다.

3. 남한산성에서 지은 시

⑧[10]

평생 책에 파묻혀 지내느라　　　　　　　　　　平生汨沒簡編中
아들과 신하로서 효도와 충성을 저버렸네　　　　爲子爲臣負孝忠
맹세코 수양[11]의 전쟁에서 전사한 귀신이 되어　誓作睢陽兵死鬼
신검(神劍)으로 오랑캐를 싹 쓸어버리리　　　　　神鋒終掃虜塵空

(원문주: 위는 택당(澤堂)이 방에서 구점(口占)한 것이다.〔右, 澤堂同上。〕)

⑨[12]

개미 같은 목숨 기꺼이 호랑이 입속으로 던져서　蟻命甘投虎口中
이 내 마음 어리석은 충성 바치기에 어찌 부끄러우랴
　　　　　　　　　　　　　　　　　　　　　　此心何愧貢[13]愚衷[14]孤
외로운 혼을 구름에 드리워서　　　　　　　　　魂倘得垂雲去
반드시 긴 무지개 되어 하늘에 걸려 있으리　　　化定[15]長虹跨半空

(원문주: 위는 대사간 윤황(尹煌)이 척화신으로 장차 청나라 진영으로 가게 되었는데, 같은 방에 있으면서 차운(次韻)하여 보여주기 위해서 시를 지었다.〔右, 尹大諫煌, 以斥和臣, 將赴虜營, 同在一房, 次韻留示。〕)

10　⑧:「택당선생 행장」에 이 시가 실려 있다.
11　수양(睢陽): 당나라 안록산의 난 때 허원 등이 여기서 반란군에게 죽임을 당하였다.
12　⑨: 이 시가 윤황의 문집『팔송봉사』, 부록上,「南漢次東岳韻」에 실려 있다.
13　貢:『택당유고초고』에는 '聲'으로 되어 있다.『팔송봉사』에 근거하여 '貢'으로 수정하였다.
14　衷:『택당유고초고』에는 '衷'으로 되어 있고,『택당유고전집』·『택당유고간여』·『팔송봉사』에는 '忠'으로 되어 있다.
15　定:『택당유고초고』에는 '化'로 되어 있다.『팔송봉사』에 근거하여 '定'으로 수정하였다.

4

주전파 윤황과 김상헌의 이야기[1]

내가 동악(東岳) 숙부를 따라서, 윤황(尹煌)[2]과 그의 아들 윤문거(尹文擧)와 함께 머물렀다. 윤황은 화의(和議; 평화 회담)을 강력하게 배척할 뿐만 아니라 국방에 관한 주장은 매우 비현실적이었다. 다만 사람됨이 충성스럽고 순박하며 자신을 속이지 않았을 뿐이니, 이것은 그가 말이 많았으나[3] 이치에 맞지 않아 도리어 국가의 대사(大事)를 그르친 원인이

---

1 주전파 …… 이야기: 이 제목은 원문에 없으나 역자가 임의로 붙인 것이다.
2 윤황: 『병자록』, 〈인조 15년 2월 5일〉자 기사에 구굉이 윤황을 신랄하게 비판하였다. "구굉이 한양으로 돌아온 후에 팔을 걷어붙이고 큰 소리로 말하기를, '윤황이 항상 청나라가 쳐들어오면 내가 아들 8명을 이끌고 물리치겠다고 하였는데, 아들 8명은 어디 있는가? 척화를 주장하다 이 지경이 되게 하였으니, 만약 윤황의 목을 베지 않으면 어떻게 나라를 다스리는가?'라고 하였다.〔具宏自還都以來, 攘臂大言曰: 尹煌常言'虜入來, 率吾八子, 亦可擊却.'云, 而八子安在? 主倡斥和, 使至此極, 若不斬煌, 何以爲國乎?〕"
3 그가 말이 많았으나: 윤황*의 문집 『팔송봉사』에 1636년에 지은 상소가 다음과 같이 총 14편이 실려 있다. 1) 〈2월 2일〉, 2쪽; 2) 〈2월 8일〉, 18쪽; 3) 〈2월 9일〉, 11쪽; 4) 〈7월 26일〉, 3쪽; 5) 〈8월 1일〉, 6쪽; 6) 〈8월 2일〉, 3쪽; 7) 〈8월 4일〉, 3쪽; 8) 〈8월 14일〉, 3쪽; 9) 〈8월 19일〉, 1쪽; 10) 〈8월 20일〉, 2쪽; 11) 〈8월 20일〉, 18쪽; 12) 〈8월 23일〉, 5쪽; 13) 〈8월 24일〉, 2쪽; 14) 〈8월 28일〉, 2쪽.

다. 윤황은 화의(和議; 평화 회담)를 공격했을 뿐만 아니라 강화도를 요새로 삼아 (청나라군을 막아야) 한다는 계책도 강력하게 배척하자,[4] 젊은 사람들이 부화뇌동하여 국론이 마침내 정해져서 편안히 앉아서 적군을 불러들였으니, 대체로 그의 주장이 실현되었기 때문이다.

余從岳叔父, 與尹煌父子文擧, 同寓。尹力斥和議, 其談兵迂甚, 但爲人忠朴, 不自欺, 此其多言而不中, 反以誤國事者也。尹不但攻和議, 力排江都保障之計, 年少輩, 和而應之, 國論遂定, 安坐召寇, 大抵其論爲售也。

나는 문장을 잘 짓는다는 헛된 명성으로 한때 증시되었기 때문에, 비록 자주 시속(時俗)과 어긋나더라도 당시 사람들이 감히 크게 배척하지 않았다. 그러므로 때때로 대시(臺侍; 사헌부와 사간원에서 임금을 수행하는 관원)에 출입하고 국서를 작성하는 일로 비변사에 참여하였다. 글을 잘 쓴다고 유사당상(有司堂上)이 되어 조정에 출입한 것이 또 1년이 지났는데도, 화의를 곧바로 거절하고 강화도로 들어가지 않는 것이 크게 잘못되었다는 것을 잘 알았지만 직언(直言)하지 못하였다.

余以文字虛名, 見重於一時, 雖動與時背, 而時人亦不敢大斥, 故時時出入臺侍, 又以製國書, 參備局。以能文筆, 爲有司堂上, 出入廟堂, 又一年, 深知徑絶和議, 不入江都之爲大謬, 而不能盡言。

---

* 『인조실록』, 〈14년 2월 10日〉 기사에 윤황이 국방 제도를 개혁하여 7~8만 정예의 직업 군인을 양성하는 것 등을 건의한 장문의 상소가 『팔송봉사』에 누락된 것으로 보아, 14편의 상소 이외에 추가의 상소가 있지만 문집에는 실리지 않은 것으로 추정된다.

4 배척하자: 영의정 윤방은 2월 29일 임금이 강화도로 피신할 것을 주장했고, 3월 15일 부제학 정온은 임금이 개성에 주둔할 것을 주장하였다. 8월 20일 대사간 윤황은 평양에 주둔할 것을 주장하였다.

때때로 몇 마디를 말하였다가 곧바로 탄핵당하였고, 심지어 왕흠약(王欽若)과 진회(秦檜)에 비유되었다.[5] 이 때문에 집에서 홀로 근심하더라도 끝내 감히 말을 다하지 못하여 지금 함께 전쟁을 초래한 신하가 되었으니, 죽어도 죄가 남을 것이다. 동악(東岳) 숙부는 평생 강직하여 비록 품계(品階)가 1품에 이르렀지만 한마디도 국론에 참여한 적이 없었다. 지금은 돌아가실 때가 되어 쇠약해진 사람이라 주상께서 먼저 강화도로 가도록 했지만, 들것에 실려 임금을 수행하여 처음부터 끝까지 떠나지 않아 전쟁에 목숨을 바치려 했으니, 위대한 절개와 온전한 이름이 여기에 있을 것이로다.

時時間說數句, 而輒逢彈劾, 至以王欽若秦檜比之。以此雖屋下私憂, 而終不敢盡言, 到今同爲致亂之臣, 死有餘罪。惟岳叔, 一生骯髒, 雖官至一品, 而未嘗參一句國論。今以垂死病尪之人, 自上已令先往江都, 而扶舁護行, 終始不離, 爲死難計, 大節全名, 其在於此乎?

청음(淸陰) 김상헌(金尙憲)이 비록 화의(和議; 평화 회담)를 주장하지

---

5 왕흠약(王欽若)과 …… 비유되었다: 『정온 연보』에 의하면 이 차자(箚子)가 3월 19일에 작성되었다. 정온은 다음과 같이 택당선생을 비판하였다. "이식은 문장력과 기량이 탁월하다는 것으로 당시 추대받아 조정에 발탁되어 부제조의 임무를 맡았으니, 그 임무가 또한 중요하지 않겠습니까? 그런데 임금에게 아뢰는 말에 있어서는 이렇게 유순하고 머뭇거려 구차하게 책임만 모면하려고 할 뿐이고 국가의 위급존망에 관한 계책은 생각하지 않으니, 아! 애석합니다. 청명한 조정에 구준(寇準)같이 의연하게 일을 감당하는 사람이 하나도 없어 도리어 대계를 그르쳤던 왕흠약(王欽若)을 본받으려 한단 말입니까?〔李植以文章器量, 見推於當世, 被擢於廟堂, 而爲副提調之任, 其爲任, 不亦重乎? 而乃於告君之辭, 若是其委靡低回, 苟以塞責而已, 不念國家危急存亡之計, 吁可惜也。曾謂清明之朝。無一人如寇準之毅然當事。而反效王欽若之沮誤大計乎?〕"(「丙子箚子」, 『桐溪集』 卷3).

않았지만, (병자년 2월에 청나라에서 조선에 사신을 파견하여 청태종을 황제로 추대하자는 국서를 보내왔는데, 조선에서 강력히 반대하여 그 국서를 받지 않자) 우리나라가 의지할 곳이 없는데도 자만하는 것을 걱정하였다.[6] 남한산성에서 포위되었을 때 세자를 인질로 보내자는 주장을 배척하고 후에 굴욕적인 주장을 배척하고서,[7] 마침내 (숙소로) 물러나 며칠 동안 누워서 밥을 먹지 않았다. 그리고 또 동쪽과 북쪽의 성에서 적을 물리쳤다는 소식을 듣고 밤중에 일어나 급히 여자 종으로 하여금 밥을 짓게 하여 먹었으니, 그의 뜻과 기상이 바르고 커서 막을 수가 없었다.

---

6 우리나라가 …… 걱정하였다: 우리는 강성 척화파 김상헌이 당연히 후금 사신의 목을 베어야 한다고 주장했을 것이라고 생각했을 텐데, 그렇지 않다. 김상헌도 택당선생처럼 후금의 국서를 받고 회답해야 한다고 주장하였다. 「請虜書報答毋失國體箚」, 『淸陰集』 卷20. "삼가 아룁니다. 신이 삼가 듣건대, '청나라 사신이 가지고 온 국서를 전하지 않고 곧바로 귀국하였으니, 우리나라에서 본 것은 구관소(句管所)의 신하들이 몰래 보고 필사한 것이다.'라고 합니다. 당초에 그들이 국서를 바칠 때 전례대로 받고 전례대로 답했어야 했습니다. 그런데 이번에는 그렇게 하지 않고 믿을 곳이 없는데도 스스로 자만하여 (국서를 받을) 기한이 지나도 받지 않아 그들의 분노를 초래하여 도리어 오만하게 만들고서, 다시 비굴한 말로 간청하면서 스스로 모욕을 취하였으니, 몹시 한탄스럽습니다. 〔伏以臣伏聞'虜使其所齎來國書, 不傳徑歸, 我國所見, 乃句管諸臣, 竊窺而傳寫者也.' 當初渠之呈書也, 例受而例答宜矣. 今旣不然, 無挾自大, 過機不受, 致渠忿怒, 反肆倨傲, 輒復卑辭懇求, 自取侮慢, 甚可歎也.〕"

7 배척하고서: 어느 사관은 국가를 파탄 나게 한 책임이 영의정 도체찰사 김류라고 하였다. 『仁祖實錄』, 〈15年 2月 9日〉. "사관은 논한다. 김류가 도체찰사의 임무를 담당하였는데, 만약 국가의 국방력이 감당할 수 없으면 왜 그때 기미책을 주장하지 않다가, 국가가 망한 뒤에야 '백성들이 모두 척화인에게 잘못을 돌린다.'라고 말하였는가? 아! 당시에 척화한 것은 과연 누구였던가? 신진 인사들이 국가의 대사를 경솔하게 논의한 잘못이 있더라도, 그 주장을 취사선택한 자는 누구였던가?〔史臣曰: "金瑬當體察之任, 若以國家兵力, 不足以當之, 則何不於此時, 力主羈縻之策, 而及夫國破·家亡之後, 乃曰民皆歸咎於斥和人? 噫! 當時斥和, 果何人哉? 新進之人, 雖有輕論大事之失, 而主張用舍者, 又何人哉?"〕

金淸陰雖不主和議, 亦以我國無挾自大, 爲憂矣。及在圍中, 力排[8]出東宮之議, 後斥屈辱之議, 遂退臥不食者累日。又聞東北城却敵, 夜起, 急使婢炊飯喫了, 其志氣正大, 不可尼矣。

---

8 排: 『택당유고초고』와 『택당유고간여』에는 '持'로 되어 있는데, 『택당유고초고』에는 "持 자가 잘못된 듯하다.〔持字似誤〕"라고 하였다. 문맥에 근거할 때 '持'는 '排'나 '斥' 등이 되어야 하므로 '排'로 수정하였다.

5
비변사(備邊司)[1]

영의정(領議政) 승평부원군(昇平府院君) (원문주: 국방과 국정(國政) 및 수성(守成; 성을 방어하는 일)을 전담하였다.)

도체찰사(都都體使) 김류(金瑬)

좌의정(左議政) 홍서봉(洪瑞鳳)

우의정(右議政) 이홍주(李弘冑) (원문주: 다리가 병나서 참여하지 않았다. 당초 화친을 주장하였다.)

호조 판서(戶曹判書) 김신국(金藎國)

좌참찬(左參贊) 한여직(韓汝稷)

이조 판서(吏曹判書) 최명길(崔鳴吉)

예조 판서(禮曹判書) 김상헌(金尙憲)[2] (원문주: 남한산성에 가서 임명되었다.)

---

1 비변사(備邊司): 미주14) 참조.
2 김상헌: 『承政院日記』, 〈仁祖 14年 12月 18日〉. "김상헌·장유·윤휘를 비변사 당상에 임명하였다.〔以金尙憲·張維·尹暉爲備局堂上。〕"

병조 판서(兵曹判書) 이성구(李聖求) (원문주: 부체찰사(副體察使)에 임명되었다.)

신풍군(新豊君) 장유(張維) (원문주: 남한산성에서 임명되었다.)

동지사(同知事) 윤의립(尹毅立) (원문주: 새로 임명되었다.)

홍방(洪霧)

남이공(南以恭)─┐ (원문주: 새로 임명되었다.)

윤휘(尹暉)   ┘

이경직(李景稷) (원문주: 1월에 도승지로 옮겼다.)

호군(護軍) 이식(李植) (원문주: 처음에 대제학으로 관례에 따라 겸임하였으나 연달아 시원(試院)에 들어가서 자리에 참여하지 못하다가 남한산성으로 옮겨간 후에 비로소 매일 출근하였다. 주장이 대부분 다른 사람들과 합치되지 않은 뒤로부터 대부분 참여하지 않았다.)

체찰부(體察府) 찬획사(贊劃使) 박황(朴潢) (원문주: 새로 임명되었다.) [3]

관양사(管糧使) 나만갑(羅萬甲)

---

[3] -새로 임명되었다.-: 12월 25일 이전에 찬획사*에 임명된 것으로 보인다.

* 「朴潢 行狀」, 『南溪集』 卷15. "어가가 남한산성에 들어가서, 대사헌으로 찬획사를 겸직하였다. 〔駕入南漢山城。以大司諫兼贊畫使。〕"; 『承政院日記』, 〈仁祖 14年 12月 25日〉. "임금이 말하기를, 찬획사를 부르시오. …… 박황(朴潢)이 들어왔다. 〔上曰: 招贊畫使。…… 朴潢入來。〕"

** 참고로 김상헌은 박황 등을 항복을 주동한 자로 분류하였는데 명단은 다음과 같다. "항복을 주동한 자는 김류, 최명길, 박황, 이도이고, 무장으로는 신경진과 구굉이다. 부화뇌동한 자는 홍진도, 한회일, 한여직, 민형남(단독으로 상소함)이고 무장으로는 신경인과 이영달이다. 이들은 모여서 안팎에서 모의하고 선동한 자들이다. 사적으로 아부하고 최명길을 우두머리로 삼은 자들을 이루 다 기록할 수 없다〔主降, 金瑬·崔鳴吉·李聖求·朴潢·李禂, 武將申景禛·具宏。附會, 洪振道·韓會一·韓汝瀁·閔馨男 (獨疏), 武將申景禋·李英達。此其聚會謀議鼓煽內外者。至於私相和附, 宗主鳴吉之徒, 不可憚記。〕"(『남한기략』).

領議政昇平府院君兼都體使金瑬 (專主軍國之政·守城之事。)

左議政洪瑞鳳

右議政李弘冑 (因病足[4]不參。當初乞和之議。)

戶曹判書金藎國

左參贊韓汝稷

吏判崔鳴吉

禮判金尙憲 (住南漢下後, 啓下。)

兵判李聖求 (副體察使兼。)

新豊君張維 (住南漢, 啓下。)

同知尹毅立 (新啓下。)

    洪霶

    南以恭 ─┐ (新啓下。)

    尹暉   ─┘

    李景稷 (正月移拜都承旨。)

護軍李植[5] (始以大提學例兼, 連入試院, 未參坐, 及移住後, 始逐日行公。自議論多不合, 多不參。)

體府贊劃使朴潢 (新啓下。)

管糧使羅萬甲

---

4 病足: 『택당유고초고』와 『택당유고초고』에는 '病足'으로 되어 있고, 『택당유고간여』에는 '足病'으로 되어 있다.

5 李植: 『택당유고초고』에는 '李'로 되어 있다. 문맥에 근거하여 뒤에 '植'을 보충하였다.

6
대장(大將)

훈련대장(訓鍊大將) 신경진(申景禛)이 동문(東門)을 지켰다. (원문주: 훈련도감의 군사)[1]

경기총사(京畿總使) 구굉이 남성(東門)을 지켰다. (원문주: 경기 군사. 어영군(御營軍))

수원부사(水原府使) 구인후(具仁垕)가 남성(南城)을 지켰다. (원문주: 수원군(水原軍))[2]

어영사(守禦使) 이시백(李時白)이 서문(西門)을 지켰다. (원문주: 경기군(京畿軍))

이서(李曙)가 북문(北門)을 지켰다. (원문주: 이서가 죽자[3] 원두표(元斗杓)가 대신하였다. 어영군(御營軍))

---

1 훈련도감의 군사: 신경신이 훈련도감의 군사들로 동문을 방어하였다는 뜻이다. 아래도 같다.
2 수원군(水原軍):「具仁垕 神道碑銘」,『宋子大全』卷161. "구인후가 수원방어사가 되었다. 병자호란 때 3,000명의 군사를 이끌고 인조를 수행하여 남한산성으로 갔다. 〔爲水原防禦使. 丙子之變, 領兵三千, 扈大駕于南漢城。〕"
3 이서가 죽자: 1월 3일에 죽었는데, 당시 58세였다.

신경진(申景禛). (원문주: 체찰부(體察府)의 중군(中軍)으로 체찰부 안에 있었다.)

이현달(李顯達). (원문주: 훈련도감의 중군으로 명성과 위엄이 높아서 대중에게 추앙받았다.)

大將

訓將申景禛守東門 (都監軍士。)

京圻總使具宏守南城 (京圻軍士, 御營軍。)

水原府使具仁垕守南城 (水原軍。)

守禦使李時白守西門 (京圻軍。)

李曙守北門 (及卒, 元斗杓代之。御營軍。)

申景禛 (體府中軍, 在體府。)

李顯達 (都監中軍, 頗有聲威, 爲衆所推。)

7
장유(張維)의 시[1]

남한산성에 포위된 와중에 구점(口占)하여 여고(汝固; 이식의 자(字))에게 보여준 시. 1월 20일[2][圍城中口占示汝固正月二十日。]

①
기력은 풍진 속에 모두 다하고	力盡風塵裏
혼도 달무리 속에 날아갔어라	魂銷[3]月暈中
인생살이 덧없음은 이미 알고 있는 터	浮生已自料[4]
한바탕 웃음 속에 만 가지 인연 공허해졌네	一笑萬緣空

---

1 장유(張維)의 시: 이 제목은 원문에 없으나 역자가 임의로 붙였다.
2 남한산성에 …… 1월 20일: 『계곡집(谿谷集)』 권33에 이 시가 실려 있고 제목은 〈포위된 상태에서 병세가 심해졌으므로 다시 일어나지 못한 것을 알고 구점(口占)하여 같은 방에 있는 사람들에게 보여 주다[圍中病甚 自知不起 口占示同舍]〉이다. 장유(張維)는 1637년 모친상을 당한 뒤로 병이 더욱 깊어졌고, 다음해 1638년 3월 17일 52세에 세상을 떠났다.
3 銷: 「圍中病甚自知不起口占示同舍」, 『계곡집』 권33에는 '消'로 되어 있다.
4 料: 『택당유고초고』에는 '了'로 되어 있다. 「圍中病甚自知不起口占示同舍」, 『계곡집』 권33에 근거하여 수정하였다.

2

국가의 안위를 어찌 감히 함부로 말하랴만	安危敢輕[5]說
충과 효 하나도 온전치 못해 걱정일세	忠孝恐全虧
해마다 이맘때 봄 달 뜨는 밤이 되면	年年春夜月
피 토하듯 두견의 울음소리 들리리라	血洒杜鵑枝

계곡(溪谷)

---

5 敢輕:「圍中病甚自知不起口占示同舍」, 『계곡집』 권33에는 '不敢'으로 되어 있다.

8
가족을 찾으러 간 일기[1]

2월 1일

산성에서 고향의 나쁜 소식을 연달아 듣고, 마침내 곧장 돌아가기로 결심하고 관찰사에게 소장(訴狀; 청원서)을 보내자, 답장[2]을 보내와서 "······"라고 운운하였다.

二月初一日。在山城, 連聞家山惡耗, 遂決徑歸之計, 呈狀于方伯, 則題送云云。

---

1 가족을 ······ 일기: 원문의 제목은 〈追記(추기)〉로 '차후에 추가로 기록하였다'는 뜻이다. 가족을 찾아서 충북 단양군 영춘면으로 찾아간 것을 기록하였다.
2 답장: 「丁丑春在永春待罪疏」, 『택당집』 별집3에 자세히 설명하였다. "잠시 후에 시골 집안의 친척이 포로로 잡혀 성 밑을 지나간다는 말을 듣고서, 신(臣)이 끝없는 난리의 와중에서도 곧장 시골로 달려가 찾아보려고 했습니다. 그리고 하인의 이름으로 경기도 관찰사에게 소장(訴狀)을 제출하여 이러한 뜻을 대신 아뢰어 줄 것을 바랐으나, 관찰사가 답변서를 보내서 말하기를, '지금은 장계를 올릴 길이 없으니, 조정에 직접 나아가서 아뢰라.'라고 하였습니다. 〔俄聞家里親屬, 有被俘過城底者, 臣荒亂罔極之中, 直欲奔赴尋覓。以奴子名, 呈狀于京畿監司, 望轉啓此意, 則監司題送云 '狀啓無路, 當於朝廷, 親自進告。云。〕"

2월 2일

여주 목사[3]와 지평 현감[4]과 일찍 동문(東門)을 빠져나와 지평으로 향하였다. 적의 기병을 만나 산으로 올라가 화(禍)를 피하였다. 사탄(沙灘)[5]에 도착하여 함경남도 병사의 선발대 만났다. 민성휘(閔聖徽)[6]와 서우신(徐佑申; 함경남도 병사)이 먼저 도착했고, 2원수(元帥)[7]와 강원도 관찰사 조정호(趙廷虎)가 계속 도착하여, 손을 잡고 서로 통곡하였다. 양근군(陽根郡)에서 함께 묵었다.

初二日。與驪牧・砥宰, 早出東門, 向砥平, 遇敵騎, 登山避免。到沙灘, 遇南兵先驅。閔士尙・徐佑申先來, 兩元帥・江原趙方伯, 繼至, 握手痛哭。同宿陽根郡。

2월 3일

지평 현감(砥平縣監)과 함께 출발하여 지평현에 도착하여 묵었다. 가족들이 무사하다는 소식을 들었다.

初三日。與砥宰偕行, 至縣宿。聞家信平保。

---

3 여주 목사: 한필원(韓必遠)으로 당시 60세였다. 군대를 거느리고 남한산성에서 싸웠다.
4 지평 현감: 박환(朴煥)으로 당시 54세였다. 군대를 거느리고 남한산성에서 싸웠다.
5 사탄(沙灘): 경기도 양평군 옥천면 용천리의 사탄천(沙灘川)으로, 양평역에서 7km 정도 거리이다.
6 민성휘: 1582년(선조15)~1647년(인조25). 당시 56세. 자는 사상(士尙)이고 함경도 관찰사로 재직 중이었다.
7 2원수(元帥): 김자점(金自點)과 심기원(沈器遠)이다.

2월 4일

백아곡(白鴉谷)에 도착하여 성묘하였다. '어머님과 가족들이 영춘(永春)과 죽령(竹嶺)[8]으로 향하였다.'라는 소식을 들었고, '면하(冕夏)가 충청도에 가서 돌아오지 않았다.'[9]라는 소식도 들었다.

初四日。入鴉谷省墓, 聞親家轉向永春竹嶺間。且聞冕夏湖行未歸。

2월 5일

원주에서 묵었는데, 목사(牧使) 이길보(李吉甫)가 나와서 기다리고 있었다.

初五日。宿原州, 牧使李吉甫出待。

2월 6일

제천(堤川) 정양촌(鼎陽村; 위치 미상)에서 묵었다.

初六日。次堤川鼎陽村。

2월 7일

현(縣)에 들어가 구익(具翊)[10]을 만났다. 영춘(永春)으로 향하다 사위

---

8 영춘(永春)과 죽령(竹嶺): 영춘은 오늘날 충청북도 단양군 영춘면이고, 죽령은 충청북도 단양군의 대강면 용부원리와 영주시 풍기읍 수철리를 이어주는 고개이다.

9 면하(冕夏)가 …… 않았다: 셋째 아들 외재(畏齋) 이단하(李端夏)인데, 『외재선생 연보』에서 "큰형님은 충청도로 부인을 돌보러 가셨고 둘째 형님은 강화도에 부인을 맞이하러 가셔서, 모두 미처 돌아오지 못하였다.〔伯氏, 眷室湖中, 仲氏, 娶室江華皆, 未及返。〕"라고 하였다.

정진(鄭珍)[11]과 아우 재(材)를 만났고, 이들을 데리고 영춘의 목골(木谷)에서 묵었다.

初七日。入縣, 見具翊。向永春, 遇鄭婿材弟, 携至永春木谷宿。

2월 8일

아침에 영춘(永春)의 향산(香山)에 도착하여 어머님께 문안 인사를 드렸다. 4일을 머무르며 쉬었다.

初八日。朝至永春香山, 省覲平安。留歇四日。

2월 10일

대죄(待罪; 처벌을 기다림)하는 상소를 현도상소[12](縣道上疏; 지방에 있는 신하가 현(縣)과 도(道)를 통하여 올리는 상소)하였다.

初十日。上疏待罪, 因縣道上之。

2월 12일

법월촌(法月村)[13]의 형세를 살펴보았다.

---

10 구익(具翊):『택당집』권4에 〈영월 산속으로 농사지으러 돌아가는 구익을 전송한 시〔送具翊歸耕寧越山中〕〉라는 제목의 시가 있다.

11 정진(鄭珍): 이식의 첫째 사위로 군수(郡守; 종4품)를 하였다.

12 현도상소: 이 상소는『택당집』별집3, 〈정축년 봄에 영춘에서 대죄하며 올린 상소〔丁丑春在永春待罪疏〕〉에 일부 내용이 나온다.

13 법월촌(法月村): 손자 수고당공(守孤堂公)과 증손자 목곡선생(牧谷先生)*이 이곳을 찾아와서 지은 시가 있다. 미주15) 참조.

* 병자호란을 기록한 자료 중에 가장 자세한 것은 석지형의『남한일기』이다. 이

十二日。見法月村形止。

2월 13일

돌아와서 구락(具洛)의 집에서 잠시 쉬었는데, 주인이 잘 대접하였다. 목골(木谷)에서 묵었다.

책은 4책으로 구성되어 있는데, 1753년(영조29)에 목곡선생이 광주 유수 겸 남한산성 수어사로 재직할 때 발견하여 사료적 가치가 있음을 인정한 후, 필사하고 여러 곳에 배포하여 세상에 널리 알려지게 되었다. 『남한일기』의 마지막에 실린 맺음말인 「南漢日記後識」가 『목곡집(牧谷集)』 권7에 실려 있는데 다음과 같다. "내가 남한산성 수어사에 임명되고서 병자호란의 기록을 구하려고 했으나 확인할 수 있는 문헌이 없어서 여러 관리들에게 물어보니, 관리가 대답하기를 '옛날에 『남한일기』몇 권이 있었는데 중간에 흩어지고 분실되어 한 질(帙)이 안 되었는데, 어느 해에 어명으로 승정원에 보내서 마침내 전해지지 않습니다.'라고 하였다. 내가 예전에 어전에서 임금님을 알현할 때 이 일을 아뢰었는데, 임금님이 갑자기 말하기를 '궁궐로 가져온 적이 있고, 당연히 돌려줘야 된다.'라고 하였다. 물러가서 오랫동안 기다려도 소식이 없었으나 번거롭게 감히 다시 여쭐 수가 없었다. 후에 다른 사람의 책꽂이에서 별도로 1질을 구하였는데, 제목이 『남한일기』이고 모두 4권이었다. 범례(凡例)는 분명히 모두 승정원의 사관(史官)에게서 나온 것으로 『남한일기』 구본(舊本; 옛 책)이 전해지며 필사한 것 같은데, 그 근거는 그 책의 기록이 연석(筵席; 임금과 신하가 경연하는 자리)에서의 이야기보다 자세하고, 사람의 옳고 그름과 일의 잘잘못을 언급하지 않았기 때문이다. 비록 갑자기 써서 실수가 있으나, 거짓과 과장이 없다는 것은 확실히 알 수 있으니, 사실대로 붓 가는 대로 쓴 것이 분명하다. 이 성에 이 기록이 없다면, 되겠는가? 그리하여 필사해서 여러 관청에 보관하여, 후세 사람들이 고증하는 데 사용되도록 하고자 한다. 숭정(崇禎) 병자후(丙子後) 계유년(癸酉年 1755년, 영조29) 유수(留守) 겸 수어사(守禦使) 이기진(李箕鎭) 삼가 적는다.〔不佞旣受任南漢。求見丙丁故事。文字無可徵。問諸吏。吏對以舊有南漢日記幾冊。中間散佚而不成帙。又於某年間。以命進納政院。遂不傳。賤臣嘗因登對陳此事。上遽敎曰。果有入內者。行當還下。退而恭竢者久。而煩不敢更稟。後於人家書架中。別得一本。標曰南漢日記者。凡四編。凡例明是堂后起居注所出。似亦從南漢舊本中傳謄來者。其錄蓋詳於筵席上說話。而不及人是非事可否。雖其倉卒所纂記。容或有疎謬。決知無架虛過實者。其爲信筆則審矣。以此城而無此記。烏可乎哉。遂謄之冊藏諸府。用爲後人攷焉。崇禎丙子後再癸酉留守兼守禦使李箕鎭謹識。〕"

十三日。發還, 小歇具洛家, 主人厚待。宿木谷。

2월 14일

제천 읍내에 묵었고, 계속 여기서 머물렀다.

十四日。次堤川邑內, 仍留。

2월 16일

둘째 아들 신하(紳夏)의 소식을 연달아 들었다.

十六日。連聞紳兒消息。

2월 19일

동생 재(材)와 사위 정진(鄭珍) 일행이 원주와 지평 두 고향으로 돌아갔다. 큰아들 면하(冕夏)가 살아서 돌아왔다.

十九日。材弟及鄭甥一行, 歸原·砥兩鄕。冕兒生還。

날짜가 기억나지 않음

영춘과 제천에서 두 사람이 찾아왔는데, 전(前) 재신(宰臣)[14]으로 교체된 자들이고, 전(前) 조 관찰사(趙觀察使)[15]가 유배 와 있었다.

---

14 전(前) 재신(宰臣): 누구인지 확인이 안 되는데, 아래의 김 공(金公)을 가리키는 것으로 추정된다.
15 전(前) 조 관찰사(趙觀察使): 강원도 관찰사 조정호(趙廷虎)를 가리킨다. 1572년(선조5)~1647년(인조25). 당시 66세. 자는 인보(仁甫), 호는 남계(南溪)이다. 강원도의

日不記。永·堤兩人來見。舊宰遞, 趙方伯來配。

2월 26일

조 공(趙公)과 김 공(金公) 2명을 만났다.

二十六日。見趙·金兩公。

2월 27일

구 씨(具氏)에게 시집간 누이동생[16]이 무사하다는 소식을 들었다. 사위 안 씨(安氏)와 조 씨(趙氏)의 하인들이 계속 왔다.

二十七日。聞具姊平信。安郞趙郞奴續至。

2월 29일

자중(子中)[17]과 다시 만났다가 헤어졌다. 다시 조 관찰사(趙觀察使)와 작별하였다.

晦日。再見子中別。又辭於趙方伯。

군사를 거느리고서 임금을 구원하러 오지 않았다고 유배되었다. 「趙廷虎 墓誌銘」, 『愼獨齋遺稿』 卷9. "남한산성이 포위에서 풀리자, 법관에게 보내져서 제천에 유배되었다.〔山城圍解, 乃就吏編配于堤川。〕"

16 구 씨(具氏)에게 시집간 누이동생: 구 씨(具氏)는 구인지(具仁至; 택당선생보다 한 살이 많다.)이다. 택당선생은 2남 4녀 중에 장남이고, 구 씨(具氏)에게 시집간 누이 동생은 장녀이다.

17 자중(子中): 김시양(金時讓)의 자(字)이다. 1581년(선조14)~ 1643년(인조21). 당시 57세. 병조 판서 등의 벼슬을 하였다.

3월 1일

아우 재(材) 등이 돌아왔다. 새 수령이 부임하고서 만나러 왔다.
○ 사위 조 씨(趙氏)의 온 가족이 왔다.
三月初一日。材等回。新宰出官來見。○ 趙郞一家來。

3월 2일

정양(鼎陽)에 가서 머물렀다.
初二日。出寓鼎陽。

3월 3일

마을 사람들과 유여각(柳汝恪)[18]이 만나러 왔는데, 한양에서 온 조보(朝報)에서 죄를 논한다는 일을 들었다.
初三日。村人及柳守而來見, 聞京報論罪之事。

3월 4일

사위 조 씨(趙氏)가 돌아갔다. 사위 안 씨(安氏)의 심부름꾼이 다시 왔다.
初四日。趙郞歸。安伻又來。

---

18 유여각(柳汝恪): 1598년(선조22)~미상. 당시 40세. 자(字)는 수이(守而)로 동래부사(東萊府使) 등의 벼슬을 하였다.

3월 5일

(전 강원도 관찰사) 조정호(趙廷虎)가 왔다.

初五日。趙仁甫來。

3월 6일

유여각(柳汝恪)이 왔다.

初六日。柳守而來。

3월 7일

한양을 향하여 길을 출발해서, 원주의 사위 정 씨의 집에서 묵었다. 목사(牧使)와 남침(南沈)[19]을 만났다.

初七日。發向京路, 宿原州鄭女家。牧使及南沈相見。

3월 8일

원평군(原平君)[20]을 만나고 백아곡(白鴉谷)으로 들어갔다.

初八日。見原平君, 入鴉谷。

---

19 남침(南沈): 남 씨(南氏)와 심 씨(沈氏) 두 명일 수도 있으나, 유명한 사람이 아니기 때문에 성과 이름을 썼을 것으로 추정된다.
20 원평군(原平君): 원두표(元斗杓). 1593년(선조26)~1664년(현종5). 당시 45세. 인조반정의 2등 공신이다. 병자호란 때 북문을 지키던 이서(李曙)가 죽자, 원두표가 그의 후임으로 대신하였다.

3월 9일.

마을 사람들이 만나러 왔다.

初九日。洞人來見。

3월 10일

계속 머물렀다.

初十日。留。

3월 11일

성묘하고 즉시 위안(渭岸)으로 출발하여 김(金)과 조(趙)²¹ 2명과 함께 묵었다.

十一日。上塚後, 卽出渭岸, 與金趙兩人宿。

3월 12일

멀리 가서 수령과 외숙모를 만나고, 양근군(陽根郡)에서 묵었다.

十二日。迂見主牧及舅母, 宿陽根郡。

3월 13일

아침에 비가 와서 늦게 출발하였다. 도음리(陶陰里)에서 묵었고, 우연히 박술이(朴述詒)를 만났다. (원문주: 박진기(震奇)의 아들이다.)

---

21 김(金)과 조(趙): 누구인지 확인이 안 된다.

十三日。早雨晚發。宿陶陰里, 遇朴述詁²². (震奇之子也。)

3월 14일

아침에 한양에 들어가서 동악(東岳) 숙부님의 집에서 머물렀다. 이전에 올린 상소에 대한 비답(批答; 신하가 올린 상소에 대한 답신)이 아직도 내리지 않았다고 들었기 때문에, 다시 대궐에 가서 상소하여 처벌을 기다렸지만 또 비답이 내리지 않았다. 저녁에 동악(東岳) 숙부님의 집에서 묵었다.

十四日。早入京宿東岳宅。聞前疏尙未下, 詣闕上疏待罪, 又不下。夕宿岳宅。

3월 15일

대궐에 가서 어명을 기다렸는데도 하명이 없었다. 최명길을 잠시 만나고 정릉동(貞陵洞)의 집에서 묵었다.

十五日。詣闕待命, 又不下。暫見子謙, 宿貞陵洞家。

3월 16일

동악(東岳) 숙부님의 집에서 아침을 먹고 저녁에 정동(貞洞)²³으로 돌아갔다. 이날 춘추관 동지사(春秋館同知事)를 겸직하는 것에 낙점되었다.

十六日。朝飯岳叔家, 夕歸貞洞。是日, 兼同知春秋落點。

---

22 詁: 『택당유고초고』의 두주(頭註)에 "詁는 話인 듯하다.〔詁疑話〕"라고 하였다.
23 정동(貞洞): 정릉동(貞陵洞)의 줄임말로 생각된다.

3월 17일

겸직하는 것에 대해 사은숙배하지 않고 정동으로 물러나 있으며, 상소에 대한 비답(批答)이 내리기를 기다렸다. 이경석(李景奭)[24]이 만나러 왔다.

十七日。以兼帶未肅拜, 退在貞洞, 待疏下。尙輔來見。

3월 18일

안 진사(安進士)와 정 사과(丁司果)가 제천에서 와서 집안의 편지를 받았다. 최명길이 만나러 왔다. ○ 예문관(藝文館)의 하인이 찾아와서 청나라의 은혜에 감사드리는 국서를 요청하였는데, 대죄(待罪)하고 있었기 때문에 사양하였다.

十八日。安進士·丁司果自堤來, 得家信。子謙來見。○ 藝文下人, 來索虜中謝恩文書, 以待罪故辭之。

3월 19일

저녁에 동악(東岳) 숙부[25]께 문안하고, 정(矴)[26]과 함께 묵었다.

十九日。夕候岳叔, 與矴宿。

---

24 이경석(李景奭): 1595년(선조28)~1671년(현종12). 당시 43세. 자(字)가 상보(尙輔)로 삼전도비문을 작성하였다.
25 동악(東岳) 숙부: 동악(東岳)은 10일 후인 3월 29일에 세상을 떠났다.
26 정(矴): 동악 숙부의 아들 이정(李矴)이다.

3월 20일

제천과 강화도[27]에 편지를 보냈다.

二十日。傳書堤川·江島。

---

27 제천과 강화도: 큰아들과 둘째 아들에게 편지를 보낸 것으로 추정된다.『외재선생 연보』. "큰형님(당시 18세)은 충청도에 부인을 돌보러 갔고, 둘째 형님(당시 14세)은 강화도에 부인을 맞이하러 갔다가, 모두 미처 돌아오지 못하였다.〔伯氏眷室湖中, 仲氏娶室江華, 皆未及返。〕"

누르하치 및 청나라 연표

〈누르하치 출생 이전〉

○ 1115~1234년. **여진족 완안부(完顔部)의 수장 아골타에 의해 금나라가 세워졌다.** 금나라는 한때 송나라의 절반을 점령하였을 정도로 강력하였으나, 후에 몽고에 의해 멸망하였다.

○ 몽고를 물리치고 명나라를 건국한 명태조 주원장(1368~1398년 재위)은 **"여진족 정예병이 1만 명이 되면, 천하(天下; 명나라)가 막을 수 없다."**[1]고 하였다.

○ 명나라는 1403년(태종3)에 건주위(建州衛)를, 1410년(태종10)에 건주좌위(建州左衛)를, 1442년(세종24)에 건주우위(建州右衛)를 설치하였다.[2]

---

1 『지천집유집(遲川集遺集)』 권1 「黃監軍移書」에 실려 있다. 이 이야기는 실록 등 조선의 역사서와 명나라 역사서에 자주 등장하는데, 여진족의 뛰어난 전투력을 미루어 짐작할 수 있다.
2 건주삼위(建州三衛)를 설치한 것을 말한다. 명나라는 여진족 추장에게 직첩과 하사품을 주고 무역을 허락하였다.

○ 태종과 세종(재위 1418~1450) 때 4군과 6진을 설치하였다.

○ 1433년(세종15). 제1차 여진 정벌 – 최윤덕이 조선군 15,000명을 거느리고 여진족을 정벌하여 100여 명을 사살하고 200여 명을 포로로 잡았다.

○ 1497년(성종10). 제2차 여진 정벌 – 윤필상이 조선군 4,000명을 거느리고 여진족을 습격하여 16명을 죽이고 15명을 포로로 잡았다.

〈누르하치가 태어난 이후〉

1559년(명종14)
○ **누르하치가 태어났다.** 이 무렵 여러 부족이 벌떼처럼 일어나 서로 싸워서[3] 마치 일본의 전국시대와 같았다.

누르하치 25세, 1583년(선조16)
○ 누르하치가 **군사 100명과 갑옷 30벌로 거병(擧兵)**하였다.

누르하치 28세, 1586년(선조19)
○ 7월. 누르하치가 **건주3위(建州三衛)**를 통일하였다.

---

3 『만주실록』.

누르하치 29세, 1587년(선조20)

○ 1월. 누르하치가 최초의 수도인 퍼알라(feala)에 3층의 성을 쌓고 궁궐과 누각 등을 지었다. 1603년에 허투알라로 수도를 옮긴다.

○ 6월 24일. 누르하치가 **여진국(女眞國) 왕(王)**이라고 자칭하였다.[4]

누르하치 30세, 1588년(선조21)

○ 4월. 누르하치가 **건주여진을 통일**하였다.

누르하치 31세, 1589년(선조22)

○ 7월 12일. 누르하치가 왕(王)으로 자칭하고 군사훈련을 하였다.

누르하치 34세, 1592년(선조25)

○ 4월. **일본이 조선을 침략하였다(임진왜란).**[5]

---

4 『누르하치評傳』, 60쪽. "이때부터 여진 각 부 가운데서 처음으로 법제와 조령이 있었고, 누르하치는 여진국 왕이라고 자칭하였다.〔從此, 在女眞各部中始有法制條令, 努爾哈赤自稱女眞國淑勒貝勒.〕"

5 도요토미 히데요시의 목표는 조선을 정복한 후에 명나라를 정복하는 것이었다. 중국 학자 이백중(李伯重)은 다음과 같이 주장하였다. "도요토미 히데요시의 야심은 결코 미치광이의 망상이 아니었다. 명나라의 영토와 인구가 모두 일본보다 10배 많았기 때문에, 도요토미 히데요시는 중국과 전쟁을 하려면 반드시 강력한 능력을 갖추고 충분히 준비해야 하였다. 당시의 상황으로 본다면, 이런 조건을 일본은 갖추고 있었다. 첫째, 앞에서 말한 바와 같이 일본은 당시 세계 3위 인구 대국으로 풍부한 인적 자원을 가지고 있어서 대량의 인력을 징발할 수 있었다. 둘째, 일본은 당시 세계에서 은 생산국 중 하나로 국제 무역에서 통용되는 화폐인 은을 대량으로 보유하여 강력한 구매력이 있어서 군비를 지출하고 군수물자를 구매할 수 있었다. 다음은 오랜 내전 끝에 일본은 화승총 제조와 사용 기술 면에서 국제적으로 선두에 있고, 군대는 오랜 전쟁을 거쳐 실전 경험도 풍부하였다. 일본은 이런 능력이 있었기에 도요토미 히데요시는 세계를 정복하려는 야심을 가지고 실천에 옮길 수 있었

○ 9월. 누르하치가 명나라를 통하여 **조선에 기병 3~4만과 보병 4~5만을 파병하겠다고 제안하였으나, 조선에서 반대하였다.**

○ 10월 25일. 누르하치의 여덟째 아들 황태극(黃太極)이 태어났다. 훗날의 청태종이다.

누르하치 35세, 1593년(선조26)

○ 9월. 해서여진 등 총 9개 부(部) 3만의 대군이 연합하여 쳐들어오자, 누르하치가 대승하여 4천 명을 죽이고 말 3천 필과 갑옷 1천 벌을 노획하였다.

누르하치 37세, 1595년(선조28)

○ 8월 5일. 선조 曰 "여진족 기병이 침입하면 앞뒤로 적에게 공격을 당하여 막을 수 없으니, 항왜(降倭) 30~60명을 국경에 파견하여 조선군을 훈련시켜야 한다"

○ 9월 6일. 선조 曰 "**수만의 누르하치 기병이 침입하면 막을 수 없다.**"

○ 10월 7일. 선조 曰 "**조선 정규군 10만이라도 결코 막아내기 어렵다.**"[6]

다. …… 오랜 내전에 단련되어, 도요토미 히데요시가 일본을 통일할 때 일본은 이미 오랫동안 전쟁을 경험하고 뛰어난 무기를 갖춘 강력한 군대를 보유하였다. 이 군대는 30만 명에 도달하였고, 20만 이상의 군대를 파견하여 작전을 수행할 수 있었다"(『조총과 장부』, 274쪽과 346쪽).

6 『선조실록』, 〈선조 28년 10월 7일〉. "조선 정규군 10만이라도 결코 막아내기 어려우니, ……저 오랑캐는 활을 잘 쏘고 실전 경험이 많으며 달려서 돌격하는 것이 장기인데, 우리 군대는 숫자가 적고 약하며 겁쟁이라 들판에서 야전을 한다면 반드시 패할 상황이다. 평지의 성에서도 막아내기 어려울 듯하니, 산성을 가려 들어가 지키도록 하라. ……항왜(降倭)가 아니면 불가하다.〔帶甲十萬, 決難支吾。…… 彼虜

○ 11월 20일. 누르하치에게 사신으로 다녀온 하세국의 보고, "누르하치의 **군사는 1만여 명 동생의 군사는 5천여 명이고, 항상 군사훈련을 하였다.**"

○ 12월 22일. 명나라 장수와 조선의 통역관 이억례(李億禮)가 후금에 사신으로 파견되어, **누르하치에게 조선을 침략하지 말라는 국서를 전달하였다.**

누르하치 38세, 1596년(선조29)

○ 1월 30일. 누르하치에게 사신으로 다녀온 신충일의 보고, "여진의 총 30위(衛) 중에 20위(衛)가 누르하치에 복속되었고, 장수의 숫자가 총 190여 명이다"라는 것 등을 자세히 보고하자, **선조는 누르하치의 군사력이 강하여 조선을 침략할 수도 있으니 성을 쌓고 철저히 대비하도록 지시하였다.**

○ 3월 17일. 누르하치에게 사신으로 다녀온 이억례(李億禮)의 보고 "**만주국 군사가 약 25,000명이었다.**"

누르하치 40세, 1598년(선조31)

○ 2월 28일. 정유재란 때 누르하치가 명나라를 통하여 **조선에 2만 명을 파병하겠다고 제안하였으나, 조선에서 거절하였다.**

善射慣戰, 長於馳擊; 我兵單弱怯懦, 爭鋒於原野. 其勢必敗, 面平地之城, 亦恐難守, 須令擇山城入據之. …… 破虜, 非降倭不可。]"

누르하치 41세, 1599년(선조32)

○ 2월. 만주어 문자를 만들어 반포하였다.

○ 3월. 금·은·철을 채광하여 제련하기 시작하였다.

누르하치 43세, 1601년(선조34)

○ 1월. 누르하치가 300명을 1개의 조직으로 묶어서 관리하는 니루 (Niru; 牛彔)를 만들어 모든 사람을 여기에 소속시켰는데, 이것은 군사 조직이면서 행정 조직이다.

○ 10월 28일. 누르하치가 강력하여 조선에까지 영향력이 미쳐서, 조선에 살던 여진족의 절반 이상이 누르하치에 의해 강제로 돌아갔다.[7]

○ 11월 25일. 누르하치가 고려시대 원나라가 쌍성총관부(雙城摠管府)를 설치하였던 **평안도와 함경도를 만주국의 영토라고 주장하였다.**

누르하치 45세, 1603년(선조36)

○ 9월. 허투알라로 수도를 옮기고, 1619년 6월까지 머물렀다.

누르하치 47세, 1605년(선조38)

○ 3월. 명나라 상인들이 고의로 인삼을 구매하지 않아서 썩자, 누르하치가 인삼을 쪄서 말리는 방법을 고안하여 큰 이익을 남겼다.

---

[7] 『선조실록』, 〈선조 34년 10월 28일〉 기사. 누르하치는 지속적으로 여진족을 데려 갔다. 병자호란 때 항복 문서에도 "조선에 있는 와이객(瓦爾喀)을 모두 찾아서 송환해야 한다."라는 조항이 있다.

누르하치 50세, 1608년(광해군 즉위)

○ 6월. 만주국 관원과 명나라 관원이 경계비를 세웠다.[8]

○ 12월 18일. 임진왜란 때 참전한 명나라 장수들의 조언, "**누르하치가 조만간 명나라와 조선을 공격할 것이다.** …… 일본군처럼 생각하여 도망가려 하겠지만, 철기(鐵騎)가 비바람처럼 돌격해오면 백성이 한 명도 피할 수 없다."

누르하치 51세, 1609년(광해1)

○ 2월. 누르하치가 **명나라를 통해서 조선에 요청하여** 조선에 거주하는 와이객(瓦爾喀) 1,000여 호를 찾아서 만주국으로 데려갔다.

○ 4월 21일. 비변사의 보고, "누르하치가 조선을 **침략할 염려가 있다**."

누르하치 55세, 1613년(광해5)

○ 1월. 누르하치 군대 3만이 해서여진 올라부(兀剌部) 3만 군대와 싸워서 2만을 죽이고 올라부를 멸망시켜서, **여허(汝許)를 제외한 모든 여진족을 통일하였다.**

누르하치 56세, 1614년(광해6)

○ 6월 25일. 평안도 병사 이시언과 광해군의 대화, "누르하치가 만약 침입하면 우리는 성과 해자를 굳게 지켜서 기다려야 합니다. **그들**

---

8 『만문노당』과 『존주휘편』 1책, 37쪽. 이것은 요동에서 명나라와 만주국의 관계가 대등하다는 것을 의미한다.

이 빠른 말로써 돌격하기 때문에, 야전에서 방어하면 결코 승리하기 어렵습니다."[9]

누르하치 58세 천명 1년, 1616년(광해8)

○ 1월 1일. 여허(汝許) 등을 제외한 대부분의 여진족을 통일하고서, 존호(尊號)[10]를 올리고 국호(國號)를 후금(後金), 연호(年號)를 천명(天命)이라고 하였다.

---

9 『광해군일기』, 〈광해 6년 6월 25일〉. "오늘날 명나라가 후금을 정벌하기 위하여 조선에 파병을 요청하지만, 우리나라의 군사력은 매우 약하여 실로 걱정스럽습니다. …… 신(臣)이 그들이 행군하는 것 등의 일을 보니, 호령이 엄숙하며 무기도 정교하고 예리합니다. 지금 만일 그들의 수도로 쳐들어간다면 주객(主客)의 형세가 아주 다를 것이니, 신은 크게 염려됩니다. …… 누르하치 군대의 수를 신이 정확히 알 수 없으나 본부(本部)의 정예병이 거의 1만여 명에 가깝습니다. 그들이 포로로 잡은 홀적(忽賊; 여진족의 한 부류)의 기병을 헤아려 본다면 수만 명에 밑돌지 않습니다. 이 적들이 1607년부터 도처에서 전승하여 비로소 강성해지게 되었습니다. …… 누르하치가 만약 (조선을) 침입하면 우리는 성과 해자를 굳게 지켜서 기다려야 됩니다. 그들이 빠른 말로써 돌격하기 때문에 결코 방어하여 승리하기 어렵기 때문입니다. 신이 과거(정유재란)에 명나라군 진중에서 울산성과 직산(稷山) 등에서 일본군과 싸우는 것을 보았는데, 왜군이 매우 정예인데도 요동(遼東)과 계주(薊州)의 기마병*에게는 감히 대적하지 못하였습니다. 지금 만일 불행히 그 적들이 침입하면 도랑을 깊이 파고 성벽을 높이 쌓고 그들과 싸우지 말아서, 적으로 하여금 나아가도 공격할 데가 없고 물러가도 노략질할 곳이 없게 해서, 그들이 후퇴할 때나 야간에 공격해야 가능할지 모르겠지만, 그러나 그들의 예봉을 결코 당해낼 수가 없습니다. 신은 항상 동료들과 서로 권면하기를 '그 적이 매우 강하니, 신중하여 경솔하게 범하지 말라'고 하였습니다. …… 평원이나 광야(廣野)에서는 교전해서는 안 되고, 성지(城池)라도 방어하지 못하면 어쩔 수 없습니다."
* 이시언은 임진왜란에 참전한 실전 경험을 통하여 기병의 가공할 위력에 대해서 잘 알고 있어서, 광해군에게 누르하치 기마병의 위협을 설명하였다. 광해군도 누르하치 기마병의 위력에 대해 잘 알고 있어서 사르후 전투 때 조선군을 파견하지 않으려고 하였던 것이다.
10 존호(尊號): 『명청전쟁사략』에서는 '奉天覆育列國英明汗'이라고 하였다.

누르하치 60세 천명 3년, 1618년(광해10)

○ 4월 13일. 누르하치가 7대한(七大恨)[11]을 발표하고 명나라에 선전포고하였다.

○ 4월 15일. 후금군 2만이 무순(撫順)성을 함락하자, 성주 이영방(李永芳)은 항복하였다. 후금군은 구원병 1만 이상을 전멸시키고, 사람과 가축 30만을 노획하였다.

○ 4월~11월. 후금이 조선에 여러 번[12] 국서를 보내, 명나라에 파병하면 조선을 침략하겠다고 협박하였다.

○ 5월. 후금군이 무안보(撫安堡) 등 크고 작은 성 17곳을 함락하였다.

○ 6월. 광해군은 처음에 후금의 군사력이 강하여 조명 연합군이 무찌를 수 없다고 여겼으나, 6월에는 후금군이 명나라군과의 전쟁에서 패하여 조선으로 몰려와 조선을 침입할 것으로 판단하였다. 따라서 조선에서 정예군 1만 명을 동원하여 의주에서 대기하며[13] 사태를

---

11 7대한(七大恨): 7가지 커다란 원한을 가리킨다. 첫 번째는 명나라가 누르하치의 아버지와 할아버지를 죽인 것이고, 두 번째는 여진과 명나라의 경계비를 세웠지만, 명나라가 경계비를 넘어서 여허(汝許)에 군대를 파견한 것이다.……

12 『광해군일기』의 〈광해 10년 4월 27일〉, 〈윤4월 15일〉, 〈5월 29일〉, 〈10월 13일〉, 〈11월 5일〉 기사에 후금의 국서와 관련 내용이 있다.

13 『光海君日記』, 〈10년 6월 25일〉. "광해군이 전교(傳敎)하였다. 의주(義州)를 방어하는 일을 누차 분부하였는데도 시행하지 않고 있는데 그 까닭을 모르겠다. (명나라가) 누르하치를 정벌하면, 마구 무너져 우리나라로 들이닥치는 근심을 미리 대처하지 않을 수 없다. 장수를 선발하여 대병력을 인솔하게 해서 압록강 변 위아래의 모든 얕은 여울에 병력을 주둔시키고 엄히 지킨다면, 뜻밖의 환란을 면할 수 있을 것이다.〔傳曰: 義州防守事, 累敎不施, 未知何故也. 奴賊征勦, 則其橫潰奔波之患, 不可不預防. 宜以大兵, 擇將奉領, 鴨綠江邊上下淺灘, 並爲屯兵嚴守, 庶可免意外之患矣.〕"

관망하는 것으로 명나라 사령관 양호(楊鎬)와 합의하였으나, 그 후에 다시 조선군을 파병하는 것으로 변경되었다.

○ 7월 4일. 파병할 군사 1만 명[14]을 선발하고 명나라에 통보하였다.

○ 7월. **후금군이 청하(淸河)성을 함락하고 1만 명을 전멸시켰다.**

○ 8월 28일. 징병하느라 떠들썩하자, 백성들이 피난 가서 한양이 텅 비었다.

누르하치 61세 천명 4년, 1619년(광해11)

○ 2월 19일~23일. 조선군 13,000명이 압록강을 건넜다.

○ 3월 1일~4일. **국운을 결정짓는 사르후 전투에서 10만의 조명 연합군이 6만의 후금군에게 궤멸되어, 54,000명이 전사하였다.**[15]

○ 3월 21일. 후금이 포로 5명을 조선에 돌려내며 국서를 보내서, 조선이 명나라에 군대를 파견하지 못하도록 협박하였다.『책중일록』

○ 3월 23일. 누르하치가 **양반 출신의 조선군 포로 400~500명을 죽였다.**[16]

○ 4월 2일. 후금이 포로를 조선에 돌려보내며 국서를 보내서, 조선이 명나라를 돕지 않으면 조선군 포로 4,500명을 송환하겠다고 하였다.

---

14 1만 명의 구성은 다음과 같다.
  조총수는 3,500명(평안도 1,000명, 전라도 1,000명, 충청도 1,000명, 황해도 500명)
  사수(射手)는 3,500명(평안도 1,500명, 전라도 500명, 충청도 500명, 황해도 1,000명)
  살수(殺手)는 3,000명(평안도 1,000명, 전라도 1,000명, 충청도 500명, 황해도 500명)
15 조명 연합군 10만 명 중에 54,000명(동로군 21,000, 북로군 15,000, 동로군 1만, 동로군에 속한 조선군 좌영과 우영 8,000)이 전사하였다. 강홍립은 중영 5,000명을 거느리고 후금에 항복하였다.
16 『책중일록』,〈광해 11년 3월 23일〉.

○ 6월 16일. 후금군 4만이 개원성(開原城)을 함락하고 10여만 명을 죽이거나 포로로 잡았다.[17]

○ 7월 15일. 후금군이 조선군 포로 50여 명을 끌고 가서 살해하였다.[18]

○ 7월 25일. 후금군 5~6만이 철령(鐵嶺)성을 함락하고 4천 명을 전멸시켰다.

○ 8월 22일. 후금군 수만이 여허(汝許)를 멸망시키고 여진족을 통일하였다.

○ 8월. 명나라에서 조선에 사신을 파견하여 "경략 웅정필이 30~40만 대군을 동원하여 다시 후금을 정벌할 것이니, 조선에서도 파병할 것"을 요청하였다.

○ 9월. 여러 도에서 각 3,000명을 징발하여 평안도를 지켰다.

○ 10월 7일. 황태극(훗날 청태종)이 "**조선이 명나라를 도울 것이니, 조선을 먼저 정복하고 요동을 공격해야 한다.**"고 하였다.[19]

누르하치 62세 천명 5년, 1620년(광해12)

○ 7월 11일. 포로에서 귀환한 이민환(李民寏)은 후금군이 20만 이상[20]이라고 하였고, **후금 방어를 위한 6가지를 주장하였다.**[21]

---

17 누르하치가 개원(開原)을 함락하고 대략 6~7만의 백성을 도륙하고 남녀와 재물을 연달아 5~6일 동안 약탈하였다.〔奴酋陷開原。屠害人民。亡虜六七萬口。子女財帛之搶來者。連絡五六日。〕『柵中日錄』,〈光海 11年 6月 16日〉.
18 『책중일록』,〈광해 11년 3월 23일〉.
19 『책중일록』,〈광해 11년 3월 23일〉.
20 후금군의 규모가 이전에는 장갑병(長甲兵)이 8만여 기(騎)이고 보병이 6만여 명이 었는데, 지금은 장갑병이 10만여 기이고 단갑병(短甲兵)은 10만 이상이다(「건주견

누르하치 63세 천명 6년, 1621년(광해13)

○ 3월 13일. 후금군 10만이 심양(瀋陽)성을 함락하고 명나라군 7~8만 명을 전멸시켰고, 혼하(渾河) 근처에서 구원군 33,000명을 죽였다.

○ 3월 21일. 후금군이 요양(遼陽)성을 함락하여 5만 명을 전멸시켰다.

○ 6월 27일. 도체찰사 영의정 박승종의 상소, "후금군이 모두 10만인데, 4~5천의 기병으로 평안도 창성과 삭주 사이를 공격하면 막을 수 없다."

○ 7월 7일. 명나라에 사신 갔던 박이서(朴彝敍) 등 86명이 배로 귀국하다 폭풍으로 후금에 표류하여 사로잡히자, 장인 몇 명만 제외하고 모두 살해당하였다.

○ 7월 8일. 후금이 조선군 포로 2명을 송환하며 "명나라와 관계를 끊으라"고 협박하는 국서를 가져가게 하였다.

○ 7월 20일. 모문룡이 이끄는 명나라군이 후금의 진강(鎭江)[22]을 공격하고 평안도에 주둔하였는데, 정묘호란과 병자호란의 직접적인 원인이 되었다.

문록」, 『자암집(紫巖集)』 권6).
21 이민환은 실전에서 얻은 경험을 토대로 주장하였는데, 매우 적절하다고 할 수 있다.
  ① 산성을 수축(修築)해야 한다.
  ② 말 관리 제도를 개혁해서 기병을 양성하여 후금의 기병과 싸워야 한다.
  ③ 직업군인 제도로 바꾸어 정예군을 양성해야 한다.
  ④ 용감한 변방의 군사를 우대해야 한다.
  ⑤ 무기에 불량품이 없어야 한다.
  ⑥ 조총은 후금의 기마병에게 효과가 없으니 멀리서 화살을 쏴서 무찌르고, 평소에 훈련해야 한다.
22 현재의 지명은 중국 단동(丹東)으로, 신의주에서 압록강을 마주한 지역이다.

○ 8월 28일. 귀영개(貴永介)는 조선과 화친을 주장하였고, 황태극은 조선과 싸울 것을 주장하였다.

○ 9월. 후금군이 진강(鎭江)성을 함락하고 도륙하였는데, 모문룡은 탈출하여 평안도 철산과 선천의 사이에 주둔하였다.

○ 9월 10일. 만포 첨사(滿浦僉使) 정충신(鄭忠信)이 후금에 사신으로 다녀와 제출한 보고서에서 "**후금의 8기군은 96,000명이고, 군대의 규율이 매우 엄격하다**"라고 하였고, 사람들에게 "**후금이 조선과 명나라를 침략할 것**"[23]이라고 하였다.

○ 12월 15일. 후금의 아민(阿敏)[24]이 5천 명을 거느리고 선천을 기습 공격 하여 명나라군 1,500명을 죽였다. 모문룡은 도망갔다.

○ 12월 19일. 후금의 국서 "**모문룡을 넘겨주면, 강홍립을 송환하겠다.**"

○ 12월 28일. **후금의 위협이 심각하자, 대왕 2명의 영정을 강화도로 옮겼다.**

○ 12월. 충청·전라·경상에서 각 3천 명을 징발하여 수원에 주둔하게 하였다.

누르하치 64세 천명 7년, 1622년(광해14)

○ 1월 1일. 조선의 사신 4명이 누르하치에게 절하였다.

○ 1월 1일. 광해군이 비변사에 물었다. "**후금군 3만을 우리나라의 약한 군대로 막아낼 수 있겠는가?**"[25]

---

23 「鄭忠信 行狀」, 『芝湖集』 卷1. "語人曰。此賊當爲天下患。豈獨我國之憂也."
24 누르하치의 조카로, 정묘호란 때 조선 침략군 총사령관이었다.

○ 1월. 후금군 5만이 서평보(西平堡)를 함락하여 3천 명을 전멸시키고 구원군 3만을 전멸시켰으며, 광녕(廣寧)성의 16,000여 명이 항복하자 무혈입성하였다.

○ 2월 14일. 누르하치는 조선 사신 12명이 정찰하러 왔다고 10명의 눈을 파내서 죽이고, 2명의 눈을 찌르고 코와 귀를 베고서 후금의 국서를 가져가게 하여 **명나라와의 관계를 끊도록 협박하였다.**

○ 2월. **모문룡이 가도로 들어가서, 동강진(東江鎭)이라고 이름 지었다.**[26]

○ 4월 16일. 비변사에서 후금이 침입하면 청야(淸野)하여 막을 수 있다고 하였으나, 광해군은 "**절대 막을 수 없다.**"라고 하였다.

○ 4월 16일. 박규영을 사신 보내서 후금의 침입을 늦추려고 하였다.

○ 5월 9일. 광해군이 사신을 보내서 외교로 전쟁을 막으려고 하자, 사신은 "**국가 안보는 사신의 (외교가) 아니라 국방력을 강화해서 막아야 한다.**"라고 하였다.

○ 5월 18일. 명나라 사신 양지원(梁之垣)이 조선에 와서 후금을 공격하기 위해 조선군 3만을 파병할 것을 요구하였다.

○ 10월 4일. 명나라 사신 양지원이 귀국하여 보고하기를 "**조선에서 2만 명을 파병하겠다고 하나, 조선은 허약하여 자기 나라도 지킬 수 없다.**"[27]라고 하였다.

---

25 『광해군일기』, 〈광해 14년 1월 1일〉 기사이다. 4년 후 정묘호란 때 후금군은 35,000여 명으로 한반도의 절반을 휩쓸었다. 광해군이 후금군의 전력을 정확히 파악하였다는 것을 알 수 있다.

26 『존주휘편』 1책, 90쪽. 조선의 재앙이 본격적으로 시작되는 순간이다. 가도에 주둔한 명나라군은 주둔군 행세를 하고 온갖 행패를 부렸으며, 정묘호란과 병자호란을 초래한 원인이기도 하다.

누르하치 65세 천명 8년, 1623년(인조1)

○ 1월 23일. 누르하치가 조선 사신 5명을 염탐하러 왔다고 감금하였다.

○ 2월 9일. 감금하였던 사신 5명 중 1명이 도망가자 4명을 죽이고, 도망간 1명도 그 후에 잡아서 살해하였다.

○ 3월 13일. **최명길·이괄 등이 1,200~1,300명으로 쿠데타에 성공하였다(인조반정).**

○ 4월 18일. 사르후 전투에 참가해서 포로가 되었던 사령관 강홍립이 후금에 부사령관 김경서를 밀고하여 김경서가 처형되었다.

누르하치 66세 천명 9년, 1624년(인조2)

○ 1월 21일. **이괄 등이 13,200명을 거느리고 반란을 일으켰다(이괄의 난).**[28]

○ 1월 14일. 명나라군 1만 명이 배로 여순(旅順)에 상륙하자, 후금군 6천 명이 여순성을 함락하고 전멸시켰다.

누르하치 67세 천명 10년, 1625년(인조3)

○ 10월 20일. 사르후 전투에서 후금군의 포로가 된 후에 후금군에 편입되어 1622년 광녕(廣寧)성 등의 전투에 참전하였던 정복남(鄭福男)이 조선으로 탈출하여 진술하기를 "야전(野戰)에서는 후금군을 막을

---

27 『명실록』, 〈천계 2년 10월 4일〉 기사. 이 글과 사르후 전투 이후의 행적을 통해서 광해군이 중립 외교를 하였다는 논쟁을 종식시킬 수 있을 것이다.
28 반란군이 1월 22일에 영변을 출발하여 2월 10일에 한양에 무혈입성하였다. 그러나 잠시 후에 관군에게 무악재에서 패하여 반란은 실패로 끝났다.

수 없다."²⁹라고 하였다.

누르하치 68세 천명 11년, 1626년(인조4)

○ 1월 24일. 명나라군이 영원성에서 후금군을 물리쳤다.³⁰

○ 8월 11일. **누르하치가 병으로 사망하였다.**

○ 9월 2일. 누르하치의 8남 황태극(黃太極)이 즉위하였다(청태종).

○ 10월 24일. 평안도 관찰사가 "후금이 명나라를 공격하기 전에 배후에 있는 조선을 먼저 공격할 것이다."라는 명나라 장수가 보내온 정보를 보고하였다.

청태종 1년, 1627년(인조5)

○ 1월 6일. 이괄의 난에 참여한 한명련의 아들 한윤과 조카 한의가 황태극에게 조선의 방어 현황에 대해 설명하고 조선을 정벌할 것을 권유하는 글을 올렸다.

○ 1월 8일. 후금은 총 병력 대략 9만³¹ 중에서 35,000여 명을 동원

---

29 『승정원일기』, 〈인조 2년 10월 20일〉. "후금군은 야전(野戰)을 할 때 항상 2~3필의 말을 번갈아 타고 먼저 돌격하여 승리하니 막을 수 없다. …… 수많은 전마(戰馬)에 의지하여 일제히 달려가 짓밟기 때문에 막아 낼 수가 없다. …… 그가 직접 본 후금군의 숫자는 대략 5만여 명이다.〔此賊於野戰之時, 每率二三匹騎, 先出決勝, 不可承當. ……依許多戰馬, 一齊鏖蹴, 故不得抵當云矣. …… 渠之所見, 似爲五萬餘云矣。〕"

30 후금군 5~6만이 홍이포 등의 화포로 영원(寧遠)성을 지키는 2만 이하의 명나라군을 공격하였다가 후금군 1~2천 명이 사망하자 후퇴하였다. 역사에서는 영원대첩(寧遠大捷)이라고 한다. 후금군은 후퇴하며 근처 각화도(覺華島)를 공격하여 7천 명을 죽이고 곡식과 배를 불살랐다.

31 『明淸戰爭史略』, 219쪽. "누르하치가 사망하기 전에 후금군의 총 병력은 9만이었다.〔努爾哈赤去世前, 後金總兵員只有九萬。〕"

하여 조선 정벌에 나섰다. 정묘호란이 일어났다. "대략 총 조선군 8~9만이 죽고 25만이 포로로 잡혀간 것으로 추정된다." 후금의 1차 목표는 가도(椵島)에 주둔한 명나라군을 제거하는 것이고, 2차 목표는 한양을 점령하는 것이었다.

1월 14일. **의주성 전투에서 조선 정예군 3만 명이 전멸되었다.**[32]

1월 14일. **철산에서 조선군 수천 명이 죽었다.**

1월 18일. 곽산성 전투에서 조선 군민(軍民) 2만 명이 전멸되었다.

1월 21일. 안주성 전투에서 조선 군민 2만 명이 전멸되었다.

1월 26일. 평양성의 조선군 약 1만이 도망가서 후금군이 무혈입성하였다.

2월 11일. **후금군 3백 명에게 창성의 4천 명이 전멸되었다.**

3월 18일. 후금이 조선과 조약을 맺고 후퇴하였다.

○ 5월. 명나라군이 영원성과 금주성에서 후금군을 물리쳤다.[33]

청태종 2년, 1628년(인조6)

○ 1월. 춘신사(春信使) 이란(李瀾)과 박난영을 후금에 파견하였다.

○ 6월 21일. 후금의 사신 박중남(朴仲男)이 국서를 가지고 와서, 도망간 사람들을 찾아서 다시 후금에 보낼 것을 요구하였다.

---

32 「暗行平安道復命書啓」, 『팔송봉사』. "토착병과 남군(南軍; 남부 지역에서 올라온 군사) 3만여 명이 죽었고 산 사람은 1천 명도 되지 않았습니다."〔土兵及南軍死者。三萬餘人。生者不滿千餘云。〕

33 후금군의 총 병력이 10만 정도였는데, 5~6만의 대군을 동원하여 영원(寧遠)과 금주(錦洲)를 공격하였다. 이때 3회 큰 전투와 25회 작은 전투에서 모두 패하였다. 역사에서는 영금대첩(寧錦大捷)이라고 한다.

○ 9월 27일. 사신 정문익과 박난영이 귀국하였다.

청태종 3년, 1629년(인조7)

○ 6월 6일. 독사(督師; 명나라군 총사령관) 원숭환이 모문룡을 처형하였다.

○ 7월 22일. 후금에 파견되었던 춘신사(春信使; 봄에 파견된 신하) 오신남(吳信男)이 귀국하였다.

○ 8월 9일. 추신사(秋信使; 가을에 파견된 신하) 박난영이 후금 사신 박중남(朴仲男)을 데리고 귀국하였다.

○ 10월. **후금군 10만이 제1차로 만리장성을 우회하여 명나라를 정벌하였다.**[34]

○ 12월 18일. 춘신사 박난영이 한양을 출발하였다.

청태종 4년, 1630년(인조8)

○ 1월 28일. 인조가 후금의 수도를 공격하는 것을 신하들과 논의하였다.

○ 6월 26일. 추신사 오신남(秋信使吳信男)을 후금에 파견하였다.

○ 10월 13일. 후금의 사신이 조선에 왔다.

○ 12월 18일. 춘신사 박난영을 후금에 파견하였다.

---

34 5개월 동안 명나라 북경·양향(良鄕)·고안(固安)·천안(遷安)·란주(灤州)·영평(永平)·존화(尊華) 등의 지역에서 명나라군과의 수십 차례 야전과 공성전에서 연전연승하며 종횡무진하였다. 수많은 사람을 학살하거나 포로로 잡고 약탈하여 명나라에 치명상을 입혔다.

청태종 5년, 1631년(인조9)

○ 1월 2일. 춘신사 박난영이 후금에 파견되어 예물을 바쳤는데, 후금에서 수량이 적고 질이 좋지 않다고 받지 않았다.

○ 3월 4일. 춘신사 박난영이 후금 사신과 함께 귀국하였다.

○ 5월. **후금이 자체적으로 홍이포를 제작하여 전투에 사용하였다.**

○ 6월 8일. 후금군 6,000명[35]이 가도를 공격하려 하였으나 명나라군이 화포와 삼안조총(三眼鳥銃) 등으로 후금군 6~7백 명을 살해하였다.[36]

○ 6월 25일: 추신사 박로(朴簹)와 부사 오신남을 후금에 파견하였다.

○ 8월. **8만의 후금군이 3개월 동안 고사 작전**[37]**을 펼쳐 대릉하(大陵河)성이 항복하였다. 3만 명이 있었는데, 18,000여 명이 전사하거나 굶어 죽고 잡아먹혔다.**

○ 윤11월 23일. 추신사 박로가 귀국하여 보고하기를 "후금군이 군대를 총동원하여 대릉하성을 함락하였고, 후금군이 후퇴할 때 보니 **후금군이 6~7만 명이다.**"라고 하였다.

---

35 청나라군의 숫자에 관하여, 『청태종실록』, 〈천총 2년 5월 27일〉 기사에서는 기병 1,500명과 보병 4,500명, 『인조실록』, 〈인조 9년 6월 8일〉에는 1만 명, 『존주휘편』과 『江漢集』, 「東江志」에서는 2만 명이라고 하였다.

36 『명청전쟁사략』에서는 '피도(皮島)해전'이라고 하였다. 피도는 가도(椵島)를 가리킨다. 명나라와 후금(청)의 전투에서 명나라가 승리한 것은 영원대첩, 영금대첩, 피도 해전뿐이다.

37 조선이 남한산성에서 항복하지 않았다면 청나라는 똑같은 고사 작전을 폈을 것으로 예상된다.

청태종 즉위 6년, 1632년(인조10)

○ 9월 27일. 추신사 박난영이 후금에 사신으로 다녀와서 보고하기를 "조공이 적다고 받지 않았고, 후금 사신을 명나라 사신처럼 대우해 줄 것을 요구하였다."라고 하였다.

○ 12월 9일. 비변사에서 "후금의 침입에 대비하여 각 도에서 1만의 군대를 준비해야 한다."라고 건의하자, 인조가 따랐다.

청태종 7년, 1633년(인조11)

○ 1월 25일. 춘신사 신득연(申得淵)이 후금에 사신으로 파견되었으나, 조공을 전달하지 못하고 후금의 국서를 받아서 왔는데, 후금의 요구 사항은 다음과 같다. "**1. 후금의 사신을 명나라 사신과 같이 대우할 것, 2. 조공을 10배 이상 바칠 것, 3. 명나라를 정벌하기 위해 군대 3만을 파병할 것, 4. 가도를 공격하기 위해 전함 300척을 지원할 것.**"

○ 1월 29일. 조선에서 후금의 요구 조건을 받아들일 수가 없자, 8도에 교서를 보내 후금과의 전쟁을 준비하도록 하였다.

○ 2월 2일. 사신 김대건(金大乾)이 국서를 가지고 후금에 파견되었다. 그 국서에서 "**명나라처럼 후금을 섬길 수 없고, 요구하는 조공이 너무 많아 조선에서 바칠 능력이 없으니, 무리하게 요구하면 단교할 수밖에 없다**"[38]라고 하였다.

○ 2월 6일. 최명길이 상소하여 "전쟁을 부르는 일이니 재고해 달라"고 하였다.

---

38 『청태종실록』, 〈천총 7년 2월 2일〉. "군신의 의가 매우 중요하니, 귀국이 우리나라에 명나라를 등질 것을 요구한다면, 나라가 망하더라도 감히 따를 수 없다.〔君臣分義甚重。若貴國要我負明。則寧以國斃斷不敢從。〕"

○ 2월 11일. 도원수 김시양과 부원수 정충신이 공동으로 상소하여, "황금 이외의 것들은 최대한 후금의 요구를 들어주고 국서의 내용도 부드럽게 수정하여 전쟁을 피하자"고 건의하자, 임금이 크게 화를 내며 처형하려고 하였다.

○ 2월 14일. 임금이 비변사에 오랑캐를 무찌를 수 있다고 훈시하며 일전불사를 각오하였다. 신하들의 건의를 받아들여 김시양과 전충신을 귀양 보내고, 국서를 일부 수정하여 김대건이 후금에 전달하였다.

○ 2월 29일. 후금의 사신이 과거에 후금으로 데려갔을 때 누락된 번호(藩胡; 조선에 거주하던 여진족)를 샅샅이 조사하여 데려가겠다고 요구하였다.

○ 3월 6일. 김대건이 후금의 국서를 가지고 귀국하였는데, "조선에서 정묘호란 때 맺은 조약을 지키지 않는다"고 맹비난하였다.

○ 4월. **명나라 장수 공유덕(孔有德)과 경중명(耿仲明)이 총 12,258명을 거느리고 함선 100여 척과 홍이포 등 수많은 화포를 가지고서 후금에 귀순하였다.** 명나라의 요청으로 임경업이 조총수 300여 명을 거느리고 참전하여 조명 연합군이 반란군을 협공하였으나, 실패하였다.

○ 4월. 춘신사 박로를 후금에 파견하였다.

○ 6월 16일. 춘신사 박로가 후금의 국서를 가지고 귀국하였는데, 그 내용은 다음과 같다. "1. **가도에 주둔한 명나라군에도 식량을 지원하니, 형제의 동맹을 맺은 후금에도 식량을 지원할 것. 2. 후금과 명나라의 평화 협정을 중재할 것. 3. 가도에 있는 조선군 전함을 철수시킬 것. 4. 조공이 부족해서 번번이 받지 않았으나, 형제의 화친을 어기지 않으려고 조공을 받겠다. 5. 국경무역을 요청하였다.**"

○ 7월. 후금군 1만여 명이 여순(旅順)성을 함락하고 포로[39] 5,302명

을 잡았고, 명나라군은 요남(遼南)에서 근거지를 상실하였다.

○ 6월 18일. 후금의 황태극이 명나라·조선[40]·찰합이 세 나라 중에서 어느 나라를 먼저 공격할지를 패륵(貝勒)들과 대신(大臣)들에게 묻자, 신하들은 명나라를 먼저 공격할 것을 건의하였다.

○ 8월 16일. 후금에서 사신을 파견하여 요청하였다.[41]

청태종 8년, 1634년(인조12)

○ 1월 8일. 조선에서 춘신사 이시영(李時英)을 후금에 파견하였다.

○ 3월 15일. 춘신사 이시영이 귀국하였다.

○ 4월. 명나라 장수 상가희(尙可喜)가 후금에 귀순하였다.

○ 5월. **후금군 9만여 명이 제2차로 만리장성을 우회하여 명나라를 정벌하였다.**[42]

○ 11월 12일. 후금에서 조선 사신 나덕헌을 구금하고, 조선을 비난하는 국서를 보내오자, 조선에서 답서를 보냈다.

---

39 『명청전쟁사략』에 사망한 명나라군 숫자에 관한 기록은 없으나, 수천 명이 사망한 것으로 추정된다.

40 여기에서 후금의 조선 정벌은 미리 예정된 것이라는 것을 확인할 수 있다.

41 다른 요청도 하였다. ① 조선에 있는 여진족과 명나라 사람을 후금에 돌려보낼 것. ② 월경 문제. ③ 가도의 여러 섬에 살고 있는 명나라인이 후금에 귀순하면 조선에서 방해하지 말 것.

42 3개월 동안 하북성과 산서성 선부(宣府)와 대동(大同) 일대를 종횡무진하며 유린하였다. 수많은 사람을 학살하거나 포로로 잡고 약탈하여 명나라에 치명상*을 입혔다. *『인조실록』, 〈13년 12월 30일〉 기사에 후금이 조선에 보낸 국서가 실려 있다. "작년에 우리 군대가 선부(宣府)와 대동(大同)을 침입하여 성을 공격하고 고을을 도륙하여 들판이 텅 비었는데도, 명나라 관군 중에 한 사람이라도 감히 나와서 싸운 자가 없었다.〔昨年我兵入宣大, 攻城屠邑, 野掠一空, 大明軍官, 曾無一人敢出戰者。〕"(『청태종실록』, 〈천총 9년 12월 20일〉에도 같은 국서가 실려 있다.)

○ 11월 30일. 나덕헌이 귀국하여 "가도에 주둔한 명나라군과 조선군이 내년에 후금을 침략하려 한다고 후금에서 의심하여 사실이 아니라고 해명하였다"[43]라고 하였다.

청태종 9년, 1635년(인조13)

○ 4월 15일. 춘신사로 파견된 이준(李浚)이 귀국하였다.

○ 8월 8일. 조서에서 추신사 박로를 후금에 파견하였다.

○ 9월 5일. **후금이 20여 년 동안 강력한 적이었던 차하르(察哈爾) 몽고를 멸망시켰다. 후금의 영토는 몇 배 늘어났고 군사력도 더욱더 강력해졌다.** 몽고군은 정묘호란과 병자호란 때 후금(청)군과 함께 조선을 침략하였다.

○ 12월 30일. 후금 사신 마부대가 국서를 가지고 왔으나, 인조는 왕비의 상으로 접견하지 않았다. 국서의 내용은 다음과 같다. "1. 월경 문제. 2. 명나라에서 공유덕(孔有德)·경중명(耿仲明)·상가희(尚可喜)가 귀순하고, 차하르(察哈爾) 몽고가 귀순하여 국력이 강해졌으니 두 배 더 공경해야 하는데, 조선은 후금을 무시한다. 3. 조공이 줄어들었다. 4. 명나라 선부(宣府)와 대동(大同)을 정벌하였고, 조만간 명나라를 멸망시킬 것이니, 조선도 알아라." 조선에서는 이식이 "후금의 국력이 강해진 것을 알고 있으며 후금을 무시하지 않고, 최선을 다해 조공을 바치겠다"라고 답서를 작성하여 후금에 보냈다.

---

43 여기에서 후금이 평안도 가도에 주둔한 명나라군에 대하여 얼마나 민감한지 알 수 있다. 즉, 병자호란의 원인 중에 하나가 가도에 주둔한 명나라군이라는 것을 알 수 있다.

청태종 즉위 10년, 1636년(인조14)

○ 2월 24일. 후금 용골대 등의 사신단이 한양에 도착하여 왕비의 제사를 지냈다. **조선에서는 황태극의 국서만 받고 후금과 몽고 신하들이 보낸 황제 추대에 대한 국서는 받지 않았으며, 인조는 사신들을 접견하지 않았다.**

○ 2월 25일. 성균관 학생과 선비들이 후금 사신의 목을 벨 것을 요청하는 상소가 빗발쳤다.

○ 2월 26일. **조선에서 후금의 국서를 받지 않자, 후금의 사신단이 돌아갔다.**[44]

○ 2월 29일. 영의정 윤방 曰 "**청나라가 침략할 것이니 강화도로 피난 가야 한다.**"

○ 3월 1일. 정온(鄭蘊)이 임금이 개성에 주둔해야 한다고 주장하였다.[45]

○ 3월 1일. **인조가 8도에 전쟁을 준비할 것을 지시하였다.**

인조가 팔도의 관찰사들에게 보낸 훈시문 "후금에서 황제로 추대하자는 것을 반대하여 후금이 침략할 것이니, 방어책을 마련하고 전쟁이 일어나면 결사적으로 싸우라." **평안도 관찰사에게 이 훈시문을 가져가던 전령이 도중에 귀국하던 후금의 사신단에게 빼앗겼다.**

---

44 조선에서 국서를 받지 않자 후금의 사신단이 되돌아갔고, 도성을 나갈 때 기와 조각과 돌을 던져서 모욕하였다. 최명길도 후금과 전쟁 불사를 주장하였다. 이식과 김상헌은 국서를 받을 것을 주장하였으나 받아들여지지 않았고, 조선 조정에서는 전쟁 불사로 국론을 결정하였다.

45 『동계집(桐溪集)』에 3월 1일, 3월 14일, 3월 16일, 3월 19일 총 4번의 차자(箚子)가 실려 있는데, 임금이 개성에 주둔하여 후금의 침략 위협에 대처해야 한다고 주장하였다.

○ 명나라에 외교문서를 보내서, 후금과 외교관계를 끊었고 전쟁이 일어날 수도 있다고 통보하였다.

○ 3월 20일. 후금의 사신단이 귀국하여 황태극에게 인조가 보낸 훈시문을 바쳤다. 황태극은 읽고서 조선에서 단교하고 전쟁을 불사한다고 결정한 것을 알았고, 여러 신하에게 회람시키자 모두 조선 정벌을 주장하였다.

○ 3월 22일. 조선 사신 나덕헌과 이확(李廓) 등이 심양에 도착하여, "조공의 양이 부족하지만 정성을 다하였고, 후금에서 사신을 보내 조문한 것에 감사한다."고 하였다.

○ 4월 11일. **황태극이 황제로 등극하고 국호를 대청(大淸)으로 바꾸었다.** 모든 사람이 절하고 축하하였으나, 조선 사신 나덕헌 등은 결사반대하여 예를 올리지 않자 청태종이 매우 분노하였다.[46]

○ 4월 15일. 조선 사신에게 준 국서에서 "**조선에서 정묘호란 때 체결한 조약을 어겼고 명나라의 공유덕(孔有德) 등이 귀순할 때 조선군이 명나라군과 협공하여 막았던 등의 일을 나열하며, 전쟁의 발단이 조선에서 비롯되었고 조선에서 전쟁 준비를 하고 있다**"라고 맹비난하였다. 또한 청태종이 사신 나덕헌 등과 상인들에게 "**조선의 왕이 죄를 알면 자식을 볼모로 보내라. 그렇지 않으면 몇 월 며칠에 쳐들어가겠다**"고 정식으로 선전포고하였다.[47]

○ 5월. 청나라군 10만이 3차로 만리장성을 우회하여 명나라를 정벌하였다.[48]

---

46 『청태종실록』,〈천총 10년 4월 11일〉.
47 『淸太宗實錄』,〈崇德 元年 4月 15日〉. "以興師之期, 明示朝鮮使臣, 及商人等而遣之."

○ 6월 17일. 조선에서 국서를 작성하여, "청나라에서 조선으로 하여금 명나라를 배신하라고 하는데, 이미 정묘년의 조약에서 명나라를 배신하지 않겠다고 하였으니, 절대로 받아들일 수 없다"라고 하였다.[49]

○ 8월 20일. 윤황은 임금이 평양에 가서 주둔해야 한다고 주장하였다.

○ 9월 19일. 최명길이 비밀리에 정승과 상의하여 통역관 박인범(朴仁範) 등을 사신으로 청나라에 파견하고, 의주에 있던 국서를 청나라에 가져가게 하였다.

○ 10월. 명나라 병부 감군 황손무(兵部監軍黃孫茂)가 외교문서를 보내와 "조선은 청나라의 침입을 막을 수 없으니, 외교적으로 해결하라"고 조언하였다.

○ 10월 27일. 조선 사신 박인범이 국서를 전달하려 하였으나, **청태종은 "조선도 2월에 국서를 받지 않았으니, 청나라도 받지 않겠다"고 하고 받지 않았다.**

○ 11월 19일. 청태종이 도끼와 송곳 등 성을 공격할 무기와 15일치의 식량을 준비하고서 29일에 모이도록 지시하였다.

○ 11월 25일. 청태종이 왕들과 문무 신하들과 3일 동안 재계하고

---

48 4개월 동안 북경 외곽인 연경(延慶)·창평(昌平)·양향(良鄕)·밀운(密雲)·평곡(平谷) 등 12개의 성을 함락하고 50~60회의 전투에서 연전연승*하며 유린하였다. 수많은 사람을 학살하거나 포로로 잡고 약탈하여 명나라에 치명상을 입히고, 인축(人畜; 사람과 가축) 175,820을 노획하였다.
  * 청나라가 12월에 조선을 침략하기 전에, 명나라를 사전에 공격하여 배후에서 지원하지 못하게 하려는 성격이 강하였다.
49 『청태종실록』, 〈숭덕 원년 10월 27일〉 기사에서 청태종은 조선의 국서를 읽지 않고 돌려보냈다.

하늘에 조선을 정벌하는 이유를 고하고 제사를 지냈다.

○ 12월 1일. 청나라 대군이 수도 심양에 모였다. 청태종이 군대의 일부로 하여금 심양을 지키고 국경을 방비하도록 하였다.

○ 12월 2일. 청나라군 12만이 심양에서 출발하였다.

○ 12월 3일. 청태종이 장사꾼으로 위장한 선발대 1진 300명과 선발대 2진 1,000명을 심양에서 출발시키고, 한양 도성을 포위하도록 하였다.

○ 12월 4일. 추신사 박로가 출발하였다.[50] 박로는 황해도 중화까지 갔다가, 도중에 병자호란이 일어나서 되돌아오다가 청나라군에 포로가 되었다.

○ **병자호란이 일어났다. 대략 조선군 총 8~9만이 죽고 50여 만이 포로로 잡혀간 것으로 추정된다."**

12월 8일. 청나라군 선발대 1진 300명이 압록강을 건넜다.

12월 9일 새벽. 선발대 2진 1,000명이 압록강을 건너다가 발각되었고, 임경업은 봉화를 올리고 한양에 장계를 보냈다.

12월 10일. 청태종이 대군을 거느리고 압록강을 건넜다.

12월 14일. 청나라군 선발대 1진 300명이 무악재에 도착하였다.

12월 14일 "창릉(昌陵)에서 훈련도감 군대 80여 명이 전멸되었다.

12월 14일. 인조가 피난 가서 저녁에 남한산성에 도착하였다.

---

50 「박로 神道碑銘」, 『恬軒集』. "겨울*에 청나라군이 과연 대규모로 침입하였다. (침입하기 전에) 조정에서 위급함을 느껴서 공(公)을 파견하여 청나라군의 침입을 늦추려고 하였다.〔冬。淸兵果大至。朝廷急則遣公。欲緩其兵。〕"

* 조선에서는 매년 겨울에 청나라군의 침입을 예상하고 대비하였다. 박로를 사신으로 파견한 것이 연례적으로 침입을 대비하고 적정을 파악하기 위한 것이지, 청나라군의 침입을 확신하고 파견한 것은 아닌 것으로 추정된다.

12월 16일. 선발대 2진 1,000명이 한양을 점령하고 남한산성으로 이동하여 산성을 포위하였다.

12월 19일. **영변 전투에서 조선군 5,000명이 전멸되었다.**

12월 19일. 팔도의 백성에게 구원하라는 교서를 작성하여 보냈다.

12월 20일. 황해도 황주 동선령 전투에서 승리하여 청나라군 50여 명을 죽였다.

12월 27일. **용인 험천 전투에서 조선군 9천이 전멸되었다.**

12월 29일. **조선군 300명이 북문을 통해 산에서 내려가 청나라군을 공격하러 갔다가 매복에 걸려 전멸되었다.**

12월 29일. 청태종이 남한산성에 도착하였다.

12월 26일~30일. 하남에서 조선군 1천여 명이 검단산에서 청나라군과 싸우다 중과부적으로 후퇴하였다.

청태종 11년, 1637년(인조15)

1월 3일. 경기도 광주 쌍령 전투에서 조선군 3~4만이 전멸되었다.

1월 5일 황해도 토산 전투에서 조선군 1만여 명이 전멸되었다.

1월 6일. 용인 광교산에서 조선군 1만여 명이 전투하다가 후퇴하였다.

1월 28일. **강원도 김화 전투에서 홍명구의 평안도 군대 3천 명이 전멸되었다.**

1월 30일. 인조가 삼전도에서 항복하였다.

○ 2월 초. 전라도 의병장 정홍명이 의병을 거느리고 공주까지, 경상도 의병장 전식(全湜)은 충주까지 왔다가 인조가 항복하였다는 소식을 듣고 되돌아갔다.

○ 2월 1일. 청나라가 강화도에서 노획한 사람·가축·재물을 각 관원에게 상으로 차등 지급하였다.

○ 2월 2일. 인조가 남한산성의 군대를 해산하여 고향으로 돌려보냈다.[51]

○ 2월 2일. 청태종이 귀국하자 인조가 전송하였다. 청태종은 항복조약에 따라 가도를 점령하기 위해 조선에서 병선과 수군을 동원할 것을 요구하였다.

○ 2월 15일. 전쟁에 패한 책임을 물어서 김자점·심기원·신경진·이민구 등 11명을 유배 보냈다.

○ 2월 15일. **함경남도 안변 전투에서 조선군 1만여 명이 전사하였다.**

○ 2월 22일. 강화도가 함락된 책임을 물어서 강화도 검찰사 김경징(檢察使金慶徵), 강화도 유수 장신(留守張紳), 충청도 수사 강진흔(水使姜晉昕)을 처형할 것을 명하였고 9월 21일에 처형하였다.

○ 3월 5일. 심양에 압송된 홍익한이 처형되었다. 4월 19일에는 윤집과 오달제가 처형되었다.

○ 3월. 명나라 황제 의종(毅宗)은 청나라가 조선을 침략하자 1월에 등래 총병 진홍범(登萊摠兵陳洪範)과 부총병 김일관(金日觀)에 군사를 거느리고 각각 장산곶(황해도 장연군)과 가도로 가서 조선을 구원하도록 하였으나, 조선이 항복하였다는 소식을 듣고 군대를 가도에 집결시켰다.

○ 4월 9일. 조청 연합군이 가도를 점령하고, 명나라군 1만여 명을 전멸시켰다.[52]

---

51 청나라의 지시로 남한산성의 조선군을 해산한 것으로 추정된다.

○ 7월 5일. 청태종은 신하들에게 "명나라의 기초가 견고하여 단기간에 정복할 수 없다"라고 하여 장기전이 될 것임을 예고하였다.[53]

○ 9월. 청나라에서 명나라를 공격하기 위해 조선에 파병을 요구하였으나, 9월에 좌의정 최명길이 청나라에 파견되어 청태종에게 어려움을 설득하였다. 이에 청태종이 동의하였고, 포로로 잡혀갔던 속환인(贖還人) 780명이 조선으로 돌아왔다.

황태종 12년, 1638년(인조16)

○ 8월. 청나라 대군이 만리장성을 넘어서 4차로 명나라 중원을 정벌하였다.[54]

○ 9월 18일. 청나라의 요청으로 파병한 조선군 5천 명이 청나라에 늦게 도착하자, 마부대 등이 "늦게 도착하여 쓸모없으니 돌아가라"고 하여 돌아왔다.

○ 9월 20일. 조선에서 10명의 공녀(貢女)를 청나라에 바쳤다.[55]

---

52 조청 연합군이 홍이포 16문을 싣고 명나라군 17,090명이 지키는 가도를 공격하여, 14일에 점령하고 도독 심세괴(沈世魁)와 명나라군 1만여 명을 죽였다. 조선은 사령관 평안도 병사 유림(柳琳)과 부사령관 의주 부윤 임경업의 군사 5,000명, 청나라군은 10,000여 명이 참전하였다. 전함 50척은 조선에서 제공하였다.

53 『淸太宗實錄』,〈崇德 2年 7月 5日〉. "명나라는 초기에 제도가 잘 갖추어져서, 몇 번 전해진 후에 군대가 자주 패하고 성이 자주 함락되었더라도, 국력은 아직도 강력하여 망하지 않았다.〔明初規模詳備。數傳而後。雖兵馬屢挫。城池屢失·而國勢屹然未傾。〕"

54 청나라군이 산해관을 우회하여 장자령(墻子嶺; 북경 외곽)과 청산관(靑山關; 하북성 당산 외곽)을 넘어 5개월 동안 하북성과 산동성의 70여 개의 성을 함락하였다. 수많은 사람을 학살하거나 포로로 잡고 약탈하여 명나라에 치명상을 입혔다. 인축(人畜 사람과 가축) 46만을 노획하였다.

55 조선에서 청나라에 보낸 공녀의 이름과 나이 출생지는 다음과 같다.*

○ 10월 8일. 청태종이 봉림대군을 거느리고 금주성을 시찰하고 12월 1일 심양에 돌아왔다.

○ 10월 8일. 조선군이 일정보다 늦게 도착한 것을 사죄하러, 좌의정 최명길이 국서를 가지고 청나라 심양에 도착하였다. 청태종은 최명길에게 위협하기를 "**병자호란 때 왕을 살려준 것은 전례가 없었는데, 조선에서 은혜를 저버리고 군대가 늦게 도착하였으니, 중죄로 처리하여 다른 왕으로 바꾸거나 벌을 내리도록 하겠다.**"고 협박하였다.[56]

---

① 목단(牧丹), 20세, 전라도 강진. ② 구저(九姐), 23세, 강원도 양양.
③ 영저(永姐), 22세, 경상도 창원. ④ 모춘(慕春), 16세, 충청도 청주.
⑤ 승일(勝一), 15세, 황해도 장련. ⑥ 상옥(常玉), 24세, 평안도 평양.
⑦ 영이(英伊), 15세, 평안도 용강. ⑧ 섭생(聶生), 18세, 평안도 삼하.
⑨ 상일(祥一), 20세, 함경도 백청. ⑩ 문옥(文玉), 20세, 함경도 문천.
* 『청태종실록』, 〈숭덕 3년 9월 12일〉 기사 및 『崇德三年滿文檔案譯編』과 『淸初內國史院滿文檔案譯編』에 관련 기록이 있다.

[56] 『淸初內國史院滿文檔案譯編』. "짐이 조선 국왕을 일찍부터 특별히 대우하였고 그대도 마음을 다해 귀순하였다. 짐이 그대를 기른 것은 예로부터 이런 전례가 없었는데, 왕도 역시 특별한 은혜로 짐에게 보답할 것이라고 생각하였기 때문이다. 그런데 이렇게 은혜를 저버릴 줄 누가 알았겠는가? 그대 나라의 군대가 비록 오지 않더라도 어찌 짐이 명나라를 정벌하는 것을 그르칠 수 있겠는가? 예로부터 그대들처럼 항복한 사람이 군기(軍期; 군대가 도착할 시기)를 어기면 중죄(重罪)를 물어 왕의 지위를 바꾸는 경우도 있었고 벌을 내린 경우도 있었다. 짐이 이미 그대를 기르고서 일찍이 죄를 묻거나 벌을 내렸던가? 명나라를 정벌하러 간 여러 왕과 패륵(貝勒)이 돌아올 때 반드시 그대의 죄를 논의할 것이다. 그때 죄의 경중(輕重)은 아직도 미리 헤아리기 어렵다.〔朝鮮國王, 朕曾待爾非常, 爾亦傾心歸服, 朕之養爾, 古來無例, 意王亦非常之恩報朕. 誰知負恩若此. 爾國兵雖不來, 曷嘗誤朕之征明耶? 自古以來, 如爾等歸降之人, 抱誤軍期, 或問重罪, 革王爵者有之, 或降罰者有之. 朕旣養爾, 曾問罪降罰耶? 俟征明之諸王、貝勒還時, 必議爾罪. 皮時, 罪之輕重, 尙難逆料.〕"*
* 『崇德三年滿文檔案譯編』에도 같은 글이 실려 있고, 『청태종실록』에는 관련 내용이 일부 실려 있으며, 『최명길 행장』에는 "청나라가 조선에 파병을 요청하자, 최명길이 청나라에 가서 무마하였다."라고 하였다.
** 역자는 청태종이 조선 정권을 살려준 것이 굉장히 궁금하였다. 여기서 어느 정도 실마리가 풀리는 것 같다. 청나라가 조선 정권을 없애는 것도 시나리오 중

청태종 13년, 1639년(인조17)

○ 11월 25일. 청태종이 조선에 사신을 파견하여, "조선의 기병은 (전투에) 적합하지 않으니,[57] 다음 해 2월까지 수군 6천 명으로 하여금 1년 치의 식량을 준비하고 안주에서 대기하라"고 요구하였다.

청태종 14년, 1640년(인조18)

○ 6월 8일. 청태종이 조선에 지시하기를 "4월 15일까지 전함 152척을 동원하여 조선 수군 5천 명이 1만 포의 쌀을 싣고 출발하라"고 하였다.

○ 8월. **송산(松山)과 행산(杏山)에서 청나라군 13만 명이 명나라군 10여 만과 전투하여 대승하여 명나라군 53,730명을 죽였다.**

○ 7월 15일. 청나라의 강압으로 사령관 평안 병사 임경업(林慶業)과 부사령관 황해 병사 이완(李浣)이 전함 132척에 수군 6천 명을 거느리고 파병되었으나, 조선군이 고의로 질질 끌며 전진하지 않았다. 이에 청태종이 조선에 심하게 질책하였고, 군량도 부족하자 1,500명을 제외하고 모두 귀국하도록 하였다.

○ 11월. **김상헌(71세)이 청나라 연호를 사용하지 않아서 청나라에 압송되었다.**

하나였지만, 조선의 군사력이 약해서 청나라의 위협이 되지 못하여 조선의 정권을 유지하는 것이 유리하다고 판단한 것으로 추정된다.

57 청태종이 조선군의 현실을 잘 파악하였다. 사르후 전투에서 후금의 포로가 되어 포로 생활을 하였던 이민환은「건주견문록」에서, 청나라 사람들은 어려서부터 말을 타고, 청나라의 말은 조선의 말과 다르게 전투에 적합하게 기른다고 하였다.

청태종 15년, 1641년(인조19)

○ 2월. 사령관 유림(柳琳)[58]이 조선군 2천 명을 거느리고 출발하여 심양에 도착하자, 청태종이 금주(錦州)로 출발하도록 지시하였다. 조선군도 전투에 투입되어 명나라군과 전투를 벌여 부상자가 많이 발생하였고 전사자가 발생하기도 하였다.[59]

○ 6월 10일. 청나라에 파병된 군사들이 전멸되었다고 와전되어 처자들이 울부짖고 원망하자, 앞으로 파병될 군사들도 겁먹고 두려워하였다. 그러나 유림이 보내온 보고서에는 10명만 전사하였다고 하자, 가족들에게 포상을 하였다.

○ 7월 25일. 조선에서 군사 970명을 금주에 파견하여 임무를 교대시켰다.

○ 9월 1일. 청나라 요청으로 조선에서 말 336필로 군량을 금주로 운송하였다.

○ 9월 7일. 명나라군의 사망자가 매우 많았는데 그중 조총에 맞은 자가 열에 칠팔은 되자, 명나라인이 이때부터 우리나라를 매우 원망하였다. 청태종이 전투를 지휘하러 갈 때 소현세자와 봉림대군도 함께 데리고 갔다.

---

[58] 유정익(柳廷益)·김대건(金大乾)·박한남(朴翰男)·김체건(金體乾)으로 교체되었다.

[59] 『인조실록』과 『승정원일기』를 참조하면 조선군은 1641년부터 1645년까지 500~2,000명이 6~12개월로 교체되어 파병되었던 것으로 보인다. 일부는 조총에 총알을 장전하지 않고 사격하기도 하고, 공중에 사격하다가 청나라군에게 발각되어 처형되기도 하였다고 한다. 그러나 『효종실록』, 〈효종 8년 10월 25일〉 기사와 『同春堂集』 권2 「貼黃箚」에서 "명나라 사람들이 '명나라가 망한 것은 오로지 금주(錦州)가 함락되었기 때문이고, 금주가 함락된 것은 너희 나라의 정예 조총수 때문이다.〔曰. 大明之覆亡。專由於錦州之淪陷。錦州之淪陷。專由於你國之精砲云。〕"라고 한 글이 실려 있다.

○ 9월 18일. 식량을 싣고 왔다가 돌아가는 마차에, 조선군의 시신을 싣고 돌아가도록 하였다.

○ 10월 3일. 평안도가 말 1,090필로 군량을 금주로 운송하도록 하였다.

○ 11월 2일. 말 560필로 군량을 금주로 운송하였다.

○ 11월 25일. 해주의 식량을 소 169마리로 금주로 운송하였다.

청태종 16년, 1642년(인조20)

○ 10월. **청나라군 10여만이 제5차로 만리장성을 넘어서 산동성을 정벌하였다.**[60]

○ 10월 13일. 조선이 명나라와 몰래 연락하다가 청나라에 발각되자, 청나라에서 영의정 최명길과 예조 참판 이식(李植) 등을 청나라로 압송해갔다. 11월 11일에 봉황성에 도착하여 10일 동안 조사받은 후에 조선으로 돌아왔으나, 최명길은 심양으로 압송되었다.

청태종 17년, 1643년(인조21)

○ 8월 9일. 청태종이 사망하고, 5세의 세조(世祖)가 황제가 되었다.

○ 9월. 청나라 대군이 영원위(寧遠衛) 등을 공격하여 격파하였다.

○ 10월 22일. 청나라 금주를 지키던 조선 군사 중에 굶주림과 질병으로 죽는 자가 속출하였다. 사령관이 이를 보고하자, 인조가 약을 보내

---

60 청나라군 10여만이 계령구(界嶺口; 하북성 진황도 외곽)와 황애구(黃崖口; 북경 외곽)의 만리장성을 넘어서 다음 해 7월까지 산동성을 유린하여 명나라에 치명상을 입혔다. 명나라는 구원군 39만을 동원하였으나, 전투에 패하거나 도망가서 속수무책으로 당하여 36만 9천 명이 포로로 잡히고, 가축 32만여 마리가 노획되었다.

도록 지시하였다.

청순치 1년, 1644년(인조22)

○ 3월 19일. 이자성[61]의 반란군이 북경을 점령하자, 의종 황제가 자살하였다.

○ 4월 21일. 산해관 사령관 오삼계가 이자성을 방어할 수 없다고 판단하여 청나라에 지원군을 요청하고서 도르곤에게 항복하고 의식을 거행하였다.

○ 4월 22일. **청나라군 14만이 산해관에 들어왔다.** 오삼계 군대 5만이 청나라군 2만과 연합하여 이자성 군대 6만을 무찌르고,[62] 북경으로 향하였다.

○ 5월 2일. **청나라군이 북경에 입성하고, 9월 19일 청세조가 북경에 왔다.**

○ 5월 5일. 주유숭(朱由崧)이 남경에서 황제에 오르니, 홍광제(弘光帝)이다.

○ 5월. 청나라군이 삼하(三河) 등 북경과 하북성 일대에서 5천 명을 학살하였다.[63]

---

61 이자성은 1월에 서안에 입성하여 황제로 즉위하고 국호를 대순(大順)이라고 하였다. 대순(大順)의 국토는 한때 남명(南明)과 비슷할 정도로 컸고, 군사력도 강력하였다.
62 4월 29일. 이자성이 패하여 북경에 돌아와서 황제에 오르그, 다음 날 서안(西安)으로 도망갔다.
63 청나라군이 대량 학살한 사건은 중국 바이두(百度)에서 '청초도성사건(淸初屠城事件)'의 글을 기초로 정리하였다. 아래의 학살 사건도 같다.

청순치 2년, 1645년(인조23)

○ 1월. 청나라군이 섬서성 동관(陝西省潼關)에서 7천 명을 학살하였다.

○ 2~5월. 북경을 손에 넣은 청나라는 자신감이 생기자, 소현세자·봉림대군·최명길·김상헌 및 볼모로 갔던 정승과 판서의 자식들도 모두 귀국시켰다.

○ 5월. 청나라군이 남경(南京)성을 함락하여 남명(南明)의 황제가 포로가 되었고, 장수 86명과 군사 238,300명이 항복하였다.

○ 도르곤이 군대를 거느리고 이자성의 군대를 서안(西安)에서 추격하며 남하하였다.

○ 9월. 청나라군의 추격을 받던 이자성이 목매어 자살하였다.

○ **상숙(常熟)에서 5천, 가정(嘉定)에서 3만, 곤산(昆山)에서 4만, 강양(江陽)에서 16만, 가흥(嘉興)에서 50만, 양주(楊州)에서 80만[64]명을 학살하였다.**

청순치 3년, 1646년(인조24)

○ 김화(金華)에서 5만, 경현(涇縣)에서 5만, 김주(贛州)에서 20만을 학살하였다.

○ 1646~1665년에 사천성(四川城)에서 300~400만을 학살하였다.

---

[64] 『揚州十日記』에서 4월 25일에 입성하여 5월 5일까지 10일 동안에 저지른 대학살극을 서술하였는데, 여기에서 "불태운 시신의 숫자를 조사하니, 전후로 대략 80여 만이다.〔查焚屍簿載其數, 前後約計八十萬餘。〕"라고 하였다.

청순치 5년, 1648년(인조26)

○ 8월. 청나라군이 동안(同安)에서 5만여 명을 학살하였다.

청순치 6년, 1649년(인조27)

○ 1월. 청나라군이 남창(南昌)에서 20만, 원강(沅江)에서 5만여, 상담(湘潭)에서 5만여 명을 학살하였다.

○ 5월 8일. 인조가 승하하고, 뒤를 이은 효종은 송시열 등과 함께 북벌을 추진하였다.[65] 효종은 군비 강화를 추진하여 훈련도감의 군액을 증대시키고 어영군과 금군(禁軍)을 정비 개편하였으며, 기마병의 확보에 주력하였다. 그러나 **효종이 죽은 후에 북벌계획도 무산되었다.**

○ 8월. 청나라군이 대동(大同)에서 수만 명을 학살하였다.

○ 9~11월. 청나라군이 빈주(汾州)·태곡(太谷)·필주(泌州)·택주(澤州) 등에서 40만 명을 학살하였다.

○ 12월. 청나라군이 남웅(南雄)에서 2만여 명을 학살하였다.

청순치 7년, 1650년(효종1)

○ 청나라군이 광주에서(廣州) 10~70만 명을 학살하였다.

청순치 8년, 1651년(효종2)

○ 청나라군이 주산(舟山)과 하문(廈門)에서 각각 수만 명씩을 학살

---

65 고등학교 한국사 교과서에서 "효종은 송시열·이완 등과 함께 성곽을 수리하고 군대를 양성하여 북벌 정책을 추구하였다"라고 하였다. 청나라군이 1644년 북경을 점령하고 파죽지세로 명나라를 점령해가는 상황을 비추어 볼 때, 대한민국의 고등학교 국사 교과서가 비현실적이라는 것을 알 수 있다.

하였다.

청순치 10년, 1653년(효종4)
○ 청나라군이 조주(潮州)에서 10여만 명을 학살하였다.

청순치 18년, 1661년(현종2)
○ 청나라군 10만이 운남성을 공격하자, 명나라 마지막 황제인 영력제(永曆帝)는 600여 명을 거느리고 미얀마로 피신하였다.

청강희 1년, 1662년(현종3)
○ 청나라군이 영력제를 보낼 것을 요구하였으나 미얀마에서 반대하였다. 청나라군이 미얀마를 공격하자, 미얀마에서 영력제를 보냈다. 그러자 청나라군이 살해하여 **명나라가 멸망하였다.**

참고도서 목록

한국 자료
『간양록』·『남한기략』·『남한일기』·『남한해위록』·『민족을 넘은 삶』·『병자록』·『승정원일기』·『심양장계』·『은대조례』·『일본과 임진왜란』·『정유재란』·『조선왕조실록』·『존주휘편』·『중정남한지』·『징비록』·『책중일록』·『태상시장록』·『호남병자창의록』 등.

청나라 자료
『만문노당』·『만주실록』·『청실록』·『崇德三年滿文檔案譯編』·『清初內國史院滿文檔案譯編』.

중국 자료
『누르하치평전(評傳)』·『명청전쟁사략』·『청태종전전(全傳)』·『經略復國要編』[1]·『조총과 장부』 등.

일본 자료
『오다 노부나가와 도요토미 히데요시는 어떤 인물인가』·『일본의 무

---

[1] 한국어로도 번역되었다. 『명나라의 임진전쟁』.

사도』·『임진난의 기록』·『임진왜란과 도요토미 히데요시』·『조선과 명청』 등.

인터넷 사이트

명실록·청실록 DB https://sillok.history.go.kr/mc/main.do
비변사등록 DB https://db.history.go.kr/item/level.do?itemId=bb
승정원일기 DB https://sillok.history.go.kr/main/main.do
조선왕조실록 DB https://sillok.history.go.kr/main/main.do
중국정사조선전 DB https://db.history.go.kr/item/level.do?itemId=jo
한국고전번역원 DB https://db.itkc.or.kr/

미주 보기

1) 봉화가 한양까지 이어지지 않아서 전쟁 초기에 청나라군에 대응할 시간을 벌지 못해, 인조와 조선 정부는 강화도로 피난 가지 못하고 어쩔 수 없이 남한산성으로 피난 갔다. 도원수 김자점이 저지른 치명적인 실수였다.
** 「洪命耈 墓誌銘」, 『樂全堂集』 卷10. "12월 9일에 변방에서 봉화가 갑자기 올라오자, 평양 백성들이 매우 동요하였다.〔十二月初九日, 邊烽忽擧, 箕民鼎沸。〕"
** 『丙子錄』. "의주의 압록강 건너편에 있는 용골산에 봉화를 설치하여 도원수가 (김자점이) 있던 (황해도) 정방산성에서 그쳤는데, 그 이유는 봉화가 만약 도성까지 도착하면 소란스러울 것을 걱정하여 여기에서 그치게 했기 때문이다. 12월 6일 이후에 연달아 횃불 2개를 올려 (청나라군이 침입하였다고 보고했으나,) 김자점은, '이는 박로가 (사신으로 파견되어 청나라로) 들어가고 있으니 분명 청나라에서 맞이하러 온 것이리라. 어찌 오랑캐가 침입할 리가 있겠는가?'라고 하여, 즉시 말을 달려 조정에 보고하지 않았다.〔嘗於義州越邊龍骨山, 置烽燧, 而止於元帥所在正方, 盖烽火若達於都城, 恐爲騷動, 使止於此矣。十二月初六日以後, 連擧二炬, 而自點曰:"此是朴簬入去, 虜必來迎他。寧有賊來之里? 不卽馳啓。"〕
** 김자점이 봉화를 묵살하고 한양으로 다시 봉화를 올리지 않는 것과 관련된 자료를 찾지 못했다.

2) 강화도로 가는 것에 대한 논란의 일부를 소개하도록 하겠다.
"이식이 아뢰기를, '강화도에 도달하는 것은 매우 어렵습니다. 소신(小臣)의 아들이 강화도에서 방금 돌아왔는데, 강물이 아직 녹지 않아 하루에 겨우 한 차례만 배를 운행한다고 합니다. 신(臣)이 생각건대, 그대로 이 성에 머물다가 만약 상황이 어려워지면 방향을 바꾸어 영남으로 향할 수 있습니다.'라고 하였다. …… 이식이 아뢰기를, '만약 반드시 강화도로 간다면 인천과 수원을 경유하는 데 샛길이 있으니, 이 길을 통해서 강화도에 갈 수 있습니다. 그러나 이곳에서 험준한 곳을 점거하여 문무관(文武官)으로 하여금 성첩을 굳게 지키게 하는 것이 더 좋습니다.'라고 하였다. …… 이식이 아뢰기를, '신이 생각건대, 전하께서 이 산성에 들어오신 것은 이 산성을 지키고자 해서입니다. 훈련도감 군사가 가장 정예한데, 어찌 지키지 못할 것을 걱정하십니까? 대체로 일을 담당한 자가 잘 도모해도 성공하지 못하는 경우도 있습니다. 김자점은 계획을 세우지 않은 것이 아닌데도 오늘날의 일이 이와 같은 지경에 이르렀으니, 대신(大臣)의 말도 어찌 모두 옳겠습니까? 주상께서 만약 오늘 강화도에 들어가신다면, 시종(侍從)들이 비록 포로가 되더라도 주상께서는 강화도에 도달할 수 있을 것입니다. 신이 심열(沈悅)을 만나보니, 심열의 뜻도 또한 이와 같았습니다. 저 김류는 본래 문재(文才)로 출세하였으니, 그의 일을 처리하는 것은 실로 심열에 미치지 못합니다.

　삼가 생각건대 성왕의 지혜와 용기는 몸소 적을 막을 수 있는 것이니, 어찌 굳이 이곳을 버리고 다른 곳으로 갈 필요가 있겠습니까? 만약 반드시 강화도에 들어가고자 한다면 오늘은 출발할 수 있는데도 출발하지 않고, 내일은 청나라군을 맞이하여 싸워야 하는데 길을 떠나려 하니, 어찌 위태롭지 않겠습니까? 강화도의 행차를 그만둘 수 없다면 인천의 섬을 통해서 가실 수 있습니다.'라고 하였다. 임금이 말하기를, '인천의 섬은 여기서 얼마인가?'라고 하자, 이식이 대답하기를, '매우 가깝습니다. 이행건과 한선일이 이 길을 잘 아니, 불러서 물어보소서.'라고 하였다. 임금이 말하기를, '사관은 나가서 대신을 불러오라.'라고 하자, 김류 등이 들어왔다. ……김류가 아뢰기를, '인천을 경유하는 것보다는 차라리 김포를 경유해야 합니다. 이식은 서생(書生)이니 어찌 알겠습니까? 계책이 매우 비현실적입니다.'라고 하자, 임금이 말하기를, '일이 다급해졌으나, 요행을 바라는 마음도 생각하지 않을 수 없다.'라고 하였다.〔植曰: 江都則決難得達. 小臣之子, 自江都纔還, 言江水未泮, 一日行船, 僅得一巡. 云. 臣意仍駐此城, 若到勢窮, 則可以轉向嶺南也. …… 植曰: 若必往江都, 則由仁川・水原有間路, 可以取此路, 得達也. 然莫如在此據險, 令文武官, 排堞堅守也. …… 植曰: 臣以爲殿下之入此城者, 蓋欲守此城也. 都監軍士, 最爲精銳, 何患不守也? 大凡任事者, 善謀而不能成. 金自點非不謀劃, 而今日之事, 至於如此, 大臣之言, 亦豈皆是哉? 自上若趁今日入江都, 則侍從雖見虜, 主上則乃得以達耳. 臣見沈悅, 則悅之意, 亦如此. 彼金瑬, 本以文才拔身, 其料事, 固未及沈悅矣. 恭惟聖王之智勇, 躬可以禦敵, 何必棄此而他往乎? 若必欲入江都, 則今日可發而旣不發, 明日乃欲逆胡兵而作行, 豈不危哉? 江都之行, 在所不已, 則可有仁川島而作行也. 上曰: 仁川島距此幾何? 植曰: 甚近. 李行健・韓善一習於此路, 請招而問之. 上曰: "史官出去, 招大臣以來. 瑬等入來. …… 瑬曰: 與由仁川, 寧由金浦也. 李植書生也, 何以知之? 計甚迂闊也. 上曰: 事急矣. 僥倖之計, 亦不得不思耳."〕(석지형, 『南漢日記』, 〈仁祖 14年 12月 14日〉).

3) 『仁祖實錄』,〈14年 12月 16日〉. "능봉군 이칭과 심집이 적진으로 가서 화친을 논의하였다. 청나라에서 묻기를, '그대 나라는 지난 정묘년에도 가짜 왕자로 우리를

속였는데, 이 사람은 진짜 왕의 동생인가?'라고 하자, 심집이 대답하지 못하였다. 또 묻기를, '그대는 진짜 대신(大臣; 정승)인가?'라고 하자, 심집이 또다시 대답하지 못하였다. 청나라에서 박난영에게 묻자, 박난영이 이칭은 진짜 왕의 동생이고 심집은 진짜 대신이라고 대답하였다. 그러자 청나라에서 크게 화를 내서 박난영을 죽이고 말하기를, '세자를 보내야지 화친을 논의할 수 있다.'라고 하였다.〔綾峰君
俴及沈諿, 往虜營議和事。虜問曰: 爾國往在丁卯年, 亦以假王子欺我, 此則眞王弟乎? 諿不能對。又問曰: 爾是眞大臣乎? 諿又不能對。虜遂問於朴蘭英, 蘭英以俴爲眞王弟, 諿爲眞大臣。虜大怒, 遂殺蘭英, 因言曰: 出送世子然後, 方可議和云。〕"

** 석지형, 『南漢日記』, 〈仁祖 14年 12月 16日〉. "마부대가 묻기를 '너희 나라가 전에도 가짜 왕자로 우리를 속였는데, 지금 온 왕자는 과연 진짜 왕자인가?'라고 하였다. 심집이 당황하고 겁나서 어찌할 줄 몰라 대답하기를 '지금도 가짜 왕자이다.'라고 하자, 청나라 사람이 크게 화를 내며 즉시 돌려보내고 한 단계 더 높여서 세자를 보낸 연후에 화친을 허락하겠다고 하였다.〔馬夫大問曰: 爾國前者, 亦以假王子欺我, 此來王子, 果是眞王子乎? 沈楫惶恫失措, 答曰: 今亦假王子。云 故胡人大怒, 卽爲還送, 而更加一節, 以爲東宮出來然後, 可以許和矣。〕"

** 『南漢解圍錄』, 〈仁祖 14年 12月 16日〉. "대제학 이식이 말하기를, '실로 그대의 말과 같다면, 현재 성안에 군량도 적고 병력도 적은데, 저들이 만약 군량과 병력의 많고 적음을 묻는다면 그대는 사실대로 알려줄 겁니까?'라고 하자, 심집은 대답하지 못하였다.〔大提學李植曰: 誠如君言, 目今城中, 軍餉無多, 兵力單弱, 彼若問食之多少‧兵之衆寡, 則君將以實告之耶? 沈無以應。〕"

4) 청성(靑城)의 치욕: 청나라의 전신(前身)인 금(金)나라에서 약속을 어긴 전례가 있다. 역사서에서는 '정강(靖康)의 변'이라고 하는데, 이것은 후금의 전신이 금나라가 항복 약속을 지키지 않고 북송의 황제를 포로로 잡아간 사건을 말한다. '정강(靖康)'은 북송 휘종(徽宗)의 장자 흠종(欽宗)의 연호(年號; 1126~1127)이다. 1127년 11월 금나라 군대가 북송의 수도 개봉(開封)을 공격하자, 북송의 군대는 날씨가 춥고 굶주려서 3만 송나라군의 절반이 도망가는 등 더 이상 금나라군을 방어하기에 불리해졌다. 이때 금나라에서 화친 조약을 맺고 군대를 철수하겠다고 하자, 북송의 흠종이 이 말에 속아서 화친을 맺으러 성을 나갔다가 금나라는 약속을 위반하고 흠종은 체포되어 금나라로 끌려가고 북송은 멸망하였다.

** 중국 바이두(百度)의 내용을 다음과 같이 정리한다.

① 1126년 11월 25일에 금군(金軍) 선발대가 개봉의 외성에 도착하고, 잠시 후에 외성을 공격해 점령하자, 흠종이 사신을 파견하여 화친을 요구하였다.

② 1126년 11월. 금나라 군대가 침입하여 추위와 배고픔으로 군대의 사기가 떨어지자, 3만 송나라군의 절반 이상이 도망갔다. 금나라군은 거짓으로 화친을 맺고

철군하겠다고 하자, 흠종은 이것을 사실로 믿었다. 금나라에서 흠종이 직접 와서 상의할 것을 요구하자, 흠종이 신하를 거느리고 화친을 상의하러 금나라 진영에 갔다가 억류되었다.

③ 금나라에서 석방하여 3일 후에 돌아왔는데, 금나라에서 수많은 금은 비단과 7천 필의 말과 시녀 1,500명을 요구한다.

④ 금나라에서 흠종에게 다시 금나라 진영에 올 것을 요구하자, 어쩔 수 없이 다시 금나라 진영에 갔다가 겨울 동안 구류되어 심한 추위와 배고픔을 겪었다. 금나라에서 수많은 조공을 요구하였다.

⑤ 1627년 2월 6일. 북송을 멸망시키는 것은 금나라의 이미 정해진 방침〔滅末是金人的既定方針〕이라, 흠종을 서인(庶人; 평민)으로 폐위시켜서 북송이 멸망하였다.

⑥ 4월 1일. 금나라는 철군하며 휘종·흠종·황족과 10만 이상을 포로로 잡아갔고, 수많은 물건을 약탈하였다.

⑦ 그 후 흠종은 하남성 안양(河南省安陽), 산서성 삭현(山西省朔縣), 흑룡강성 아성(黑龍江省阿城)으로 갔다.

⑧ 1128년 8월. 흠종을 북경으로 오게 하여 금태조 아골타(阿骨打)의 묘에 참배하게 하였다.

⑨ 1130년 7월. 흠종을 흑룡강성 의란현(依蘭縣)으로 옮겼다.

⑩ 1141년 2월. 흠종을 상경성(上京城)으로 옮겼다.

⑪ 1152년 8월. 흠종을 북경으로 옮겼다.

** 북송의 흠종이 항복 후에 끌려간 것처럼 조선 정부도 인조가 남한산성을 나가서 항복하면 청나라로 끌려갈 가능성이 많다고 판단한 것 같다.

5) 「포위된 남한산성 안에서 팔도의 백성에게 내린 교서〔南漢圍城中敎諸道士民書〕」, 『택당집』별집1. "왕은 이르노라. 우리나라가 신하로서 천조(天朝; 명나라)를 섬겨 온 지 200년이 되었는데, 황조(皇朝; 명나라)가 보살피며 길러준 은혜가 임진년에 이르러 절정에 달하였으니, 이것은 영원히 변할 수 없는 대의(大義)이다. 북쪽 후금(청)이 한 번 명나라를 침략한 이후로 우리나라도 의리상 후금(청)을 같은 원수로 여겼다. 정묘호란이 갑자기 일어나, 천조(天朝; 명나라)에 주문(奏文)을 올려 임시로 기미책(羈縻策)을 쓸 것을 허락받은 것은 일국(一國; 온 나라)의 목숨을 보전하고자 하였기 때문이다. 이번에 이 청나라가 황제라고 참칭(僭稱)하고 우리에게 존호(尊號)를 올리는 것을 함께 논의할 것을 요구하는데, 귀로 차마 들을 수 없고 입으로 차마 말할 수 없는 것이어서, 힘이 세고 약한 것은 따지지 않고 그 사신을 공개적으로 배척하여 쫓아 보낸 것은 단지 영원히 군신(君臣)의 의리를 세우고자 하였기 때문이다.

짐이 처음부터 끝까지 백성을 위하고 천조(天朝)를 위하는 것은 해와 별처럼 분명하니, 이것은 온 나라의 백성들이 모두 잘 알고 있을 것이다. 저 청나라가 갑자기 흉악한 짓을 마구 하여 경무장한 군대로 기습 공격하여, 짐이 이 남한산성에 와서 죽음을 각오하고 지키고 있으나, 국가의 존망(存亡)이 경각에 달려 있다. 그대 백성들도 천조(天朝)의 은혜를 함께 받아서 청나라와 화친하는 것을 오랫동안 매우 수치스럽게 여겼는데, 하물며 지금은 임금이 위급한 화를 당하는 것이 이처럼 극도에 이르렀으니, 더 말해 무엇하겠는가? 지금은 충신(忠臣)과 의사(義士)가 몸을 바쳐 나라에 보답할 때이다. 아! 짐의 지혜가 밝지 못하고 나의 인자함이 넓지 못해 그대 백성들의 기대를 저버린 점은 있다. 하지만 지금 이 난리가 일어난 것은 짐이 자초한 것이 아니라, 단지 군신(君臣)의 대의(大義)를 차마 저버리지 못했기 때문이다. 이 마음과 이 뜻은 천지(天地)와 상하(上下)가 알고 있는데, 그대들은 또한 어찌 한 군신의 의리에 대해서 차마 팔짱을 낀 채 구경만 하며 짐의 위급한 재난을 구해주지 않는가? 각자 지혜와 용기를 분발하여 의로운 군대를 규합하기도 하고 군량과 무기를 마련하여 도와서, 죽을 각오로 용맹스럽게 일어나 북쪽으로 올라와 이 큰 난리를 말끔히 없애 버리고, 삼강오륜(三綱五倫)을 바로 세우고 공을 세운다면, 어찌 통쾌하지 않겠는가? 그래서 이렇게 교시하는 바이니, 잘 알았을 것으로 생각하노라.〔王若曰。我國臣事天朝。二百年于茲, 皇朝覆育之恩, 至于壬辰而極, 此萬古不可渝之大義也。一自西虜猾夏, 我國義在同仇。丁卯之變, 出於猝迫, 上奏天朝, 權許羈縻者, 只爲保全一國生靈之命故也。今者此虜, 至稱僭號, 要我通議, 耳不忍聞, 口不忍談, 不計強弱, 顯斥其使, 只爲扶植萬古君臣之義故也。予之終始爲生民爲天朝者, 昭如日星, 此皆一國士民所共悉。伊虜遽肆兇虐, 輕兵豕突, 予出茲南漢, 期以死守, 存亡之勢, 決於呼吸。爾士民等, 同受天朝恩澤, 深以和事爲恥者久矣, 況今君父危迫之禍, 至於此極? 此正忠臣義士捐軀報國之秋也。噫! 予惟智不能明, 仁不能博, 以負爾士民, 則有之矣。今茲禍亂之作, 非有所自取, 徒以不忍背君臣大義也。此心此意, 通天地上下, 爾等, 亦安忍恝然於君臣之義, 不救予之急難哉? 宜各奮智勇, 或糾合義旅, 或資助軍糧·器械, 奮勇北首, 廓淸大亂, 扶植綱常, 樹立勳名, 豈不快哉? 故茲敎示, 想宜知悉。〕"

** 위 교서(敎書)가 『속잡록』, 『호남병자창의록(湖南丙子倡義錄)』, 조평(趙平; 1569~1647)의 『운학집(雲壑集)』에 실려 있다. 『호남병자창의록』에서는 이 교서가 1636년 12월 19일에 작성되었다고 하였다. 『운학집(雲壑集)』에서는 이 교서를 보고 수일 만에 500명이 모였다고 하였다.

6) 임금과 김신국 등의 대화 내용이다. "김신국이 아뢰기를, ……10,000명은 성첩을 지키고 3,000명은 나가서 싸운다면 청나라 진영을 깨뜨릴 수 있을 것이니, 이확이 말한 바로 복병이라는 것입니다.'라고 하였다. 임금이 말하기를, '청나라 진영을 공격하기는 어려울 것이다. 경은 이미 직접 보았을 것이니, 그 수효가 얼마나

되는가?'라고 묻자, 김신국이 아뢰기를, '신이 본 바로는 그 수효가 매우 적었습니다. 소와 말 이외에는 겨우 300명 정도였습니다.'라고 하였다. 임금이 묻기를, '어찌 이처럼 적어졌겠는가?'라고 하자, 김신국이 아뢰기를, '실로 많지 않았습니다. 만약 1,000명에 이른다면 신이 어찌 모르겠습니까? 날수를 계산해 보면 지원군이 당도하게 될 것이니, 신은 삼가 걱정이 됩니다.'라고 하였다. 임금이 말하기를, '그렇다. 이처럼 지체하며 머물러 있는 것은 반드시 지원군을 기다리고 있기 때문일 것이니, 한 모퉁이를 쳐서 뚫으려 하는데, 어떻게 생각하는가?'라고 하자, 이경증이 아뢰기를, '군관의 말을 들으니, 그 수효가 많지 않았습니다.'라고 하였다.〔蓋國曰: …… 一萬守堞, 三千出戰, 則可以破奴營, 李廓所言, 乃是伏兵也. 上曰: 奴營則難可擊也. 卿旣親見, 其數幾何? 蓋國曰: 以臣所見, 其數甚少. 牛馬之外, 僅數三百矣. 上曰: 豈至如許之小乎? 蓋國曰: 實爲不多. 若使滿千, 臣豈不知? 以日計之, 添兵當至, 臣竊悶焉. 上曰: 然矣. 如是遲留者, 必當待援兵也. 欲破穿一隅, 如何? 景曾曰: 聞軍官之言, 其數不多矣.〕(『承政院日記』, 〈仁祖 14年 12月 24日〉).

** 임상원(任相元)의「김신국 행장」, 『염헌집(恬軒集)』권34에도 같은 내용이 실려 있다. "남한산성에 들어 온 다음 날 공(公)이 아뢰기를, '신(臣)이 성밖을 보니, 도착한 적군이 매우 적습니다. 며칠이 지나면 대군(大軍)이 반드시 도착할 것입니다. …… 이때를 틈타서 포위를 뚫고 남쪽으로 나가 정예 조총수 5,000~6,000천 명으로 하여금 험준한 조령(鳥嶺; 경북 문경시와 충북 괴산 사이의 고개)과 죽령(竹嶺 경북 영주시와 충북 단양 사이의 고개)을 나누어 지키게 해야 합니다.' …… 이때 청나라 장수 마부대가 1,000여 명의 기병을 거느리고 성 아래에 주둔하여 화친하려고 한다고 소리치자, 여러 공(公)들은 축하하였지만 공(公)은 홀로 말하기를, '내가 적정을 살피니, 실로 화친에 있지 않고 군대가 다 도착하지 않아서 겉으로 좋은 말을 하여 우리를 속여 우리에게 이를 믿고 급히 싸우지 않게 하는 것입니다. 아! 우리는 지금 청나라의 계책에 말려들었으니, 희망이 없습니다.'라고 하였다. 며칠 있다가 청나라 황제와 대군이 도착했다.〔入城翌日, 公進言曰: 臣觀城外, 賊兵至者甚少. 若延數日, 大軍必到. …… 可乘此時, 潰圍南出, 使精炮五六千, 分守鳥·竹兩險. …… 是時, 淸將馬弗大, 將千餘騎, 屯城下, 聲言欲和, 諸公皆以爲賀, 公獨曰: 吾觀虜情, 實不在和, 以兵未盡到, 故陽爲好言而紿我, 令我恃此而不疾鬪. 嗚呼! 吾今入虜計中矣, 爲無望也. 居數日, 淸王大兵至.〕"

7) 보고가 왔다: 후에 허위 보고로 판명되었다.

** 『南漢解圍錄』,〈仁祖 14年 12月 30日〉. "조총으로 판서 서성(徐渻)의 집에 주둔한 청나라군을 공격하여 400여 명을 죽였다.〔以火砲, 攻淸兵所屯判書徐渻家, 殺淸兵四百餘人.〕"

** 『仁祖實錄』,〈仁祖 14年 12月 29日〉. "유도대장(留都大將) 심기원이 사람을 모집하

여 납서(蠟書)로 아뢰기를, '한양 도성에 주둔한 적은 대략 500~600명이고 아군은 겨우 270명이었는데, 다행히도 화공(火攻)으로 승리하였습니다. 이어 낙오된 조총수를 불러 모으고 이정길을 영장으로 삼았습니다.'라고 하였다. 대부분 공을 과장하는 말이었으나, 성안에서는 이 일로 사기가 매우 높아졌다.〔留都大將沈器遠 募人, 以蠟書啓曰: 京城留屯之賊, 約五六百人, 我軍僅二百七十人, 而幸以火攻取勝。 仍召聚砲手之落後者, 以李井吉爲領將。云, 多有鋪張矜伐之言, 而城中頗爲之增氣。〕"
** 『丙子錄』,〈仁祖 14年 12月 28日〉. "뒤에 들으니, 심기원이 적을 격파하였다고 한 것은 말과 사실이 서로 부합하지 않았다. 심기원과 남선이 호조의 물건을 삼각산에 운반해 놓았다가 적에게 모조리 빼앗겼고, 또 적이 매우 급하게 추격하자 심기원이 걸어서 광릉으로 갔다가 양근의 미원으로 깊숙이 들어가서 적의 예봉을 피하였다고 하였다.〔後聞之, 則沈之所謂破賊云者, 名實不相符矣。沈與銑輸置戶曹物件于三角山, 盡爲賊所奪, 賊追又急, 器遠步往光陵, 因入楊根彌原深處, 以避賊鋒。〕"

8) 12월 29일: 이날 공격한 것은 김류와 인조가 계획한 것으로 300명이 전멸당하였다.
** 「李時白 諡狀」, 『同春堂集』 卷23. "어느 날 저녁 체찰사(體察使)가 급히 4명의 성을 지키는 장수를 불러 명령하기를, '남쪽 성 밑의 적진이 매우 허술하니, 각각 정예병을 내어 공격하라.'라고 하였는데, 체찰사가 이미 어전에서 의논해 결정한 것이었다. 공(公)이 세 장수와 불가하다고 강력히 말하자, 체찰사가 말하기를, '여러 사람의 뜻이 이와 같다면 청대(請對)하여 아뢰시오.'라고 하였다. 공(公)이 곧 세 장수와 청대하여, 좋은 계책이 아니라고 강력하게 주장하자, 임금이 말하기를, '산성에 들어온 지 한 달이 넘도록 한 번도 교전하지 않았으니, 괜찮겠는가? 우선 체찰사와 논의하라.'라고 하였다. 체찰사가 서(西)·남(南)·북(北) 세 장수로 하여금 각각 정예 조총수를 차출하여 전투를 돕게 하고, 동성(東城)을 전군이 함께 공격하게 하되, 절대 어기지 못하게 하였다.〔一夕, 體府急招四城將, 令曰: 南城下賊陣甚虛, 各出精銳, 以勦擊之。蓋體府已定議於榻前也。公與三將力陳其不可, 體府曰: 群устой如此, 則請對言之可也。公乃與三將請對, 極論其非計, 上曰: 入城踰月, 不交一兵可乎? 第與體臣議之。體府遂令西·南·北三將, 各抄精砲以助戰, 東城, 則全師合擊, 愼勿違也。〕"
** 남급, 『南漢日記』 仁祖 14年 12月 29日. "점심을 먹은 후에 체찰사는 북성(北城)에 앉아서 정예 조총수 300여 명을 북문으로 내보내 산등성이를 타고 내려가게 하였다. 적군이 다섯 곳(목책 밖에 머물러 있는 곳이다)에서 모두 100여 기마병을 이동하여 고군(故郡) 남쪽으로 400~500여 보쯤을 후퇴하였다. 아군 4~5명이 적이 진을 치고 있는 곳에 가서 소와 말 2~3마리를 잡아 왔는데, 적이 보고도 못 본 체하고 추격하지도 않자, 교전하지 않으려는 것 같았다. 체찰사가 깃발을 휘둘러 진군하라고 명령하자, 아군은 하산(下山)하기를 꺼렸다. 체찰사가 비장(裨將) 유호(柳瑚)를 시켜 진군하지 않는 자의 목을 베게 하자, 아군이 하산하여 목책을 넘어가

한곳에 모였는데, 적이 비로소 말을 채찍질하며 돌격해 올 때 마치 나는 것처럼 달려와 곧바로 아군의 진영으로 쳐들어왔다. 아군은 어지럽게 흩어져 조총도 쏘지 못하고 화살도 쏘지 못한 채 순식간에 모두 유린당하였다. 아군의 사망자는 거의 200명이었지만 (별장(別將) 신성립·지여해·이광길 등이 모두 전사하였다) 적군의 사망자는 단지 2명뿐이었다. 우리나라 장수가 진법에 어둡고 마음속으로 두려워해서, 모두 성안에 머물고 군사들만 출전하게 하여, 대오가 흩어져 진형(陳形)을 갖추지 못했기 때문이다. 또 적이 후퇴한 것은 우리를 유인하여 들로 끌어내 유린하기 위한 것을 어린아이도 잘 알 수 있는데, 우리나라 장수는 적이 갑자기 돌격해오는 것을 예상하지 못하고 우리 군사를 하산시켜서, 미처 진(陣)을 치기도 전에 갑자기 기마병이 돌격해와 유린당하여 전멸당하였으니, 매우 애통하도다![飯後, 體府坐北城上, 出銳手三百餘人, 自北門, 緣山麓而下. 賊由五處(松城外, 留屯之處也), 出軍合百餘騎, 退立于古那[郡]南四五百步許. 我軍四五人, 就賊所陣處, 取牛馬數三而來, 賊視而不見, 亦無追逐, 有若不欲與相接者然. 體府麾旗令進, 我兵不肯下山. 體府令裨將柳珆, 斬其不進者, 我軍乃下山, 出松城外, 聚于一處, 賊始策馬突入, 馬疾如飛, 直衝我陣. 我軍散亂, 不得放炮發矢, 瞬息之間, 皆爲所躪, 死者幾二百人(別將申誠立·池汝海·李光吉等, 皆死.), 而胡兵死者只二人矣. 大抵我國將帥, 昧於陣法, 性且畏㤼, 皆留在城內, 獨令軍士出戰, 故行伍雜亂, 不成陣形. 且賊之退立, 欲引我出郊, 爲蹂躪計也. 此五尺之童, 所詳知者, 而我將不知騖, 使下山, 未及成陣, 突騎猝人, 潰亂相失, 至於殲盡, 可勝痛哉?]"

9) 병자호란 전의 주화파에 관한 자료를 찾다가 박로(朴簹)에 관한 자료를 발견하였다.
① 박로는 1631년 6월, 1633년 4월, 1635년 8월 모두 3번 사신을 다녀왔고, 1636년 12월 4번째 사신으로 파견되었는데 도중에 병자호란이 일어나 청나라군의 포로가 되었다. 사신으로 파견되려면 말재주와 담력도 있어야 하고, 업무 성격상 주화파를 파견해야 적합하기에 주화파인 박로를 사신으로 파견한 것으로 추정된다. 아래의 글에서 박로가 주화파임을 알 수 있다.
② 박로의 상소가 실록에 실려 있고, 사관(史官)은 박로의 상소에 대하여 주화론자라고 악평하였다. 『仁祖實錄』, 〈14年 4月 10日〉. "사신은 다음과 같이 논(論)한다. 박로는 밝은 시대에 버려진 하나의 폐기물일 뿐이다. 국가가 (정묘호란 때) 오랑캐와 화친한 뒤에 사신으로 가기를 자원했고, 이것에 의하여 관직과 은총이 일시에 함께 높아졌는데, 화친하는 일이 중단되면 그를 어디에 쓰겠는가? 박로의 이 상소는 말이 비록 청나라를 막는 데 절실했지만, 그 뜻은 실제 화친을 굳히려는 데 있음이 속을 들여다보듯 환하여, 덮으려 하여도 더욱 드러났다. 자신도 따라서 출정하겠다고 자청한 데 이르러서는 임금이 반드시 따르지 않을 것을 알고 감히 임금의 면전에서 속인 것이니, 더욱 통탄스럽다.

〔史臣曰: 朴𥶇, 明時一棄物耳。國家和虜之後, 自任信使之役, 賴是而官位恩寵, 一時俱隆。和事若絕, 則𥶇將焉用? 𥶇之此疏, 言雖切於防虜, 意實在於固和, 如見肺肝, 欲蓋彌彰。至於從征之請, 知君上之必不從, 而乃敢面謾, 尤可痛也。〕"

③ 「박로 신도비명」에도 박로가 상소를 올린 배경을 설명한 글이 있다.
"병자년(丙子年 1636년)에 조정에서 척화를 주장하여 후금의 사신이 분노하여 돌아가자, 공(公)이 혼자 상소를 올려서 말하기를 '지금 척화론이 승리했으나 전투하고 방어하는 무기가 매우 적으니, 환란(患亂 전쟁)이 반드시 일어날 것입니다.'라고 하였다.〔丙子, 廷議斥和, 淸使怒歸, 公獨疏言曰: 方今斥和之論雖勝, 戰守之具甚疏, 患必起矣。〕"(「박로 신도비명(神道碑銘)」, 『염헌집(恬軒集)』).

④ 최명길이 화친을 주장한 상소는 1차 9월 5일, 2차 10월 1일, 3차 11월 15일이지만, 박로는 최명길보다 5개월 전에 목숨을 걸고 상소를 올렸다. 주화파의 원조라고 해도 무방할 것이다. 박로가 12월에 4번째로 사신으로 청나라로 출발한 것도 본인이 거부했으면 가지 않을 수도 있었을 텐데, 분명 자진하여 갔을 것이다. 이처럼 박로는 서슬이 퍼런 시대에 목숨을 걸고 상소도 올리고 사신도 직접 갔던 것이다.

⑤ 박로와 택당선생의 인연은 깊다. 박로의 아버지 박이서(朴彝敍)는 계축옥사(癸丑獄事) 때 택당선생의 목숨을 구해주었다. 박로는 택당선생과 나이가 같고 같은 여주 출신이라 친하게 교류했으며, 택당선생을 이조에 벼슬을 추천하기도 했다. 「택당선생 행장」, 『외재집』과 「박로 제문」, 『택당유고간여』에 자세한 내용이 실려 있다. 박로가 3번 후금에 사신으로 가서 청태종을 직접 만나는 등 후금의 내부 사정을 잘 알았기 때문에 주화파가 되었을 것이다. 『인조실록』 9년 윤11월 23일에 박로가 사신을 다녀와서 보고한 것이 실려 있고, 여기에서 '후금군이 대릉하(大陵河)성을 함락하는 과정과 후금군 전체가 6~7만 명 정도'라는 귀중한 정보가 실려 있다. 택당선생이 주화파인 박로의 영향을 받아서 화친을 주장했다고 추정해 볼 수 있다.

10) 국서를 …… 않았다: 관련된 내용은 다음과 같다.
"김류·최명길·이식이 국서를 지어 입대(入對)하였다. …… 최명길이 아뢰기를, '성을 나가는 일에 대해서는 이식이 지은 글이 신이 지은 것과 다르나 더욱 착실하고 적절하니, 참으로 뛰어난 생각입니다. 이식이 지은 국서를 보내는 것이 어떻겠습니까?' 하니, 임금이 이식이 지은 것을 다시 살펴본 다음 함께 상의하여 여러 곳을 수정하였다. 최명길이 아뢰기를, '척화인에 대한 일은 신이 지은 것이 나은 것 같고, 성을 나가는 것에 대한 일은 이식이 지은 것이 나은 것 같으니, 두 개의 글을 종합하고 조정하여 사용하는 것이 어떻겠습니까?'라고 하자, 임금이 최명길이 지은 것을 가리키면서 말하기를, '이 글도 좋으니, 조정하여 사용할 수 있겠다.'라고 하였다.〔金瑬·崔鳴吉·李植, 製書入對。…… 鳴吉曰: 出城一款, 李植之製, 與臣所製不同, 尤爲着切, 眞是別意思也. 請以植製書送, 何如? 上更覽植製, 因與商確, 抹改數處. 鳴吉曰: 斥和人一款, 臣製似優, 出城一款, 植製似優, 合兩製而推移用之, 何如? 上指崔製曰: 此製亦好, 可以推移用之也.〕(『承政院日記』,〈仁祖 15年 1月 20日〉).

** 택당선생이 작성한 국서가 다음과 같이 반영된 것으로 생각된다. "지금 온 성의 백관(百官; 모든 관원)과 사민(士民; 선비와 백성)이 위급한 상황을 직접 보고서 항복하자는 의견을 이구동성으로 하지만, 오직 성에서 나가는 한 가지 조항만은 모두 '고려시대부터 없었던 일이다.'라고 하며 죽기를 결심하고 성에서 나가려고 하지 않습니다. 만약 대국(大國; 청나라)이 계속 독촉하면 아마도 훗날 얻는 것은 쌓인 시체와 텅 빈 성뿐일 것입니다. 지금 이 성안의 사람들이 모두 곧 죽을 것을 알면서도 이렇게 말하니, 하물며 다른 것은 더 말할 필요가 있겠습니까?〔至於今日, 滿城百官士庶, 目見事勢危迫, 歸命之議, 同然一辭, 而獨於出城一款, 皆以爲'自麗朝以來, 所未有之事.'以死自分, 不欲其出. 若大國督之不已, 則他日所得, 不過積屍空城而已. 今此城中之人, 皆知朝夕且死, 而所言尙如此, 況其他者乎?〕(『仁祖實錄』,〈15年 1月 21日〉;『淸太宗實錄』,〈崇德 2年 1月 20日〉).

11) 포알에 맞은 자가 많았다: 관련된 내용은 다음과 같다.
"남격대(南格臺) 아래 망월대에서 청나라군이 하루 종일 화포를 쏘았다. 그 포의 소리는 마치 우레가 치는 듯하고, 그 탄환의 큰 것은 마치 사발만 하고 작은 것은 거위알과 같았다. 포알이 성안에 어지럽게 떨어져 사람과 짐승이 맞으면 바로 갈기갈기 찢어져 육장(肉醬; 잘게 썬 고기로 만든 장)이 되었고, 집안을 뚫고 들어와 죽은 사람이 이어졌다. 성안의 사람들이 모두 혼비백산해서 어디서 죽을지를 몰랐다.〔南譙樓下, 望月垈上, 淸人終日放大砲. 其砲聲若迅雷, 其丸大者如鉢, 小如鵝卵. 亂落城中, 所觸人馬, 便爲肉醬, 透入屋裡, 死者相繼. 城中人, 皆魄膽慄, 不知死所矣.〕(『南漢解圍錄』,〈仁祖 15年 1月 25日〉).

** "청나라의 대포가 망월대의 대장기(大將旗)에 적중되어 깃대가 꺾이고 연달아 성첩에 적중되어, 성첩 한 귀퉁이가 거의 다 파괴되었다. 성가퀴가 이미 가릴 것이 없어지자, 장수와 군사들이 성첩을 지킬 수 없었다. 군량미를 담았던 수백 개의 빈 가마니에 흙을 담아서 막고 물을 끼얹어 얼게 하여 견고하게 하였다. 화포에 맞아 죽은 사람은 사복시(司僕寺)의 아전과 신경진의 군관 모두 2명이었다. 포탄이 때와 장소를 가리지 않고 떨어져서, 모든 사람들이 무서워서 감히 머리를 내밀지 못하였다.〔賊大砲, 中望月臺將旗, 旗柱折, 又連中城堞, 城堞一隅, 幾盡破壞. 女墻則已無所蔽, 將士不得守堞. 乃以管餉空石數百, 盛土障之, 灌水成氷, 以爲固. 中大砲死者, 司僕吏及申景禛軍官, 合二人, 而丸之落於城中者, 無遠無近無時, 不落, 人皆畏懼,

不敢出頭。]"(남급, 『南漢日記』, 〈仁祖 15年 1月 25日〉).

12) 단교하는 것이 매우 합당하다: 최명길의 상소는 총 4번이다. 1차는 강경 주전파의 상소이고, 그 후에는 청나라의 침입을 직감하였는지 주화파로 바뀌었다.
1차 상소: 2월 26일. 청나라와 전쟁을 불사(不辭)해야 하였다. 주전파.
2차 상소: 9월 5일. 나라가 망할 것이니, 화친해야 한다. 주화파.
3차 상소: 10월 1일. 나라가 망할 것이니, 화친해야 한다. 주화파.
4차 상소: 11월 15일. 나라가 망할 것이니. 하루빨리 화친해야 한다. 주화파.
1차 상소의 일부분은 다음과 같은데, 강경한 주전파의 입장이다.
"신(臣)의 생각에 관례적인 답서 이외에 별도로 한 통의 극서를 작성하여, '위호(僞號; 거짓 호칭으로 황제의 존호를 말함)를 참칭(僭稱)하면 안 되고, 신하로서의 절개를 바꿀 수 없으며, 존비(尊卑; 높고 낮음)의 등급을 어지럽힐 수 없다.'라는 것을 자세히 진술하여 대의(大義)를 밝히고 나라의 체모를 지켜야 합니다. 이어 청나라의 국서와 우리나라의 답서를 명나라 도독(都督)에게 자문(咨文)을 보내 명나라 조정에 아뢰게 하고, 다른 한편으로 8도에 하유(下諭; 훈시)하여 군대를 훈련하고 경계하여 전쟁을 대비하고 천하의 사람들로 하여금 조정의 조치를 분명하게 알게 해야 합니다. 그런 뒤에야 청나라의 계책을 꺾을 수 있고 군사의 사기를 진작시킬 수 있으며, 역사책에 기록되어도 부끄러움이 없을 것입니다.〔臣之愚意, 例答之外, 別爲一書, 備陳'僞號之不可僭, 臣節之不可易, 尊卑之等, 不可紊.' 以明大義而存國體. 仍將虜書及我國所答, 移咨督府, 轉奏皇朝. 一面下諭八方, 訓飭兵馬, 以待其變, 使天下之人, 曉然知朝廷處置之明白. 然後可以折虜謀而壯士氣, 書之史册, 無愧辭矣。]"(「丙子封事第一」, 『遲川集』 卷11).

13) 당시 영의정 등 여러 사람들이 청나라가 침략해 올 것을 예상하였다.
"대신(大臣)과 비변사 당상, 삼사(三司; 사헌부·사간원·홍문관) 장관을 불러서 접견하였다. 영의정 윤방이 아뢰기를, '청나라 사신이 화를 내고 갔으므로 우리나라는 끝내 청나라의 침략을 당할 것이니, 방어할 방도를 강구해야 합니다. 도성은 결코 지키지 못할 것이니, 미리 강화도에 들어가서 조치하는 것이 마땅합니다.'라고 하니, 도승지 김경징(金慶徵)이 아뢰기를, '오늘날 강구할 것은 방어할 방법이지 피란에 대한 계책이 아닙니다. 강화도로 들어가는 일은 두 번째(부차적인) 일입니다.'라고 하였다.〔引見大臣·備局堂上·三司長官. 尹昉曰: 虜使發怒而去, 我國終必被兵, 當講備禦之道. 都城則決不可守, 預入江都, 措置宜矣. 都承旨金慶徵曰: 今日所講者, 備禦之道, 非避亂之計. 入江都, 是第二件事也。]"(『仁祖實錄』, 〈14年 2月 29日〉).

** "영의정 윤방이 차자(箚子)를 올리기를, '변방에서 화의 발단이 이미 생겨 전쟁이 일어나게 되었습니다. 평안도의 방비를 원수에게 책임 지웠으나 대처하고 조치하

는 일은 반드시 적절한 기회를 잃지 말아야 합니다. 신은 늙어 정신이 어둡고 일 처리를 잘 못 하는데다가 군무(軍務)를 모릅니다. 전(前) 대신 중에 군무를 잘 아는 사람이 있을 것이니, 체찰사의 임무를 그에게 맡겨 평안도 변방의 중요한 업무를 처리하도록 하소서.'라고 하였다.〔領議政尹昉上箚日: 邊釁已生, 兵端將作。西方備禦, 雖責元帥, 而料理措處之事, 必須毋失機宜。臣老耄昏謬, 且不知兵。原任大臣中, 不無曉解軍務之人, 請委以體察之任, 料理西邊機務。〕"(『仁祖實錄』,〈仁祖 14년 3월 7일〉).

** 「운방 신도비명」, 『택당집』 별집7. "이때 비변사의 재신들이 간혹 공을 찾아와서 변방의 일을 의논하기도 하였는데, 공(公)은 그때마다 문득 말하기를, '전쟁은 이제 피할 수가 없게 되었다. 이 청나라가 몇 년 동안 침입해 오지 않아야 내치(內治)를 닦고 외적을 막을 수 있을 텐데, 지금 상황으로는 쳐들어올 날이 머지않았으니, 나는 임금이 피난하는 일을 또 면하지 못할 듯싶다.'라고 하였다. 그해 겨울에 청나라가 과연 대대적으로 침입을 하여 압록강을 건넌 지 사흘 만에 곧장 경기도까지 육박해 왔다.〔廟堂諸宰, 或來議邊事, 公輒日: 兵事已無及。除是虜不來數年, 方可內修外攘, 即今豗突不遠, 吾恐乘輿且不免耳。是冬, 虜果大入, 渡江三日, 卽迫郊甸。〕"

14) 비변사(備邊司): 여기에서는 비변사의 구성원을 기록하였다. 3정승 6판서가 소속되었고, 외교문서를 작성하기 위해 학문이 뛰어난 사람이 대제학 및 기타 경험이 많고 중요한 사람들이 임명되었다. 비변사는 오늘날 한국의 안보·통일·외교의 최고 의결기구인 국가안전보장회의(NSC)에 해당된다. 『만기요람(萬機要覽)』 軍政篇 「備邊司」 總例에서 다음과 같이 설명하였다.

"명종 10년 을묘년(1555년)에 비변사를 설치하였는데, 주사(籌司)라고도 한다. 중앙과 지방의 군국기무(軍國機務)를 도맡아 관할하는 곳이다. 도제조(都提調)는 현직 또는 전임(前任) 정승이 의례적으로 겸임하도록 하며, 제조는 재신(宰臣)으로 변경의 사정에 통한 자로서 겸임하게 하고, 정원은 없다. 또한 이(吏)·호(戶)·예(禮)·병(兵) 4조의 판서 및 강화 유수로서 상례적으로 겸임케 하며, 유사당상(有司堂上) 3명은 제조로서 군무를 아는 사람을 상주하여 임명한다. 낭청은 12명인데, 3명은 문신(文臣)이고, 1명은 병조의 무비사(武備司)의 낭청이 겸임하고, 8명은 무신으로 한다. 선조 25년 임진년(1592년)에 비로소 부제조를 두었는데 통정대부 가운데서 병무를 익혀 아는 사람으로 상주하여 임명하게 되었는데, 이정귀(李廷龜)와 박동량(朴東亮)이 맨 먼저 이 임무를 맡았다. 뒤에는 훈련대장으로 제조를 상례적으로 겸임하게 되었다. 인조 2년 갑자년(1624년)에 유사당상 1명을 증가 설치하였는데, 동 24년 병술년(1646년)에는 대제학이 제조를 상례적으로 겸임하게 되었고, 숙종 원년 을묘년(1675년)에는 형조 판서가, 동 17년 신미년(1691년)에는 개성 유수가, 동 25년 기묘년(1699년)에는 어영대장이 모두 상례적으로 제조를 겸임하게 되었고, 동 39년 계사년(1713년)에는 비로소 8도 구관당상(八道句管堂上) 각 1명씩을 임명하게 되었는데, 유사당상 4명으로 하여금 각기 2도씩을 겸관(兼管)하게 하였다. 그 뒤에 각 도의 구관당상 8명은 현직을 가진 당상 중에서 나누어 임명하게 하였다. 영종 23년 정묘년(1747년)에는 수어사(守禦使)와 총융사(摠戎使)가, 동 30년 갑술년(1754년)에는 금위대장이, 정종 17년 계축년(1793년)에는 수원유수가, 동 19년 을묘년(1795년)에는 광주 유수가 또한 모두 상례적으로 제조를 겸임하게 하였다. 서리(書吏) 16명 옛적엔 8도의 영리(營吏) 중에서 각각 2명씩을 뽑아 올렸는데, 지금은 경리(京吏) 중에서 뽑아서 쓴다. 서사(書寫) 1명, 고지기[庫直] 2명, 사령 16명, 대청지기 1명, 문서지기 1명, 수직군[守直軍] 3명, 발군[撥軍] 3명이다.〔明宗乙卯。置備邊司。一名籌司。掌捴領中外軍國機務。都提調。以時, 原任議政例兼。提調。以宰臣知邊事者兼差。無定額。又以吏, 戶, 禮, 兵四曹判書 及江華留守例兼。有司堂上三員。以提調之知軍務者啓差。郎廳十二員。三員文臣。一員兵曹武備司郎廳兼。八員武臣。宣祖壬辰。始置副提調。以通政中諳鍊兵務者啓差。李廷龜, 朴東亮首先爲之。後以訓鍊大將例兼提調。仁祖甲子。增置有司堂上一員。丙戌。大提學例兼提調。肅宗乙卯。刑曹判書。辛未。開城留守。己卯。御營大將並例兼提調。癸巳。始差八道句管堂上各一員。使有司堂上四員各兼管二道。其後。各道句管堂上八員。實堂上中分差。英宗丁卯。守禦使, 捴戎使。甲戌。禁衛大將。正宗癸丑。水原留守。乙卯。廣州留守亦並例兼提調。書吏十六人。舊以八道營吏各二人選上。今以京吏爲之。書寫一人。庫直二名。使令十六名。大廳直一名。文書直一名。守直軍三名。撥軍三名。〕

15) 택당선생의 손자인 수공당공(守孤堂公)이 이곳에 가서 지은 시가 있다.
『수고당집(守孤堂集)』 권1, 「제천의 태양(台陽)의 계곡 남쪽에서 걸어서 병자년에 피난 간 곳을 찾아가다〔堤川所台陽澗南步尋丙子避難處〕」

이곳은 우리 선조가 옛날에 피난하던 곳	此地吾先昔避兵
주민(住民)이 아직도 옛 집터를 말해주네	居人猶說舊堦庭
이 언덕 저 시냇물에서 유적을 찾으니	某丘某水尋遺躅
외로운 이슬에 지금 슬픔이 배가 되네	孤露今來倍愴情

** 택당선생의 증손자인 목곡선생(牧谷先生)이 지은 시가 있다.
『목곡집(牧谷集)』 권1, 「법월(法月)」이 실려 있는데, 제목 아래에 작은 글씨로 다음과 같이 설명하였다.
"내가 덕천(德泉; 단양군 가곡면 덕천리)을 지날 때 법월(法月)에 가서 옛 주인을 방문하였다. 엄상도(嚴尙道) 등의 여러 사람 중에 과연 이선달(李善達)이라는 사람이 찾아와서 말하기를 '자기 증조할아버지 이만기(李萬奇)가 병자호란 때 우리

집안사람을 맞이하였다. 이만기의 아들은 이흠(李欣)이고, 이흠은 아들이 2명인데 이윤명(李允明)과 이영립(李英立)이고, 자기는 이윤명의 아들이다. 이영립도 여주에 온 적이 있다.'고 하였는데, 그가 말한 것이 사실 같았다. 지금은 몸이 매우 허약하고, 그 마을이 강과 거리가 10리여서 수레가 아니면 갈 수 없어서, 돌아갈 때 방문하려고 했으나 배를 같이 타고 온 손님이 있어서 그렇게 하지 못하였다. 시일이 오래되어도 또렷하여 이선달과 주고받은 이야기를 회상하며 기록하여, 후일에 고증할 것을 대비하노라.〔余之過德泉也。訪法月舊主人。於嚴尙道諸人。果有所謂李善達者。來見。自言其曾祖萬奇。當丙子亂時。延接吾家。萬奇子曰欣。欣有兩子允明, 英立。渠是允明子也。英立亦嘗往來驪上云。盖其所指陳似實。而今則殘敗甚矣。以其村距江十里。非輿不可至。歸時欲歷訪。而因有同舟客。又不果。久猶耿耿。追述與善達問答之語。以備他日考徵。〕"

우리 집안사람이 옛날에 피난 와서, 법월촌(法月村)*에 머물렀네
지형은 사방이 막히고 깊으며, 풍속은 순박하고 후덕하네
100명이 살아남았으니, 어찌 이곳을 잊겠는가?
100년** 세월이 흘렀는데, 전쟁에서 몇 집이 살아남았을까?
오늘 먼 길을 찾아와 물으니, 나무에 낀 구름으로 산어귀 희미하네
농사꾼을 만나니, 말과 행동 매우 조심하네
날 보고 앞으로 와 인사하며, 자기가 옛 주인의 손자라 하네
할아버지 때는 좋은 집에 살았고, 후손이 이웃에 이어졌었다고 하네
지금은 떠돌아다녀 몸은 쇠약하고, 옛집은 황폐한 언덕에 있는데
나 홀로 외로이, 적막하게 옛터 지키네
조만간에 세상 떠나가리니, 인생을 다시 논해 보세나
고달픈 벼슬살이 참기 어려우니, 어찌 정착하고 싶지 않겠는가?
이곳 이야기 들으니 마음이 슬퍼, 탄식하여 오랫동안 말이 없네
생각하니 전쟁 초기라, 빈번하게 징발했으리
대부분 세금도 내지 않는 산간 지역이라, 사람들은 자연을 즐겨서
백성들의 뜻 확고했으나, 끝내 나라가 중요함을 알았다네
비유하면 바람이 나무를 흔들어도, 쓰러지지 않는 것은 뿌리가 있어서네
태평성대 못 만나, 반복하여 백성이 고생하네
예부터 이와 같다면, 누가 무릉도원을 생각했겠는가?
이 마음 정말로 괴로워, 머리 들어 하늘을 바라보네
조정에서 피해를 복구하려 하니, 백성들은 귀찮아하거나 원망하지 마라
열심히 노력하고 스스로 굳건하면, 조만간 은혜를 베풀겠노라

我家昔避兵　棲寄法月村　地勢阻而深　民俗醇且敦
百口賴以全　此地焉可諼　荏苒百年間　煙火幾家存
今來問幽遐　雲木迷山門　邂逅一田氓　言貌頗謹訒
見我前致辭　云是主翁孫　翁時好家居　子姓連屋垣
流離日渝亡　舊居但荒原　零丁我一人　寂寞守故園
朝夕且去矣　生理尚可論　豈無奠居心　不耐徭役煩
聞此余心悲　歎息久無言　仍念亂離初　軍興事應繁
尙多稅外地　居人樂丘樊　所以民志固　終見社稷尊
譬如風撼木　不顚由有根　胡爲際昇平　反復困黎元
古來若如此　人孰思桃源　此意良亦苦　矯首望天閽
廟議方祛瘼　爾徒毋煩冤　努力勤自持　早晩流膏恩

* 법월촌(法月村): 단양군 가곡면 보발리이고, 법월(法月)은 한글 '보발'의 한문식 표기로 추정된다.
** 100년: 병자호란이 1636년에 일어났으니, 목곡선생이 50세가 된 해는 1736년으로 정확히 100년 후이다.

역자는 2016년 구정이 지나고 문중 어르신들을 모시고 이곳을 방문하고 감격해서 눈물을 흘렸다. 이곳의 주소는 '충북 단양군 가곡면 어의곡리 한드미 마을 새밭로 675'이다. 현재도 '정다운 민박'을 하고 있었고, 주인은 작은 나무 간판에 '택당터 집'이라고 써서 걸었다. 인터넷에서 '택당터'로 검색하면 사진을 볼 수 있다.

출판 후기

　　바쁜 와중에도 일일이 자문해주신 이강욱 은대학당장님과 이 책의 처음부터 끝까지 자세히 교열해주신 한국고전번역원 번역위원 겸 은대 고전문헌연구소 고전문헌번역 실장 이상설 선생님께 머리 숙여 감사드립니다. 또한 바쁜 와중에서 몇 번 교정해준 큰딸에게 감사드립니다.

지은이 이식(李植)

1584년(선조17)~1647년(인조25).
충무공 이순신 및 율곡 이이와 같은 덕수이씨이다.
1610년(광해2)에 문과에 급제하였고 대제학과 이조 판서 등의 벼슬을 하였다. 1636년 대제학으로 근무 중에 병자호란이 일어나자 남한산성으로 피간 가서 『남한산성 일기』를 썼다. 저서로는 『두시비해』·『수정선조실록』·『여문정선』·『초학자훈증집』 등이 있고, 문집으로는 『택당집』이 있다. 이식은 조선 중기 4대 한학자 중의 한 사람으로 수많은 글을 남겼다.

역자 이근용(李根鏞)

1967년생으로 이 책을 쓴 택당선생의 13대손이다. 성균관대 중문학과를 졸업했고, 대학 재학 중에 성균관대 부속기관으로 한문 연수 기관인 한림원에서 한문을 공부하였다. 성균관대 대학원 유학과(儒學科)에 진학 후 중퇴하고 직장에 다니며 틈틈이 한문을 공부하였다. 『택당선생 행장(澤堂先生 行狀)』을 번역하였다.
biochemchina@naver.com

한동연 시리즈 No.2

남한산성 일기

2022년 12월 23일 초판 1쇄 펴냄

원저자 이식
역　자 이근용
펴낸곳 도서출판 보고사
발행인 김흥국

책임편집 이순민
표지디자인 김규범

등록 1990년 12월 13일 제6-0429호
주소 경기도 파주시 회동길 337-15
전화 031-955-9797(대표)
　　　02-922-5120~1(편집), 02-922-2246(영업)
팩스 02-922-6990
메일 kanapub3@naver.com / bogosabooks@naver.com
http://www.bogosabooks.co.kr

ISBN 979-11-6587-393-6　93910
ⓒ이근용, 2022

정가 20,000원

사전 동의 없는 무단 전재 및 복제를 금합니다.
잘못 만들어진 책은 바꾸어 드립니다.